Herderbücherei

Band 1791

Über das Buch

Helmut Hark ist als Theologe und Psychotherapeut von der Bedeutsamkeit unserer Träume überzeugt und erinnert an diese vergessene Sprache Gottes, die den Menschen der Bibel noch vertraut war. Anhand biblischer Träume entschlüsselt er die uns oft fremde Sprache Gottes.

In diesem Buch geht es vor allem um die religiöse Tiefendimension der Träume in ihren Bildern und Symbolen. Daher werden nicht nur biblische, sondern exemplarisch auch heutige Träume und Traumsymbole in ihrem spirituellen Gehalt entschlüsselt. Ein kleiner Fragekatalog soll am Ende helfen, eigene Träume zu verstehen – als Sprache der Seele und Boten des Göttlichen.

„Wenn die Bibel selber dazu anleitet, indem sie Träume erzählt und zur Erschließung ihrer Botschaft benutzt, sollte kein Zweifel mehr am Recht tiefenpsychologischer Methoden ... bestehen ... Hier scheint ein Schatz vergraben, den zu heben sich (auch) für Theologie und Verkündigung lohnen dürfte" (Lorenz Wachinger).

Über den Autor

Helmut Hark, geboren 1936; Dr. phil., Pfarrer und Psychotherapeut, Landesbeauftragter für Lebens-, Ehe- und Erziehungsberatung in Baden, freier Mitarbeiter beim Südwestfunk im „Ratgeber Lebensfragen"; Autor.

Helmut Hark

Der Traum als Gottes vergessene Sprache

Symbolpsychologische Deutung
biblischer und heutiger Träume

Herderbücherei

Originalausgabe:
Helmut Hark, Der Traum als Gottes vergessene Sprache.
Symbolpsychologische Deutung biblischer und heutiger Träume
© 1982/1992 by Walter-Verlag AG, Olten/Solothurn

Alle Rechte dieser Ausgabe vorbehalten – Printed in Germany
© Verlag Herder Freiburg im Breisgau 1993
Herder Freiburg · Basel · Wien
Umschlagbild: Jakobs Traum von der Himmelsleiter,
Buchmalerei, 14. Jahrhundert.
Herstellung: Freiburger Graphische Betriebe 1993
ISBN 3-451-08791-X

INHALT

Einführung
9

Auslegung biblischer Träume
33

Analyse heutiger religiöser Träume
141

Träume selber verstehen
199

Anhang
213

WORT AN DEN LESER

Dieses Buch ist aus einigen Seminaren über Träume in der biblischen Überlieferung entstanden. Es war ein besonderes Anliegen
bei diesen Tagungen, an den Träumen von Joseph und Jakob
sowie an den Träumen, denen bei der Geburt Jesu und bei der
Ausbreitung des jungen Christentums eine wegweisende Funktion zukommt, mit Hilfe der Tiefenpsychologie und der
Traumpsychologie neue Verstehensmöglichkeiten für die alten
Texte zu erschließen. Durch meine Dissertation mit dem Thema «Religiöse Traumsymbolik» (Frankfurt 1980) wurde ich
dazu motiviert, die gewonnenen Erkenntnisse einem größeren
Kreis von Interessierten zu vermitteln. Von Teilnehmern wurde
ich schließlich um eine zusammenfassende Darstellung meiner
symbolischen Deutungsmethode gebeten. So entstand nachträg-
lich das einleitende Kapitel. Diejenigen Leser, die an den Problemen der Hermeneutik und der symbolischen Deutungsmethode weniger interessiert sind, mögen die Einleitung übergehen
oder sich nur kurz über das Symbolverständnis informieren und
sogleich die Kapitel über die Träume lesen. Die verwendeten
Fachbegriffe aus der Tiefenpsychologie (im Text beim ersten
Vorkommen in jedem Kapitel mit Sternchen gekennzeichnet),
insbesondere aus der analytischen Psychologie C. G. Jungs, die
manchem Leser vielleicht noch nicht hinreichend vertraut sind,
habe ich im Anhang definiert, um den Gedankengang im Text
nicht zu stören.
Die beiden letzten Kapitel sind auf Anregung des Lektors,
Herrn Dr. Josef Metzinger, hinzugenommen worden. Mit diesen Träumen von heute lebenden Menschen sollte eine Brücke
zu den Träumen der Bibel geschlagen werden. Dazu wurden
Träume und eine Traumserie ausgewählt, bei denen die religiö-

sen Symbole im Mittelpunkt stehen. Der Hinweis auf die verschiedenen Anregungen für die Entstehung der Arbeit will verdeutlichen, daß sie in Etappen entstanden ist. Diese Entstehungsgeschichte ist auch an einigen Stellen am unterschiedlichen sprachlichen Ausdruck zu spüren. Möge dieser Umstand den Leser nicht hindern, sein Interesse und seine Besinnung auf die Träume zu richten und sich von den Symbolen ergreifen zu lassen.

Die Gotteserfahrung, die in den Träumen der Bibel geschildert wird, kann sich in ähnlichen Gottesbildern in den Träumen heute lebender Menschen wiederholen. Das Aufzeigen dieser Zusammenhänge dürfte für viele, die die Bibel als einzige Quelle der Offenbarung Gottes verstehen, etwas Neues sein. Während die christlichen Kirchen die Gotteserfahrung auf das Hören des Wortes Gottes gründen, hat besonders die Tiefenpsychologie der Jungschen Schule in den religiösen Traumsymbolen Gottesbilder entdeckt. Gerade in einer Zeit, in der wir den «Wortschwall» und die Inflation der Worte beklagen, üben sich zunehmend mehr Menschen darin, mit Symbolen zu leben und sich an die Träume als Gottes vergessene Sprache zu erinnern.

Karlsruhe-Rheinstetten, im September 1981

Helmut Hark

EINFÜHRUNG

1. DIE SYMBOLISCHE AUSLEGUNG

In dieser Arbeit wird eine Auslegung und Deutung von biblischen Träumen mit Hilfe der Tiefenpsychologie und der Traumpsychologie versucht. Besonders die analytische Psychologie* C. G. Jungs und seine Schule haben eine symbolische Deutungsmethode* entwickelt, die einen neuen Zugang zur biblischen Überlieferung erschließen hilft. Für die Bemühungen vieler Menschen, die biblischen Geschichten und die religiösen Symbole zur Lösung von Glaubens- und Lebensfragen heranzuziehen, kann die symbolische Betrachtungsweise neue Verstehensmöglichkeiten eröffnen. Besonders diejenigen Leser(innen), die sich auf psychische Erfahrungen und Träume einlassen, äußern in Gesprächen oft ähnliche Erfahrungen, wie sie von biblischen Träumen überliefert sind.

Die Entdeckung von Analogien und Beziehungen zwischen den Träumen heute lebender Menschen und denen früherer Jahrhunderte und Jahrtausende erweckt in der praktischen Arbeit der Psychotherapie und im praktischen Umgang mit Träumen immer wieder Erstaunen. Wie bei einem Aha-Erlebnis spontan Zusammenhänge und Sinnbezüge deutlich werden können, so erfahren viele Menschen, daß in ihren Träumen Symbole erscheinen, die auch früheren Generationen religiöse Erfahrungen vermittelten. Die ähnlichen oder gleichen Erfahrungen bei Menschen aus verschiedenen Zeiten verdeutlichen die Annahme der Tiefenpsychologie, daß in allen Menschen bestimmte Grundmuster und -strukturen vorhanden sind. Diese Grundformen menschlichen Erlebens werden von C. G. Jung Archetypen* genannt. Solche archetypischen Urbilder können in vielen Dokumenten der Menschheitsgeschichte nachgewiesen werden. Besonders die biblische Überlieferung des Alten und des Neuen

Testamentes ist wie ein Symbolkanon* zu betrachten, in dem die religiösen Urerfahrungen von Frauen und Männern aus den verschiedensten Epochen aufgehoben sind. Wenn nun in der individuellen Symbolbildung* in einem Traum solch ein Urbild auftaucht, ist es für das Verständnis und die Deutung hilfreich, neben Märchen und Mythen auch den genannten biblischen Symbolkanon heranzuziehen. Auf diese Weise kann sich der einzelne in ein umfassendes symbolisches System eingliedern. Solche Standortbestimmungen fördern die Selbsterkenntnis und die Sinnfindung für das eigene Leben. Die symbolische Deutung von Träumen und religiösen Erfahrungen früher und heute lebender Menschen ermöglicht ganzheitliche Beziehungen zur Umwelt und zu Gott.

Die symbolische Deutungsmethode ist besonders für Träume und religiöse Texte angezeigt:
– Weil die Bildersprache der Träume und die Sprache der religiösen Geschichten symbolisch ist. Die Sprache der Religion ist das Symbol.
– Weil die Symbole die gegensätzlichsten Erfahrungen von Menschlichem und Religiösem vereinen. Diese Sinnbilder sprechen alle Sinne des Menschen an und vermitteln Ganzheitserfahrungen.
– Weil die Symbole eine vermittelnde Funktion haben. Symbole ermöglichen eine Korrelation* zwischen der individuellen Symbolerfahrung und dem überlieferten Symbolkanon der jeweiligen Religion.
– Weil Symbole in bildhafter Gestalt die höchsten Werte oder religiösen Überzeugungen aussprechen und ausdrücken. Der Mensch bedarf der Symbole zu seiner Selbstverwirklichung, und das Symbol bedarf des Menschen zu seiner Gestaltwerdung.

Für den symbolischen Umgang mit Texten und Träumen ist eine bestimmte Weise des Sehens und Betrachtens von grundlegender Bedeutung. Wir meinen ein meditatives Sehen, das den Sinngehalt eines Sinnbildes einsieht. Im Gegensatz zu dem kritischen Blick eines Wissenschaftlers, der analysiert, erfordert das Betrachten von Symbolen die Bereitschaft, sich ergreifen zu lassen. Das meditative Sehen geschieht in der Absicht, die symbolischen Zusammenhänge eines Bildes zu erblicken.

In dieser Weise des Sehens läßt man sich tief auf die Symbole der Überlieferung ein, um zu erkunden, was sie künden. Wir fragen nicht im Sinne der historisch-kritischen Bibelauslegung, sondern unsere Bezugspunkte sind die existentiellen Erfahrungen der damals und heute lebenden Menschen. Das kommt der sogenannten existentialen Interpretation* nahe. In der symbolischen Betrachtung reduzieren wir eine Geschichte nicht auf Existentialien, sondern lassen unsere Sinne von den Sinnbildern ansprechen. Durch die Symbole wird eine Geschichte lebendig und spannend, und der Betrachter wird in die Handlung hineingezogen.

Seit alters ist das Auge ein Symbol für das von uns gemeinte meditative Sehen. Das Auge als «Spiegel der Seele» spiegelt die vielfältigsten äußeren Eindrücke der Welt und die inneren Erfahrungen der Seele. Zum tieferen Verständnis der Augensymbolik ist es wichtig, nicht bei den Reflexen der Sehnerven stehenzubleiben, sondern zur geistig-seelischen Reflexion vorzudringen. In der symbolischen Reflexion wird das Gesehene zur Einsicht verdichtet. Im tiefsten Sinne ist die Reflexion eine Funktion des Selbst*, das alle Eindrücke und Erfahrungen bündelt und reflektiert. In günstigen Augenblicken werden dem Ich-Bewußtsein vom Selbst die Augen für eine wesentliche Einsicht geöffnet.

Warum ist nun das symbolische Sehen und das meditative Betrachten von Symbolen so wesentlich? Weil sich hierin ein Umgang ergibt, der den Symbolen gemäß ist. Symbole sind das Ergebnis von bildhaften Verdichtungen, deren Entschlüsselung eines ähnlichen Prozesses bedarf wie ihre Entstehung. Über das Verständnis von Bildern und Urbild sagt M. Picard: «Das Bild ist aussagend, berichtend und schweigt doch zugleich zu einem ‹Mehr› hin, zu etwas, das mehr ist als das, was es berichtet: auf ein Verborgenes, Geheimnisvolles, nie ganz zu Deutendes. Das Bild berichtet von den sichtbaren Dingen der Erde und des Menschen hin zum ‹Mehr›, zum Urbild, und von den unsichtbaren Dingen des Urbildes hin zum Menschen... Bald weiß der Mensch, bald ahnt er vor dem Bilde. Das Bild ist eine Einheit von Sinnlichem, Geistigem und Übergeistigem. Das Bild appelliert an diese Einheit im Menschen, es appelliert an sein Ganzes.»[1]

Suchen wir zur Veranschaulichung dieser differenzierten inneren Vorgänge nach einem Beispiel aus der biblischen Überlieferung, so ist auf die symbolischen Erfahrungen Marias zu verweisen (Lukas 2,19). Ihre inneren Erfahrungen können nur ahnend nachempfunden werden. Ihr Meditieren umkreiste das Kind, die Botschaft der Engel, den Besuch der Hirten und die Geschenke der Weisen. Wie ein Dichter eine Erfahrung in Sprachbilder verdichtet, so bewegt Maria das Gehörte im Innersten (Herzen, Seele) in symbolischen Bildern. Wir können wohl auch sagen: Maria träumt. Der Traum ist die Werkstatt der Symbole. Im Traum geschieht der Symbolbildungsprozeß.

Hermeneutik und symbolische Deutung

Die symbolische Deutung von biblischen Träumen kann der theologischen Hermeneutik* neue Verstehensmöglichkeiten erschließen. Die Bezeichnung Hermeneutik als Kunst der Auslegung und Lehre vom Verstehen ist vom antiken Gott Hermes abgeleitet worden. Der Mythos beschreibt Hermes als einen Grenzgänger, der die von Menschen gesetzten Grenzen zu überschreiten vermag. Über die verschiedenen Aspekte und Funktionen dieser Symbolgestalt, die in der Alchemie mit dem römi-

schen Namen Merkurius benannt wird, schreibt C.G.Jung in:
«Symbolik des Geistes»[2]:

a) «Merkurius besteht aus allen erdenklichen Gegensätzen. Er ist
also eine ausgesprochene Zweiheit, die aber stets als Einheit benannt wird, wenn schon ihre vielen Gegensätzlichkeiten in
ebenso viele verschiedene und anscheinend selbständige Figuren
dramatisch auseinandertreten können.

b) Er ist physisch und geistig.

c) Er ist der Prozeß der Wandlung des Unteren, Physischen, in
das Obere, Geistige, und vice versa.

d) Er ist der Teufel, ein wegweisender Heiland, ein evasiver
‹trickster› und die Gottheit, wie sie sich in der mütterlichen Natur abbildet.

e) Er ist das Spiegelbild eines mit dem opus alchymicum coinzi-
denten mystischen Erlebnisses des artifex.

f) Als dieses Erlebnis stellt er einerseits das Selbst, andererseits
den Individuationsprozeß und, vermöge der Grenzenlosigkeit
seiner Bestimmungen, auch das kollektive Unbewußte dar.»

Nach Jungs Auffassung sind in der Symbolgestalt des Hermes/
Merkurius Merkmale zusammengefaßt, die für unser heutiges
Symbolverständnis und die symbolische Deutungsmethode von
grundlegender Bedeutung sind. Im Anschluß an obiges Zitat
fasse ich besonders für diejenigen Leser, denen die mythologischen Bilder nicht so vertraut sind, folgende Symbolfunktionen
zusammen:

– Die Beziehungen zwischen Gegensätzlichem, die der Symbolgestalt Hermes/Merkurius zugeschrieben wurden, stellen für
uns die lebendigen Symbole dar. In ihnen ist Stofflich-Mate-
rielles und Geistiges verbunden und aufgehoben. Die Stofflichkeit des Symbols ist unter anderem in seiner Bildgestalt, in
wörtlichen Beschreibungen, in rituellen Begehungen oder in
musikalischen Klängen zu sehen. Die Geistigkeit des Symbols
zeigt sich zum Beispiel in seiner Psychodynamik, indem es
den ganzen Menschen in seinen Tiefen anspricht und strukturierend wirkt oder einen Sinnzusammenhang erkennen

läßt. Die Traumbeispiele in den späteren Kapiteln werden die verschiedenen Aspekte eines Symbols verdeutlichen helfen.

- Die Funktion der Wandlung, die jener Gott darstellte, sehen wir heute im Individuationsprozeß.* Es ist ein lebenslang andauernder Reifungs- und Wandlungsprozeß in allen Lebensbereichen.
- Die archetypische Dimension des Symbols integriert auch die dunklen Seiten des Lebens, wie in Hermes/Merkurius die göttlichen und teuflischen Züge aufgehoben sind. Die symbolische Deutungsmethode ermöglicht ein neues Verständnis des sogenannten Bösen und verhilft zur Integration des «Schattens»*.
- Der Individuationsprozeß des Menschen, den Jung in der mythischen Gestalt von Hermes/Merkurius abgebildet sah, beschreibt Schritte zur Selbstverwirklichung, die mit Hilfe der symbolischen Deutungsmethode näher kenntlich gemacht werden können. Die hier kurz zusammengefaßten Symbolfunktionen werden durch Texte aus der biblischen Überlieferung, durch das analytische Symbolverständnis von C. G. Jung und das theologische Symbolverständnis von P. Tillich weiter entfaltet.

2. DER BEGRIFF DES SYMBOLS
IN DER BIBLISCHEN ÜBERLIEFERUNG

Das Symbol in der Reflexion Marias

Das Wort und das Bild sind im Symbol verbunden. Während die Sprache in besonderer Weise eine Botschaft oder Information vermittelt, werden die Sinne des Menschen durch Sinnbilder angesprochen. Wie das Behalten der Worte und das Bewegtsein einer Person geschieht, sehen wir bei Maria. Im Zusammenhang mit der Weihnachtsgeschichte heißt es: «Maria behielt alle diese Worte und bewegte sie in ihrem Herzen» (Lukas 2,19).

Die außerordentliche Begnadung, die Maria widerfuhr, ging ihr in «Fleisch und Blut» über. Das meint der Ausdruck, daß Maria das Gehörte und Gesehene im Herzen *bewegte*. Im griechischen Urtext steht hier das Verb «symballein», aus dem der Begriff Symbol gebildet wurde. Maria gestaltete das Gehörte zu einem Symbol. Die verschiedensten Erfahrungen mit Engeln und Hirten, mit anderen Menschen, mit sich selber und schließlich mit ihrem Sohn führten zu einem bewegten Leben. Was Maria zuvor «unter» ihrem Herzen als werdendes Leben gefühlt hatte, wird im Akt der Symbolbildung «im» Herzen verinnerlicht. In diesen Vorgängen zeichnet sich etwas Grundlegendes für unser Symbolverständnis ab.

Das Symbol ist Ausdruck einer tiefen Bewegtheit der ganzen Person. Lebendige Sinnbilder erregen alle Sinne. Wesentliche Erfahrungen mit Menschen und Engeln können in Symbolen bearbeitet und behalten werden. Die Symbolbildung als Zusammenfügen der bewegenden Erfahrungen ist eine entscheidende geistige und psychische Funktion des Menschen. Im Meditieren der Sinnbilder gestaltet der Mensch seine Welt. Das Symbol entwirft kein statisches Weltbild, sondern bewirkt ein bewegtes Leben. In der symbolischen Erfahrung stehen das religiöse Leben und das Erleben in einer wechselseitigen Beziehung.

Das Symbol im Dialog
zwischen Philosophen und Theologen

Ein anderer Aspekt des Symbols in der biblischen Überlieferung findet sich in der Unterredung des Paulus mit den epikureischen und stoischen Philosophen in Athen (Apostelgeschichte 17,18 f.). An dieser Stelle wird das griechische Verb «symballein» für den Dialog mit Andersgläubigen verwendet. Die kurze und geraffte Geschichte enthält zentrale Worte der griechischen Philosophie und Weltanschauung. Bei Paulus bemerken wir eine gereizte Stimmung. Während er in Athen auf seine Mitarbeiter Silas und Timotheus wartete, erschütterten ihn die zahlreichen Gottesbilder in der Stadt. Sein Bekehrungseifer versetzt ihn in Zorn und Erregung. Das gleiche Wort des griechischen Urtextes besagt andererseits in dem «Hohenlied der Liebe», daß sich die Liebe nicht erbittern und zum Zorn erregen läßt (1 Korinther 13,5). Weiterhin findet sich dieses Wort im Bericht der zweiten Missionsreise des Paulus bei der Schilderung des Streites mit Barnabas (Apostelgeschichte 15,39).

In Athen kommt es zu Streitgesprächen mit den Juden in der Synagoge und den Gottesfürchtigen auf dem Markt. Diese Unterredungen, die wohl gelegentlich in fanatische Streitgespräche ausarteten, machen uns die psychischen Erregungen des Paulus verständlich. Welch merkwürdige Gestalt dabei der Apostel in der Metropole des antiken Geisteslebens abgab, zeigt folgende Schilderung des Gregorovius: «Keine Erscheinung in Athen irgendeines Sterblichen, in dem sich eine weltbewegende Idee verkörpert hat, aber ist merkwürdiger als die des Apostels Paulus. Dem großen Denksystem und der strahlenden Kultur des Altertums trat in der unscheinbaren Gestalt dieses Propheten die Zukunft des Menschengeschlechts gegenüber. In den Annalen der christlichen Mission gibt es keine kühnere Handlung als die Predigt des Paulus in Athen, der Akropole des Heidentums, die damals noch vom blendenden Glanz der Künste und Literatur umflossen war.»[3]

Mit Paulus als Botschafter der neuen Religion stießen einige epikureische und stoische Philosophen zusammen. Dieser Zusammenstoß wird im griechischen Urtext als «symballein» bezeichnet. Wir haben uns dabei wohl einen Dialog in symbolischer Rede vorzustellen. Von den Athenern und den Fremden wird gesagt, daß sie für nichts anderes soviel Zeit übrig hatten, als Neues zu erzählen oder zu hören. In dieser Darstellung klingt deutlich eine moralische Wertung an. Kurz gesagt, sie sind «neu-gierig». Bereits unsere Schreibweise läßt einen anderen Sinnbezug erkennen. Etwas «Neues» zu erfahren ist für die Entwicklung eines jeden wichtig. Das Symbol ist ein wichtiger Entwicklungshelfer zu neuen Erkenntnissen und Erfahrungen. Die epikureischen und stoischen Philosophen stießen wohl nicht nur mit Paulus als Botschafter des Christentums zusammen, sondern sie suchten die symbolische Begegnung mit dem Neuen.

Was den griechischen Weisen und den Athenern nachgesagt wird, sind drei wesentliche Erfahrungen für den Umgang mit Symbolen:
– Symbole vermitteln neue Erfahrungen.
– Symbole sind Quelle der Erkenntnis.
– Symbole ermöglichen den Dialog mit Andersgläubigen.

Das Symbol als Glaubenshilfe

Das griechische Verb «symballein» wird schließlich für den hilfreichen Dienst des Apollos verwendet. Apollos war ein gelehrter und redegewandter Juden-Christ aus Alexandria. Er war in den Schriften des Alten Testamentes außerordentlich gut bewandert und redete mit glühender Begeisterung von Christus in Ephesus, Korinth und Achaja (Griechenland). Er scheint so überzeugend und begeisternd geredet zu haben, daß sich in Korinth eine Gruppe von Christen nach ihm benannte (1 Korinther 1,12; 3,5f.).

Worin bestand nun das Besondere der Gnadengabe, die Apollos hatte? Er sprach symbolisch (Apostelgeschichte 18,27). Er konnte in seinen feurigen Reden den Zusammenhang zwischen den Schriften des Alten Testaments und Christus herstellen. «In schlagender Weise widerlegte er die Juden öffentlich, indem er nachwies, daß Jesus der Messias sei» (18,28).

Die symbolische und überzeugende Rede des Apollos wird bei Luther viel zu blaß mit «helfen» übersetzt. Auch Menge erfaßt das Symbolische in dem Verb «symballein» nicht, wenn er übersetzt, daß Apollos denen, die gläubig geworden waren, durch seine Gnadengabe die erfreulichsten Dienste leistete (18,27). Der Urtext will weder das Helfen noch einen erfreulichen Dienst herausstellen, sondern die Symbolfunktion, die darin besteht, Gegensätzliches zu vereinen und zusammenzusehen. Paulus beschreibt später seine Kooperation mit Apollos in Korinth mit dem Bildwort, daß Apollos «begossen» habe, was er in seiner Verkündigung «gepflanzt» habe (1 Korinther 3,6). Apollos wird in dieser bildhaften Rede das Zeugnis ausgestellt, daß er mit dem Begießen oder Tränken in Form seiner symbolischen Rede das Wachstum des Glaubens fördert.

Abschließend seien noch kurz zwei Bibelstellen genannt, die uns weitere Aspekte des Symbolbegriffes in der biblischen Überlieferung aufzeigen. Lukas berichtet im zweiten Teil des 14. Kapitels seines Evangeliums, wie eine große und wohl auch neugierige Volksmenge Jesus nachfolgt, ohne die Tragweite und Konsequenz des eingeschlagenen Weges zu überblicken. Jesus wendet sich zu dieser Menge um und malt ihnen in recht drastischen Kurzgeschichten den Ausschließlichkeitsanspruch der Nachfolge vor Augen. In der einen Geschichte wird von einem König erzählt, der gegen einen anderen König mit doppelt soviel Soldaten einen Krieg führen will. Dieser Zusammenstoß mit einem anderen König wird im griechischen Urtext ebenfalls mit dem Verb «symballein» beschrieben. Indem Lukas für einen kriegerischen und aggressiven Zusammenstoß dieses Wort verwendet, macht er uns auf einen wenig beachteten Bedeutungsgehalt des Symbolischen aufmerksam. Zur Symbolfunktion gehören nicht nur innerseelische Vorgänge, wie wir an dem meditativen und reflektiven Verarbeiten von Erfahrungen bei Maria beschrieben haben, sondern auch aggressive Zusammenstöße können eine symbolische Dimension gewinnen.

Wenn Jesus am Ende dieses Kapitels zu der Volksmenge sagt: «Wer Ohren hat zu hören, der höre!», so klingt hier wiederum eine symbolische Redeweise an. Jesus genügt es nicht, daß die gehörten Worte nur durch den Gehörgang des Ohres eindringen, sondern er will, daß aus dem Hören ein Ge-horchen erwächst. Diesen Prozeß des symbolischen Verstehens beschreibt Louis Kretz in seiner trefflichen Auslegung des Ausspruches Jesu folgendermaßen: «Das kleine Wort strebt über seine Wörtlichkeit hinaus, zielt ins Herz. Die an sich belanglose Aufmunterung hat ihre Belanglosigkeit abgelegt, hat Eindringlichkeit und tiefen Ernst erhalten.»[4]

Auch das letzte Textbeispiel will verdeutlichen, daß Begegnungen zwischen Menschen eine symbolische Dimension erreichen können. Während der dritten Missionsreise des Paulus trifft dieser mit seinen Gefährten in Assus zusammen. Während Paulus den Weg nach Assus zu Fuß zurücklegen wollte (vielleicht, um zu meditieren und seine weitere Mission zu reflektieren), fuhren seine Mitarbeiter mit dem Schiff dorthin. Das Zusammentreffen des Paulus mit den Gefährten wird wiederum mit dem griechischen Verb symballein beschrieben. Es ist anzunehmen, daß mit diesem vielschichtigen Symbolbegriff keineswegs nur ein übliches Zusammentreffen von Bekannten beschrieben wird, sondern daß in diesem Wiedersehen und in dieser Begegnung eine symbolische Dimension anklingt. Vielen Lesern dürfte bekannt sein, daß der Begriff der Begegnung durch Martin Buber eine besonders tiefsinnige Bedeutung erhalten hat. Vermutlich hat der Verfasser der Apostelgeschichte eine ähnliche Erfahrung beschrieben, wenn er für das Zusammentreffen und die Begegnung in Assus den Begriff des Symbols verwendet.

Zusammenfassung der Symbolfunktionen

Überblicken wir die wenigen Bibelstellen, in denen das griechische Verb für Symbol wortwörtlich vorkommt, so stellen wir fest, daß es vor allem die lukanische Tradition ist, die das Wort verwendet. Lukas scheint es ein besonderes Anliegen zu sein, das Zusammenfügen von gegensätzlichen Erfahrungen und Wahrheiten dem Leser bildhaft vor Augen zu führen. Vielleicht hängt diese Wortwahl damit zusammen, daß Lukas nicht nur Arzt war, sondern nach der Legende auch malerische Talente hatte. Wie Dichter so malen Künstler in symbolträchtigen Bildern.

Aus der biblischen Überlieferung fassen wir folgende Symbolfunktionen zusammen und möchten den Leser zugleich auf ein gleiches oder ähnliches Symbolverständnis in der analytischen Psychologie und in der Theologie von P. Tillich verweisen:

– Der biblische Begriff des Symbols beinhaltet verschiedene Bedeutungen. An der Gestalt Marias hoben wir den meditativen und seelischen Aspekt des Symbolgeschehens hervor. Was Maria widerfuhr, «bewegte» (symballein) sie in ihrem Herzen.

– Das Zusammentreffen und das Streitgespräch des Paulus mit einigen der epikureischen und stoischen Philosophen in Athen wird ebenfalls mit diesem Begriff beschrieben. Auch wenn es damals zu keiner Einigung kam, so läßt ein Dialog mit Hilfe von Symbolen eine bessere Verständigung erwarten.

– Das Wachstum des Glaubens ist ein symbolischer Prozeß, der in der Überlieferung mit dem Begriff des Symbols beschrieben wird.

– Die Begegnungen zwischen Personen können eine symbolische Dimension haben, wie das Zusammentreffen des Paulus mit seinen Reisegefährten in Assus es beschreibt. Bereits die biblische Überlieferung läßt erkennen, daß mit dem Begriff des Symbols sowohl intrapsychische Prozesse als auch Interaktionen und Begegnungen in der äußeren Realität beschrieben werden.

3. DAS SYMBOLVERSTÄNDNIS C. G. JUNGS

Es ist ein schwieriges Unterfangen, die Vielschichtigkeit und Komplexität des Symbols allgemeinverständlich darzustellen. Da in unseren Tagen das Wort Symbol in vieler Munde ist und für die unterschiedlichsten Ansichten verwendet wird, möchten wir einige Aspekte aus der Erfahrung der analytischen Psychologie im Umgang mit Symbolen darstellen. Wir wählen aus der Fülle von Gesichtspunkten diejenigen aus, die im Erfahrungsbereich jedes Menschen verankert und daher am ehesten zugänglich sind. Wie uns Symbole einsichtig werden und wie wir Symbolfunktionen kritisch überprüfen, hängt von unserem Standpunkt ab. Dem Symbol am nächsten kommt wohl das Selbstverständnis: Ich bin ein lebendiges Symbol. In meiner Psyche vollziehen sich Symbolbildungsprozesse. In diesen Sinnbildern setzen sich dem Ich-Bewußtsein zunächst verborgene psychische Prozesse ins Bild. Es läßt sich erkennen, daß Symbole eine Funktion haben und eine Absicht verfolgen. Symbole sind «Wegweiser» zur Selbsterkenntnis.

Der Symbolbildungsprozeß

Der Symbolbildungsprozeß* ist ein wesentlicher Ausdruck unseres Menschseins. Unsere Psyche kann Symbole gestalten und gebären. Symbole bringen verborgenes Leben ans Licht. Aus der Tiefe steigen Bilder auf, in denen sich die verborgene Wahrheit unseres Lebens zeigt. Dabei ist der Traum die Werkstatt des Symbolbildungsprozesses. Wie sich im Traumgeschehen eine Türe zum dunklen Reich der Tiefe öffnet, beschreibt C. G. Jung folgendermaßen:

«Der Traum ist die kleine verborgene Türe im Innersten und Intimsten der Seele, welche sich in jene kosmische Urnacht öffnet, die Seele war, als es noch längst kein Ichbewußtsein gab, und welche Seele sein wird, weit über das hinaus, was ein Ichbewußtsein je wird erreichen können. Denn alles Ichbewußtsein ist vereinzelt, erkennt einzelnes, indem es trennt und unterscheidet, und gesehen wird nur, was sich auf dieses Ich beziehen kann. Das Ichbewußtsein besteht aus lauter Einschränkungen, auch wenn es an die fernsten Sternnebel reicht. Alles Bewußtsein trennt; im Traume aber treten wir in den tieferen, allgemeineren, wahreren, ewigeren Menschen ein, der noch im Dämmer der anfänglichen Nacht steht, wo er noch das Ganze, und das Ganze in ihm war, in der unterschiedslosen, aller Ichhaftigkeit baren Natur. Aus dieser allverbindenden Tiefe stammt der Traum, und sei er noch so kindisch, noch so grotesk, noch so unmoralisch.»[5]

Die Annahme, daß wir im Traum «ganz» sind, beruht bei C.G. Jung auf persönlicher Erfahrung. In der Autobiographie «Erinnerungen, Gedanken, Träume»[6] erfahren wir, daß die Träume eine wegweisende Funktion für das persönliche Leben und die wissenschaftlichen Erkenntnisse von C.G. Jung hatten. Zu dem persönlichen Umgang mit der eigenen Traumwelt kommt hinzu, daß Jung ca. 80 000 Träume von Analysanden und Patienten aus aller Welt analysiert hat. Aus dieser umfangreichen Erfahrung stammt die Erkenntnis, daß wir im Traum dem «tieferen, wahren, ewigen Menschen» begegnen.

Im Symbolbildungsprozeß des Traumes steigen nun die verschiedenen Bildgestalten auf und ermöglichen eine Auseinandersetzung zwischen dem Träumer als Subjekt und dem Traum als Objekt. Diese mehr theoretische Unterscheidung meint keine Aufspaltung der beiden Bereiche, sondern eine Korrelation. Die Symbole sind Ausdruck dieser psychischen Funktion. Sie beeindrucken durch ihre Gestalt und ihren Gehalt.

Symbole verbinden Stoffliches und Geistiges. In seiner physiologischen Gestalt ist das Symbol in der Welt verwurzelt, während es in seiner Bildhaftigkeit an die geistige Welt gebunden ist. Diese beiden Wesensmerkmale des Symbols beschreibt C. G. Jung folgendermaßen:

«Das Symbol ist lebender Körper, corpus et anima; darum ist das Kind eine so treffliche Formel für das Symbol. Die Einzigartigkeit der Psyche ist eine zwar nie ganz, doch stets annähernd zu verwirklichende Größe, welche zugleich die unerläßliche Grundlage alles Bewußtseins ist. Die tieferen Schichten der Psyche verlieren mit zunehmender Tiefe und Dunkelheit die individuelle Einzigartigkeit. Sie werden nach unten, das heißt mit Annäherung der autonomen Funktionssysteme zunehmend kollektiver, um in der Stofflichkeit des Körpers, nämlich in den chemischen Körpern, universal zu werden und zugleich zu erlöschen. Der Kohlenstoff des Körpers ist überhaupt Kohlenstoff. Zuunterst ist daher Psyche überhaupt Welt. In diesem Sinne kann ich KERÉNYI durchaus recht geben, wenn er sagt, daß im Symbol die *Welt selber* spreche. Je archaischer und je tiefer, das heißt je physiologischer das Symbol, desto kollektiver und universaler, desto stofflicher ist es. Je abstrakter, differenzierter und spezifischer es ist, desto mehr nähert es sich der Natur bewußter Einzigartigkeit und Einmaligkeit und desto mehr hat es sein universales Wesen abgestreift. Im Bewußtsein vollends läuft es Gefahr, zur bloßen Allegorie, die den Rahmen bewußter Auffassung nirgends überschreitet, zu werden, wo es dann auch allen möglichen rationalistischen Erklärungsversuchen ausgesetzt ist.»[7]

Unser ganzes Leben liefert den Stoff für die Träume. Die Bildmotive stehen in Beziehung zu den verschiedenen Tiefenschichten unserer Person. So bringen uns zum Beispiel Tier-Träume in Beziehung zur eigenen Animalität. Die verschiedenen Pflanzensymbole ermöglichen eine Wechselbeziehung zu unserem Vegetativum. Bilder aus dem Bereich der anorganischen Materie nähern uns den autonomen Funktionssystemen unseres Körpers an. Andererseits stehen die Personen in unseren Träumen in Korrelation zu unserer Personalität. Differenzierte geometrische Bilder und sogenannte Mandalas* vermitteln unseren Sinnen mehr einen geistigen und abstrakten Sinn.

Die Bildgestalt des Symbols

Die kurz genannten Symbolfelder zeigen die Vielfalt der möglichen Bildgestalten des Symbols an. Wenn sich in den Träumen die Neuordnung der Person vollzieht, so geschieht dies im allgemeinen durch sogenannte Mandala-Symbole. C.G. Jung zählt dazu folgende Motive und Bildgestalten auf:

«1. Kreis- und beziehungsweise Kugel- oder Eigestalt.
 2. Die Kreisgestalt ist ausgestaltet als Blume (Rose, Lotus sanskr. padma) oder als Rad.
 3. Ein Zentrum ist ausgedrückt durch Sonne, Stern, Kreuz, meist vier-, acht- oder zwölfstrahlig.
 4. Die Kreise, Kugeln und Kreuzgestalten sind öfters als rotierend (Swastika) dargestellt.
 5. Der Kreis ist dargestellt durch eine um ein Zentrum gelegte Schlange, kreisförmig (Uroboros) oder spiralig (orphisches Ei).
 6. Die Quadratur des Zirkels als Kreis in einem Viereck oder vice versa.
 7. Schloß, Stadt, Hof (temenos), quadratisch oder kreisförmig.
 8. Auge (Pupille und Iris).
 9. Es kommen neben den tetradischen Figuren (und einem mehrfachen von Vier) auch – aber viel seltener – triadische und pentadische vor.»[8]

Es ist darauf hinzuweisen, daß nicht selbstverständlich jeder Kreis oder jedes Quadrat eine Ganzheit ausdrückt. Die Stärke des Eindruckes und der Ergriffenheit sind Kriterien dafür, daß eine Bildgestalt zu einem Symbol wird. Für Leser beispielsweise, die dem Christentum nahestehen, macht die Bildgestalt des Kreuzes die Funktion des Symbols deutlich. Für Personen, die mit östlichen Meditationsformen vertraut sind, ist der Lotus ein Symbol und für Mystiker unter anderem die Rose (siehe Rosen-Kreuzer). Zusammenfassend möchten wir sagen, daß alle Bildgestalten, die den einzelnen, eine Gruppe oder die Masse «unbedingt angehen» (P. Tillich), als Symbol zu bezeichnen sind.

Die Symbolfunktion

Im Symbol wird psychische Energie ins Bildhafte transformiert. Es geschieht keine totale Umwandlung von einem Zustand in einen ganz anderen, sondern es bleibt eine Korrelation zwischen der psychischen Dynamik und dem Bildhaften bestehen. Jedes lebendige Symbol hat einen energiegeladenen Bedeutungskern. Diese Energie strahlt in den Bildern aus. Die Bilder und Symbole wiederum bündeln die Strahlungen und beeinflussen damit die Verlebendigung weiterer psychischer Prozesse. Nach dieser Modellvorstellung haben die Symbole die Funktion von Energietransformatoren.

Eine weitere Funktion des Symbols ist die «Organisation» des psychischen Geschehens. Symbole ordnen das Erleben und das Zusammenleben der Menschen. Durch die Symbole fügt sich der Mensch in einen umfassenden und sinngebenden Zusammenhang ein. Hier stehen wir an der Nahtstelle zur religiösen Funktion des Symbols, das C. G. Jung folgendermaßen beschreibt:

«Symbol ist für mich der sinnlich wahrnehmbare *Ausdruck für ein innerliches Erlebnis*. Das religiöse Erlebnis drängt nach Ausdruck und kann nur symbolisch ausgedrückt werden, da es den Verstand übersteigt. Es *muß* so oder so ausgedrückt werden, denn darin offenbart es seine ihm innewohnende Lebenskraft. Es will sozusagen ins sichtbare Leben übertreten, konkrete Gestalt gewinnen.» [9]

Dieses Zitat führt uns in die Nähe zum Symbolverständnis von Tillich, für den die Symbole die Sprache der Religion sind. C.G. Jung bezieht als empirischer Psychologe und Psychotherapeut in die Symbolerfahrung auch das religiöse Erlebnis mit ein. Das religiöse Erlebnis nimmt auf diese Weise konkrete Gestalt an. Im Symbol wird der Glaube einsehbar.

Symbole bilden ferner eine Brücke zu den dogmatisch formulierten Grundwahrheiten des Christentums. Dazu sagt C.G. Jung, daß «die dogmatisch formulierten Grundwahrheiten der christlichen Kirche die Natur der inneren Erfahrung in fast vollkommener Weise ausdrücken. Es ist darin ein kaum zu überbietendes Wissen um die Geheimnisse der Seele enthalten und in großen, symbolischen Bildern dargestellt. Das Unbewußte hat daher eine natürliche Affinität zum geistigen Gehalt der Kirche, und zwar gerade zur dogmatischen Gestalt, die ihr Sosein den der Nachwelt so absurd vorkommenden jahrhundertelangen, dogmatischen Streitereien, d.h. der in ihnen liegenden leidenschaftlichen Bemühungen vieler großer Männer verdankt.»[10]

Die angesprochene «natürliche Affinität» zwischen dem Unbewußten und den religiösen Symbolen ist in der geistigen Situation unserer Zeit von besonderer Aktualität. Bekanntlich wendet sich ein sehr hoher Prozentsatz der Bevölkerung von den traditionellen religiösen Grundwahrheiten ab. Die überlieferten religiösen Werte und Symbole werden nicht mehr verstanden oder haben ihre Anziehungskraft verloren. Zahlreiche religiöse Anschauungen werden totgesagt. Andererseits wandern vor allem junge Menschen in die Jugendsekten ab. Zahlreiche Menschen trachten danach, durch Meditation das «Große Geheimnis» zu erfahren.

In den Träumen beginnen wir «Gottes vergessene Sprache»[11] wieder zu entdecken. In sogenannten Großen Träumen verbinden die Symbole das Ich-Bewußtsein mit der Transzendenz*. In den später zu interpretierenden Träumen geben wir einen Einblick in die Werkstatt der Symbole.

4. DAS RELIGIÖSE SYMBOL BEI
PAUL TILLICH

Die dargestellten Aspekte und Funktionen des Symbols stehen in einer besonderen Nähe zur Symbolkonzeption von P. Tillich. Das Symbol ist für die Existenzanalyse der menschlichen Grundbefindlichkeit und für die entsprechende Antwort von grundlegender Bedeutung. Das Symbol stammt in seiner Bildhaftigkeit aus der konkreten Erfahrung und läßt das Sein transparent werden. Tillich ist der Überzeugung, daß wir von Gott nur symbolisch reden können: Das Symbol ist die Sprache der Religion.

«Der Ausschnitt der endlichen Wirklichkeit, der zum Träger einer konkreten Aussage über Gott wird, wird zugleich bejaht und verneint. Er wird zum Symbol, denn ein symbolischer Ausdruck ist ein solcher, dessen eigentlicher Sinn durch das, auf das er hindeutet, verneint wird. Und doch wird er dadurch auch bejaht, und diese Bejahung gibt dem symbolischen Ausdruck eine Basis, die ausreicht, um über sich selbst hinauszudeuten.» [12]

Das Zitat läßt die Korrelation zwischen Mensch und Offenbarung erkennen. Es geht hier nicht um eine Schlußfolgerung, wie man von Endlichem auf Unendliches kommt, sondern um die Vermittlungsfunktion des Symbols.

P. Tillich hat sich über das Wesen und die Funktion des Symbols vielfach geäußert. In der Spätschrift «Symbol und Wirklichkeit» werden folgende Wesensmerkmale der repräsentativen Symbole benannt.

«Das fundamentale Merkmal aller repräsentativen Symbole ist ihre Eigenschaft, über sich hinauszuweisen. Symbole gebrauchen ‹symbolisches Material›...

- Das Merkmal aller repräsentativen Symbole besteht darin, daß das Symbol an der Wirklichkeit dessen teilhat, auf das es hinweist. Das wird in dem Wort ‹repräsentativ› verdeutlicht...
- Dieser Gedanke leitet über zu dem Merkmal aller repräsentativen Symbole: sie können nicht willkürlich erfunden werden. Ihre Entstehung ist nicht wie die der bloßen Zeichen eine Sache der Zweckmäßigkeit oder Konvention. Bildlich gesprochen kann man daher sagen, daß Symbole geboren werden und sterben...
- Das Merkmal repräsentativer Symbole ist ihre Macht, Dimensionen der Wirklichkeit zu erschließen, die gewöhnlich durch die Vorherrschaft anderer Dimensionen verdeckt sind. Aber der menschliche Geist könnte diese neuen Dimensionen nicht ergreifen, wenn das Symbol nicht gleichzeitig auch in ihm eine neue Dimension öffnete...
- Man könnte noch ein fünftes Merkmal repräsentativer Symbole hinzufügen: ihre aufbauende, ordnende, und ihre zersetzende, zerstörerische Macht. Diese Wirkung hat das Symbol sowohl auf den einzelnen Menschen wie auf Gemeinschaften...»[13]

Nörenberg hat aus dem Gesamtwerk von P. Tillich die Komplexität des theologischen Symbolbegriffes herausgearbeitet. Aus dieser umfangreichen Arbeit des Verfassers fassen wir folgende Wesensmerkmale der Symbolfunktion zusammen.
- Das Symbol verweist auf ein anderes, das im Symbol ausgedrückt wird. Nörenberg nennt dies den Aspekt der Uneigentlichkeit des Symbols. Das religiöse Symbol verweist so auf das ganz Andere, es «stellt also Elemente der gegenständlichen Welt in den Dienst der Manifestation des Transzendenten, drückt durch Seiendes das Sein aus und weist auf es hin»[14].
- Das unanschaulich Transzendente wird im Symbol sinnfällig und gestalthaft erkennbar, Nörenberg bezeichnet diesen Aspekt als den der Anschaulichkeit des Symbols.

- Hauptmerkmal des religiösen Symbols ist für ihn seine Selbstmächtigkeit. «Das Symbol ist selbstmächtig, insofern es die Macht und die Kraft besitzt, das auszudrücken, was es wesensmäßig ausdrücken soll.» [15]
- Wesentlich dafür, daß das Symbol auf die Menschen wirkt, ist der Aspekt der Anerkanntheit des Symbols, sei es bei Individuen, sozialen Gruppen oder Völkern.

Das theologische Symbolverständnis von P. Tillich und die tiefenpsychologische Symbolbeschreibung von C. G. Jung sowie die Texte aus der biblischen Überlieferung lassen etwas von der Weite des Symbolbegriffs erkennen. Die Tiefe, die Symbole erschließen helfen, die Wirkungen, die von lebendigen Symbolen ausgehen, und die vielschichtigen Erfahrungen, die dieser Begriff zu deuten und in weitere Sinnzusammenhänge zu stellen vermag, zeigen etwas von der Universalität des Symbols. Die lebendigen Symbole wurzeln in der Tiefe des Lebens und können Wandlungen bewirken, die mit Worten nur annähernd beschrieben werden können. Die Vielschichtigkeit und Komplexität eines Symbols möchte ich abschließend für diejenigen Leser, denen das referierte theologische und tiefenpsychologische Symbolverständnis etwas schwerer zugänglich ist, mit der inzwischen weithin bekannten Funktion eines Systems* verdeutlichen.

Wir alle leben in bestimmten Systemen, wie beispielsweise in einem Familiensystem, oder sind in Arbeitsprozesse eingespannt, die oft zu bestimmten Systemzwängen führen. Auch das System des Straßenverkehrs oder unser Körper wären als weitere Beispiele zu erwähnen. Am eigenen Leibe müssen viele Menschen erfahren, wie es zu bestimmten Funktionsstörungen von Organen oder zu sogenannten Systemerkrankungen kommen kann. Das menschliche Leben ist wohl ein besonders anschauliches Beispiel für das Funktionieren eines lebendigen Organismus und eines Systems. Die meisten Leser vermögen wohl selber weitere Systemperspektiven im menschlichen Leben zu finden und könnten damit ihr Symbolverständnis erweitern und vertiefen.

Der Mensch ist nicht nur ein funktionierendes System, sondern ein lebendiges Symbol. Zwischen einem System und einem Symbol gibt es zahlreiche Gemeinsamkeiten, aber auch Unterschiede. Wie in einem System gibt es bei lebendigen Symbolen zahlreiche Wechselbeziehungen und Wechselwirkungen. Doch während die meisten Systeme der Natur oder diejenigen, die Wissenschaftler ausgeklügelt haben, die Menschen an die «Spielregeln» oder die Gesetzmäßigkeiten des jeweiligen Systems ausliefern, ermöglichen die lebendigen Symbole dem Menschen eine kreative Lebensgestaltung und ein Transzendieren des Lebens zu weiteren Sinnhorizonten. Mit Symbolen leben kann dazu beitragen, daß sich in religiösen oder weltlichen Systemen neue Perspektiven eröffnen.

Die Funktion von Träumen und Symbolen in einem bestimmten System wird uns die Auslegung der Josephsgeschichte verdeutlichen. Josephs Lebenslauf wird entscheidend durch seine Träume bestimmt. Durch die treffende Auslegung der Träume des Pharao kommt es schließlich zu dem Ausbau eines gewissen Versorgungs- und Wirtschaftssystems in Ägypten. Einen ähnlichen systemischen Zusammenhang haben die Träume um die Geburt Christi. Die Träume weisen Joseph den Weg zur Flucht, damit das Jesuskind dem Kindermord des Herodes entgeht. Schließlich wird Joseph wiederum durch einen Traum zur Heimreise motiviert. Offensichtlich war es für die Menschen zur Zeit des Alten und Neuen Testamentes selbstverständlich, auch in den Träumen Gottes Stimme zu hören. Wie die Stimme Gottes mit dem Traumgeschehen verbunden sein kann, betrachten wir jetzt an dem Traum des Jakob.

AUSLEGUNG BIBLISCHER TRÄUME

1. DER TRAUM JAKOBS

Jakob ist nach der biblischen Überlieferung einer der großen Träumer im alten Israel. Unter den drei Erzvätern, die zu einem Symbol des Glaubens dieses Volkes wurden, ist Jakob derjenige, der seine entscheidenden Gotteserfahrungen im Traum hatte. Auch wenn wir die Jakobgeschichten nicht als historische Berichte mit biographischen Angaben zu verstehen haben, will der Erzähler oder Redaktor mit den symbolgeladenen Geschichten aufzeigen, daß Träume eine grundlegende Bedeutung und eine wegweisende Funktion haben.

An Jakob wird eine große Offenheit für das Walten Gottes in der eigenen Psyche deutlich. Aus der Seelentiefe steigen Engel und Dämonen auf, wie dies eindrucksvoll in dem Traum von der Himmelsleiter und dem Seelenkampf am Jabbok deutlich wird. Diese Mächte werden als derart überlegen empfunden, daß ihr Ansturm wie von außen kommend erlebt wird. Zwischen diesen beiden gegensätzlichen Wirkmächten steht der Mensch Jakob und ringt ihnen den Segen ab. Jakob schlägt aus diesem Ringen die Segenskraft heraus. Für das Bildhafte in dieser Formulierung ist der Kampf am Jabbok ein eindrucksvolles Beispiel.

So wie der Mensch im archetypischen* Bereich zwischen den Mächten steht, so zeigt die biblische Überlieferung die Gegensatzproblematik auch im diesseitigen Leben auf. Buchstäblich vom Mutterleibe an muß sich Jakob mit seinem Bruder, der zugleich auch sein «Schatten»*-Bruder ist, herumschlagen und auseinandersetzen. Auch die Beziehung zu den Eltern wird von Gegensätzen bestimmt. Während Esau vom Vater bevorzugt wird, ist Jakob der geliebte Sohn der Mutter. Modern ausgedrückt könnte man sagen, daß Jakob im Klima einer bestimmten Familiendynamik* aufgewachsen ist, die seinen Charakter, seine psychische Struktur und somit auch seine Träume prägten.

Das geistig-psychische Familienerbe und die biologische Erbmasse sind nicht die einzigen Exponenten für die Entwicklung seiner Person. Hinzu kommen die persönlichen Erfahrungen, vor allem die unzähligen Anpassungen und Ausstoßungen im Leben. Zu dem Erbe und der Anpassung kommt schließlich die ganz persönliche Eigenart. Diese Originalität zu erkennen und zu verwirklichen, ist die eigentliche Aufgabe des Jakob und eines jeden Menschen.

Der entscheidende «Entwicklungshelfer» zur ursprünglichen Eigenart ist der Traum. In seinen Bildgestalten leuchten das Lebensmuster und der Lebensplan auf. Traum-Bilder sind nicht statisch zu verstehen, sie legen die Entwicklung nicht fest.

Die Symbole der Träume können durch vergangene Erfahrungen geprägt sein und an unsere Vergangenheit erinnern. Vor allem zeigen die Träume die gegenwärtige Lebensproblematik. Wie ein Röntgenbild einen Knochenbruch oder einen Krankheitsherd sichtbar macht, so lassen Träume unter anderem die zerbrochene Persönlichkeitsstruktur und die psychischen Komplexe erkennen.

Die «Großen Träume» des Jakob stellen Lebensentwürfe dar, die das Kommende anzeigen. Die wegweisenden Träume werden nicht bewußt erfunden, sondern in ihnen findet sich der Mensch vor. Wir betrachten Jakob als Symbolgestalt und erkennen folgende Zusammenhänge:

– Jakob ist in der biblischen Überlieferung zu einer Symbolgestalt geworden, in deren Leben und Erleben eindrucksvoll die Gegensatzproblematik einsichtig wird. Als der listenreiche Betrüger ist er dennoch der Gesegnete. Als Träumer bleibt er dennoch ein Realist, der aus seinem Leben etwas zu machen weiß.

– Jakob kämpft sich durch die zahlreichen Gegensätze und Verstrickungen seiner Umwelt und Religion hindurch. Die bekannte Geschichte vom Kampf am Jabbok (1 Mose 32) gibt uns in der tiefenpsychologischen und symbolpsychologischen Betrachtung Einblick in den «Seelenkampf» eines Menschen mit seinem archetypischen Schatten. Wer der «anderen» Seite standhält, kann die Segenskraft herausschlagen.

- Jakob träumt die Anwesenheit Gottes in diesseitigen Symbolen. Der Stein von Bethel wird ihm durch den Traum zu einer Pforte des Himmels. Im Traum von der Himmelsleiter (1 Mose 28) widerfährt Jakob das verheißene Mitsein Jahwes und hört er die Verheißung des Landes und der Nachkommenschaft. In seinen Traumvisionen empfängt Jakob die entscheidenden Wegweisungen und Verheißungen.
- Jakob wird von dem Erzähler (oder Redaktor, der die verschiedenen umlaufenden Jakobgeschichten seiner Zeit sammelte und in den vorliegenden Textzusammenhang einordnete) zum Symbol eines ganzheitlichen Menschen gestaltet. Der hebräische Urtext beschreibt mit dem «tam» (das irreführend von manchen mit «fromm» oder «ordentlich» übersetzt wird) die Ganzheit und Integrität der Person, wie dies unter anderen von Abraham, Noah oder Hiob bezeugt wird.

Die Traumstruktur im Bethel-Traum

Ein Großer Traum, wie der Traum Jakobs in Bethel, ist durch seine quaternare* Traumstruktur und durch seine beeindruckende Wirkung gekennzeichnet. Die im Traum gestalteten Symbole gehen nicht nur den Träumer selber unbedingt an, sondern können jeden aufmerksamen Betrachter berühren. Die überzeugende Wirkung, die von einem Traum ausgehen kann, faßt Jakob in die Worte: «Wahrlich, der Herr ist an dieser Stätte gegenwärtig, ohne daß ich es wußte!», und etwas später erkennt Jakob: «Hier ist das Haus (oder: die Wohnung) Gottes, und hier ist die Pforte des Himmels!» (1 Mose 28,16f.).

Die überzeugende Wirkung eines Traumes berührt den Menschen vor allem in seiner subjektiven Sphäre. Das Strukturschema eines «ganzen» Traumes ist an seinen vier Phasen zu erkennen. Ähnlich wie das klassische Drama nach einem bestimmten Schema aufgebaut ist, lassen sich die meisten Träume wie folgt gliedern:

- Der *Anfang* eines ganzen Traumes zeigt uns den Ort und den Zeitpunkt der Handlung. Die handelnden Personen werden vorgestellt. Auch Tiere oder Gegenstände können die Handlung maßgeblich bestimmen.
- Die nun folgende *Entfaltung* stellt das im Traum behandelte Problem dar. Aus der Tiefenschicht der Psyche wird das aktuelle Problem sichtbar gemacht. Das Thema wird vom Unbewußten angeordnet. Die Traumstimme kann eine wichtige Frage formulieren.
- Der *Wendepunkt* steigert die Traumhandlung zu einem Höhepunkt. An diesem Knotenpunkt löst sich ein Problem. Manchmal kann es auch zur Katastrophe kommen.
- Die *Lösung* oder das Resultat des Traumes kann vielschichtig sein. Der Träumer kann in panischer Angst erwachen oder einen orgiastischen Gefühlsrausch erleben. Ein andermal bleibt eine Frage nachdrücklich in Erinnerung. Oftmals hat der Traum eine kompensatorische Funktion und erinnert an die andere Seite unseres Lebens.

Der Text des Bethel-Traumes lautet in der wissenschaftlichen Übersetzung von Kautzsch[16] wie folgt (1 Mose 28,10–22):

10 Und Jakob zog aus von Beerseba und ging nach Charan.

11 Da geriet er an die Stätte und blieb daselbst über Nacht, weil die Sonne untergegangen war. Und er nahm einen von den Steinen der Stätte und legte ihn sich zu Häupten und legte sich schlafen an dieser Stelle.

12 Da träumte ihm deutlich, eine Leiter sei auf die Erde gestellt, deren Spitze reichte bis zum Himmel, und die Engel Gottes stiegen auf ihr auf und ab.

13 Und plötzlich stand Jahwe vor ihm und sprach: Ich bin Jahwe, der Gott deines Vaters Abraham und der Gott Isaaks: das Land, auf dem du liegst, das will ich dir und deinem Samen geben.

14 Und dein Same soll werden wie der Staub der Erde, und du sollst dich ausbreiten nach Westen und Osten und Norden und Süden, und mit dir sollen sich segnen alle Geschlechter auf Erden und mit deinem Samen.

15 Und ich will mit dir sein und dich behüten überall, wo du hingehst, und will dich zurückbringen in dieses Land. Denn ich werde dich nicht verlassen, bis ich ausgeführt, was ich dir verheißen habe!

16 Da wachte Jakob aus seinem Schlafe auf und sprach: Wahrhaftig, Jahwe ist an dieser Stätte, und ich wußte es nicht!

17 Da fürchtete er sich und sprach: Wie schauerlich ist diese Stätte! Ja das ist ein Wohnsitz Gottes und eine Pforte des Himmels!

18 Frühmorgens aber nahm Jakob den Stein, den er sich zu Häupten gelegt hatte, stellte ihn auf als Malstein und goß Öl oben darauf.

19 Und er gab jener Stätte den Namen Bethel, vorher aber hatte die Stadt Lus geheißen.

20 Und Jakob tat ein Gelübde und sprach: Wenn Gott mit mir sein und mich behüten wird auf dem Wege, den ich jetzt gehe, und mir Brot zu essen und Kleider anzuziehen gibt,

21 und ich wohlbehalten zum Hause meines Vaters zurückkehre, so soll Jahwe mein Gott sein,

22 und dieser Stein, den ich als Malstein aufgestellt habe, ein Gotteshaus werden, und alles, was du mir geben wirst, will ich dir getreulich verzehnten.

Das Strukturschema des Traumes ist im Text und seinem Kontext enthalten:

1. Der Anfang des Traumes stellt Jakob auf der Flucht dar. Wegen der Erlistung des Erstgeburtssegens mußte Jakob vor seinem erzürnten Bruder fliehen. Vater Isaak entläßt Jakob mit dem Segensspruch, daß Gott ihn segnen möge, ihn zahlreich werden lasse und daß Jakob das Land, in dem er jetzt noch ein Fremdling ist, in Besitz nehmen werde.

2. Die Verwicklungen, die für die zweite Phase des Traumgeschehens typisch sind, ergeben sich aus der geschilderten Ausgangslage. Dazu kommt in unserer Perikope die Zusammenfügung des Textes aus verschiedenen Überlieferungen (elohistische Quellenschicht: Vers 10–12.17–22, und jahwistischer Text: 28,13–16.19). Es ist eines der Anliegen des Elohisten, die an das Heiligtum von Bethel geknüpften religiösen Erfahrungen mit der Person des Erzvaters Jakob zu verbinden. Während der Jahwist das Verheißungswort Jahwes zu seinem zentralen Anliegen macht, gibt uns der Elohist Einblick in die subjektive Erlebniswelt des Jakob. Das geschieht vor allem

durch den Traum, der beim Eloisten eine besondere Beachtung erfährt.

3. Der in der dritten Traumphase hervortretende Höhepunkt erscheint im Symbol der «Himmelsleiter», auf der die Engel auf- und niedersteigen. Hinter dieser Bildgestalt erkennen wir die Zikkurat, den babylonischen Tempelturm, der eine Verbindung zwischen der irdischen und himmlischen Welt ermöglichte. Mit diesem die Gegensätze vereinigenden Symbol erscheint nach der Traumpsychologie des Elohisten in der Psyche die Möglichkeit einer Gotteserfahrung. Was in den Traumbildern geschaut wurde, verdeutlicht die jahwistische Fassung in der Theophanie und Gottesrede.

4. Die Lysis (Lösung) des Traumes ist in der Botschaft der Nachkommenschaft und in der Landverheißung ausgesprochen. Was im Traum verheißen wird, realisiert sich in der nachfolgenden Lebensgeschichte des Jakob. Insofern die Einzelperson ein Prototyp des Kollektivs ist, wird in diesem die Geschichte des Volkes verständlich. Das Land, auf dem der Träumer liegt, ist eine symbolische Antizipation des verheißenen Landes. Ferner sind das Mitsein Jahwes und die Jakob verheißenen Führungen Gottes eine Vorwegnahme zukünftiger Erfahrungen des Volkes. Das auserwählte Volk kann an Jakob sehen, was ihm widerfahren wird. Der Weg des einzelnen wie des Kollektivs erfährt seine Vergewisserung im Traum. Das alte Israel entfaltet in seiner Traumpsychologie das Wissen um den Traum als eines Ganzheitsphänomens. Der Traum präformiert, was sich in nachfolgenden Stadien der Geschichte realisiert.

In den genannten vier Traumphasen sind vier Wesensmerkmale enthalten, die wir nachfolgend als Geschichtlichkeit, Gegensatzproblematik, Symbolbildungsprozeß und als Ganzheitserfahrung beschreiben.[17]

Wir haben bei der Nennung des Kontextes einige Probleme genannt, wie der Traum mit dem Leben des Jakob verbunden ist. Zusammen mit dem Seelenkampf am Jabbok dürfte der genannte Traum das religiöse Urerlebnis im Leben des Jakob gewesen sein. Diese beiden Ereignisse hat Marc Chagall in seiner Glasmalerei im Fraumünster zu Zürich eindrucksvoll dargestellt. Auf diese Weise hat wiederum ein Seher und Künstler, der selber durch den Traum den entscheidenden Durchbruch zur Ganzheitserfahrung erlebte, uns ein Bild vor Augen gemalt, das einen Weg zum Gottesbild in uns selber weist. Was immer die historisch-kritische Bibelwissenschaft über Jakob sagen mag, für unzählige Menschen wurde er zu einer Symbolgestalt des Glaubens, der auf seine Weise etwas im Traum erfuhr, was uns zur begnadeten Stunde auch widerfahren kann.

In dem genannten Traum Jakobs ist der Ort der Handlung Bethel. In der biblischen Überlieferung wird an zahlreichen Stellen dieser Ort als heilige Stätte der Gottesbegegnung genannt. In der frühen Geschichte Israels, zur Zeit der Erzväter, vollzog sich in Bethel ein religiöser Erneuerungsprozeß, der uns in seiner Vielschichtigkeit durch die bekannte Missionspraxis lebendig wird, bei der auf ein sogenanntes heidnisches Heiligtum eine christliche Kirche gebaut wurde.

Bethel war ursprünglich ein kanaanäisches Heiligtum. Die sich in der archaischen Religionsform um einen heiligen Ort rankenden Legenden und Mythen wurden durch die Verheißung Jahwes an Jakob abgelöst. Die magischen Kräfte, die man bestimmten Gegenständen, wie zum Beispiel heiligen Steinen oder Bäumen, zuschrieb, dürften in veränderter Gestalt fortwirken in der Überlieferung, die uns vorliegt.

Der Ahnherr Jakob kommt auf seinem Wege von Beerseba (28,10) über Bethel (das früher Lus hieß) nach Haran und kehrt nach Jahren über Pnuel und Sichem, Bethel und Hebron zurück. Aus der Geschichte Israels und durch die Archäologie sind diese Orte vielfältig belegt. Es sind Orte, an denen der Erzvater und in seinem Gefolge die Jahwe-Gemeinde Etappen ihrer religiösen und geschichtlichen Entwicklung darstellen. Die Überlieferung betont, daß Jakob bei Sonnenuntergang in Bethel eintraf und hier übernachtete, ohne daß er anscheinend wußte, daß es sich um ein kanaanäisches Heiligtum handelte.

Zwei Erklärungen scheinen rückblickend naheliegend, eine theologische und eine psychologische. Erstere will Bethel als ein israelitisches Heiligtum legitimieren, an dem sich Jahwe dem Patriarchen offenbart hat. In Bethel baute Jakob Gott einen Altar. Nach der Rückkehr aus Mesopotamien wurde die mitgebrachte archaische und magische Religion (siehe 1 Mose 30 und 31) unter der Orakel-Terebinthe von Sichem begraben. Anschaulich wird berichtet, daß Jakob zu seinen Angehörigen sprach: «Schafft die fremden Götter weg, die unter euch sind, reinigt euch und legt andere Kleider an! Wir wollen aufbrechen und nach Bethel hinaufziehen: dort will ich meinen Altar errichten dem Gott, der mich zur Zeit meiner Not erhört hat und auf dem Wege, den ich gezogen bin, mit mir gewesen ist.» Darauf übergaben sie dem Jakob alle fremden Götter, die in ihrem Besitz waren, und ebenso ihre Ohrringe, und Jakob vergrub sie unter der Terebinthe, die bei Sichem steht (35,2–4, nach Menge).

Diese Sätze klingen recht programmatisch. Aus der Geschichte des Alten Testaments ist durch die Jahrhunderte hin der Kampf bekannt, den reinen und geläuterten Jahweglauben einzuführen. Die archaischen und magischen Formen der Religion kamen immer wieder hervor wie das Unkraut unter der guten Saat. Wenn wir das Vergraben der Götzenbilder unter dem heiligen Baum in Sichen symbolpsychologisch deuten, will das sagen, daß die ins Unbewußte verdrängten Erfahrungen und Vorstellungen nicht so einfach abzulegen sind.

Um die Aktualität der bisherigen Aussagen zu verdeutlichen, soll kurz auf die heutige Psychotherapie als Möglichkeit der Selbsterfahrung eingegangen werden. Durch die Übertragungsbeziehung zwischen Klient und Psychotherapeut entsteht ein Klima des Vertrauens. In diesem Schutzraum kann sich der Patient mit seinen Ängsten und Erwartungen, mit seinen geheimsten Regungen und Träumen einbringen. Wie Jakob und Unzählige nach ihm sich auf den Weg machten, so wird mit dem Entschluß zur Selbsterfahrung durch Psychotherapie ein Akt der Wandlung eingeleitet. Wie Jakob auf der Heimkehr den Seinen empfahl: «reinigt euch und wechselt eure Kleider, schafft die fremden Götter weg», so treffen diese Aussagen als symbolische Sprachbilder auch für den Weg der Individuation* zu. Der Kleiderwechsel zeigt die Aufgabe, sich offen und ehrlich in die mitmenschlichen Beziehungen einzubringen. Auf dem Wege der Selbsterfahrung werden die Masken abgelegt, wobei es schmerzlich sein kann, aus eingefahrenen Verhaltensmustern herauszukommen. In dem kultischen Bild der Reinigung wird gesagt, daß es bei der Wandlung um den ganzen Menschen geht. Je radikaler sich dieser Prozeß bis zu den Wurzeln unserer Existenz vollzieht, um so bewußter wird, welche irrationalen Faktoren uns knechteten. Das von Jakob geforderte Wegschaffen der fremden Götter besagt in urtümlicher Sprache, was wir mit den Erfahrungen aus der Psychotherapie angedeutet haben.

Die Gegensatzproblematik im Traum

Die Gegensatzproblematik durchzieht das Leben des Jakob von Geburt an. Im Zwillingspaar Jakob und Esau wiederholt sich eine ähnliche Gegensatzproblematik wie zwischen Kain und Abel. In der Tiefenpsychologie und Psychotherapie erfahren wir vielfach, wie der sogenannte «Schatten-Bruder» oder die «Schatten-Schwester» in der Person abgespalten wird und dann im Unbewußten wirkt. Aus dieser Tiefe des Lebens können uns Engel oder Dämonen begegnen, wie die Geschichte vom Jakobskampf zeigt (1 Mose 32,23–33). Der Text lautet in der Übersetzung von G.v. Rad:

23 Und er stand in jener Nacht auf, nahm seine beiden Frauen, seine beiden Mägde und seine elf Kinder und überschritt die Furt des Jabbok. 24 Er nahm sie, brachte sie über den Fluß und brachte «all» das Seine hinüber. 25 Jakob aber

blieb allein zurück; da rang ein Mann mit ihm, bis die Morgenröte heraufzog. 26 Als er sah, daß er ihn nicht übermochte, schlug er ihn auf seine Hüftpfanne, so daß sich die Hüftpfanne Jakobs ausrenkte, als er mit ihm rang. 27 Da sprach er zu ihm: «Laß mich los, denn die Morgenröte ist heraufgezogen»; er aber sagte: «Ich lasse dich nicht, es sei denn, du segnest mich.» 28 Da sprach er zu ihm: «Welches ist dein Name?» Er sagte: «Jakob.» 29 Er sagte: «Dein Name soll nicht mehr Jakob sein, sondern Israel, denn du hast mit Gott und mit Menschen gestritten und bist Sieger geblieben.» 30 Und Jakob fragte und sprach: «Gib mir doch deinen Namen kund.» Er aber sagte: «Warum fragst du nach meinem Namen?» Und er segnete ihn dort. 31 Und Jakob nannte den Ort Pniel, denn ich habe Gott von Angesicht zu Angesicht gesehen, und mein Leben ward gerettet. 32 Es ging ihm aber die Sonne auf, und er hinkte, als er an Pniel vorüberging, an seiner Hüfte. 33 Darum essen die Söhne Israels bis auf den heutigen Tag den Hüftnerv nicht, der an der Hüftpfanne ist, denn er hat Jakob auf die Hüftpfanne… geschlagen.[18]

Es ist zunächst darauf hinzuweisen, daß diese Geschichte kein Protokoll ist von einem genauso stattgefundenen Kampf. An der vorliegenden Textgestalt haben wohl viele Generationen gestaltet und gedeutet. Innerhalb der biblischen Überlieferung sehen wir an Hosea 12,4, wie die schwer faßbare und furchterregende Erfahrung ergänzt wurde. Es heißt dort: «…in seiner Manneskraft rang er mit Gott. Er rang mit dem Engel und siegte; er weinte und flehte ihn an um Erbarmen.» Während hier von einem Ringen mit Gott und/oder dem Engel die Rede ist, heißt es in unserem Text, daß ein «Mann» mit Jakob rang. Der Kampf wird mit einem männlichen Gegenüber geführt. In der Antike gab es zahlreiche Geschichten und Sagen, denenzufolge Menschen mit Göttern, Geistern oder Dämonen kämpften. Im Kommentar zu der Geschichte führt G. v. Rad aus: «Sonderlich der antike Mensch wußte sich um und um umgeben von gottheitlichen Mächten, die sein Leben zwar bestimmten, die er sich aber von sich aus nicht enträtseln konnte. Trat nun aber ein Numen sichtbar, greifbar in seinen engen Lebenskreis, so war die elementarste Frage die nach seinem Namen, d.h. nach seinem Wesen und seinen Absichten. Gegebenenfalls war es festzuhalten, denn wußte man den Namen, so konnte man es anrufen, man konnte es sich – etwa durch Opfer – verpflichten, ja man konnte mit der Gotteskraft dieses Namens eigenmächtig hantieren, d.h. zaubern.»[19] In unserer symbol-psychologischen Deutung* würden wir sagen, daß Jakob mit seinem archetypischen Schatten-Bruder rang.

Wir geben einen kurzen Überblick, was wir in der analytischen Psychologie* unter dem Schatten verstehen und zitieren aus dem Glossar in C.G.Jungs «Erinnerungen – Träume – Gedanken» unter dem Stichwort «Schatten»: «Der inferiore Teil der Persönlichkeit... und kollektiven psychischen Dispositionen, die infolge ihrer Unvereinbarkeit mit der bewußt gewählten Lebensform nicht gelebt werden und sich zu einer relativ autonomen Teilpersönlichkeit mit konträren Tendenzen im Unbewußten zuzsammenschließen. Der Schatten verhält sich zum Bewußtsein kompensatorisch, seine Wirkung kann darum ebensogut negativ wie positiv sein. Als Traumfigur hat der Schatten das gleiche Geschlecht wie der Träumer. Als Teil des persönlichen Unbewußten gehört der Schatten zum Ich; aber als Archetypus des ‹Widersachers› zum kollektiven Unbewußten. Die Bewußtmachung des Schattens ist die Anfangsarbeit der Analyse. Übersehen und Verdrängen des Schattens, sowie Identifizierung des Ich mit ihm kann zu gefährlichen Dissoziationen führen. Da der Schatten der Instinktwelt nahe steht, ist seine dauernde Berücksichtigung unerläßlich.»[20]

Treffend formuliert auch F.Seifert: «Der ‹Schatten› umfaßt alle Gegenwerte der bewußten Persönlichkeit, er meint den dunklen Hintergrund, vor dem unsere Vortrefflichkeiten sich abheben und der solchermaßen die einseitige Einstellung des bewußten Ichs kompensiert. Steht unser bewußtes Ego hoch, so steht der Schatten tief; sind wir geistig, pneumatikós, so ist er irdisch, sarkikós; sind wir beherrscht, so ist er halt- und maßlos; sind wir edel und rein, so ist er schmutzig und gemein; sind wir gläubig, so ist er zweiflerisch; sind wir duldsam, so ist er fanatisch und intolerant. Sind wir das Eine, so ist der Schatten immer das Andere.»[21]

Diese Beschreibung konkretisieren wir mit dem Jakobskampf. Der Schatten ist vom gleichen Geschlecht wie der Kämpfer. Dies trifft zu, denn wir sagten, daß Jakob mit einer männlichen Gestalt kämpfte. Der Kampf findet an der Furt des Jabbok statt, einem Ort des Übergangs. Es ist die durchwachte Nacht vor der Begegnung mit dem Bruder, um dessentwillen er sich einst auf den langen Weg der Flucht gemacht hatte. Jetzt bei der Rückkehr kehren die verdrängten Schuldgefühle und Ängste wieder. Zu den grundlegenden Erfahrungen des Übergangs gehört auch die Wiederkehr des Verdrängten. Mag durch den räumlichen Abstand von dem Schatten-Bruder Gras über den erlisteten Erstgeburtssegen gewachsen sein, beim Sonnenaufgang wird Licht auf den Bruderzwist fallen.

Außer dem angesprochenen inneren Kampf bereitet sich Jakob auch religiös für die Begegnung mit Esau vor. Das überlieferte Gebet Jakobs lautet:

«O Gott meines Vaters Abraham und Gott meines Vaters Isaak, Herr, der du mir gesagt hast: ‹Kehre zurück in dein Land und zu deiner Verwandtschaft, ich will dir Gutes tun!› – Ich bin zu gering aller Barmherzigkeit und aller Treue, die du an deinem Knechte getan hast. Denn nur mit meinem Stabe bin ich über den Jordan da gegangen, und nun bin ich zu zwei Heeren geworden. Errette mich doch aus der Hand meines Bruders, aus der Hand Esaus; denn ich fürchte, er möchte kommen und mich schlagen, die Mutter samt den Kindern. Du hast doch gesagt: ‹Ich will dir Gutes tun und dein Geschlecht zahlreich machen wie den Sand am Meer, den man nicht zählen kann vor Menge›» (1 Mose 32,9–12, Zürcher-Bibel).

Im Gebet wird die Angst vor Gott ausgebreitet. Jakob fürchtet, von seinem Bruder Esau erschlagen zu werden, ebenso die Frauen und die Kinder.

Der tiefe Zwiespalt, der das Leben Jakobs durchzieht, kommt in der Aufteilung der Habe in «zwei Lager» zum Ausdruck. Die Überlieferung stellt es als kluge Überlegung Jakobs dar, daß er dachte: «Wenn Esau über das eine Lager kommt und es niederschlägt, so wird das übrige Lager entkommen können» (32,9). Zu dieser Erklärung fügen wir eine symbol-psychologische Deutung hinzu. Die Aufteilung der Habe in zwei Lager ist Ausdruck des Zwiespalts Jakobs. Diese Deutung beruht auf der Erfahrung, daß die Außenwelt weitgehend nach der Disposition der Innenwelt gestaltet wird. Die menschlichen Verhaltensweisen werden aus emotionalen und imaginativen Persönlichkeits-anteilen gestaltet. Wenn nun das Ich-Bewußtsein mit dem Schatten identifiziert ist, kommt es in bestimmten Situationen zu einem Seelenkampf. Der negativ gepolte Schatten-Komplex will das Leben beherrschen. Im Kampf am Jabbok löst Jakob die Identifikation* mit seinem Schatten-Bruder auf. Es ist ein Kampf, in den ein Mensch schicksalhaft verwickelt wird. Im Aktualkonflikt spitzt sich diese Problematik zu. Es ist vorher nicht zu garantieren, ob der Streiter in eine Psychose verfällt oder wie Jakob als Sieger hervorgeht. Wer sein Ich-Bewußtsein in dieser Auseinandersetzung bewahren kann, erlangt den Segen und erhält einen neuen Namen. Jakob sagte zu seinem Gegner: «Ich lasse dich nicht, es sei denn, du segnest mich!» Er erkämpft sich den Segen.

Der Segen wirkt als heilvolle Kraft. Diese Heilkraft kuriert allerdings nicht alle Symptome. Jakobs Hinken bleibt ein sichtbares und spürbares Erinnerungszeichen des Kampfes, so wie auch wir nach einer erfolgreichen Operation eine Narbe behalten. Obwohl Jakob im Kampf in die Knie gezwungen wurde, besaß er noch genügend Ich-Stärke, sich angeschlagen zu erheben. Dieses Motiv verweist uns auf einen sprachlichen Zusammenhang des hebräischen Wortes für Segen (bärech) mit Knie (bärech). Nach alter Anschauung sind «Gesegnete» Menschen, die von einer übermenschlichen Kraft in die Knie gezwungen wurden und dennoch nicht zerbrachen. Gesegnete leben in Beziehung zu der heilvollen Segenskraft.

Diese Ganzheitserfahrung kommt in der Namensänderung zum Ausdruck. Jakob, der Listenreiche, wird «Israel» genannt, «Gottesstreiter». Zur Begründung und Erläuterung heißt es: «Denn du hast mit Gott und mit Menschen gestritten und bist Sieger geblieben.» Nach der Umbenennung des Namens gibt Israel dem Ort des Kampfes die Bezeichnung Pniel mit der Begründung: «Ich habe Gott von Angesicht zu Angesicht gesehen, und mein Leben ward gerettet.» Die Überlieferung liebt offenbar bestimmte symbolische Wort-Assoziationen. Der alte Name Jakob ist durch geringfügige Umstellung der Buchstaben im Jabbok wiederzuerkennen. Ähnlich verhält es sich mit der neuen Ortsbezeichnung Pniel, die im hebräischen Wort für Angesicht (panim) wiederkehrt. Das Hebräische ist besonders reich an sprach-symbolischen Zusammenhängen. Während viele heutige Wörter abgegriffen sind, wirken die alten Sprachen durch ihre Symbolbezüge aussagekräftiger.

Der Symbolbildungsprozeß im Traum

Die Gegensatzspannungen zwischen dem Ich-Bewußtsein und dem Selbst* werden im Symbol gelöst. Ähnlich verhält es sich mit dem Symbol der Leiter und der Symbolik des Steines im Jakobtraum. Beide Symbole haben ihre Geschichte, die durch die Religionsgeschichte erhellt wird. Der Traum greift oft Bildgestalten auf, durch welche Menschen ihre Gotteserfahrung machten. Die Leiter des Jakob steht zwar auf der Erde, doch reicht sie bis zum Himmel. Dies will sagen, daß menschliche und geschichtlich bedingte Symbole dem Menschen die Begegnung mit der Transzendenz* ermöglichen. Zeichnen wir den Symbolbildungsprozeß* in seinen einzelnen Etappen nach.

Der archetypische Traum am Anfang des Weges vergewissert den Träumer, daß Gott mit ihm ist, wie die Himmelsleiter diese Verbundenheit symbolisiert. Bevor Jakob nach Haran in Mesopotamien aufbricht und dort einer fremden Religion begegnet, «verinnerlicht» er sein Gottesbild. Während bei den Babyloniern riesige Tempeltürme das Band zwischen Himmel und Erde bildeten, kommt der wandernde Jakob mit einem aufgerichteten Stein und einem erhebenden Traum aus. Zum kultischen Verständnis einer Zikkurat (Tempelturm) ist kurz zu sagen, daß zwischen der himmlischen Wohnung und dem irdischen Erscheinungsort der Gottheit unterschieden wurde. Das oberste Gemach im Tempelturm symbolisiert die Wohnung der Gottheit. Zur ebenen Erde breitet sich der Erscheinungstempel aus, eine lange Rampe («Stiege» oder «Treppe») verbindet das obere Heiligtum mit dem Tempel. Diese «Stiege» symbolisiert den Überstieg von der Immanenz zur Transzendenz. Der gleiche Grundgedanke findet sich bei Jakob in der Himmelsleiter. Es ist zu vermuten, daß die ehrfurchtgebietenden Treppenaufgänge der Stufentürme das Traumsymbol konstellierten.

Die Leiter ist ein Symbol des Aufstiegs zu Gott. Aus zahlreichen Religionen ist das Symbol der Leiter für den Himmelsaufstieg bekannt. Besonders erwähnen möchte ich die altägyptische Religion und die Mithras-Mysterien. Nach Bachofen symbolisiert die Leiter «den kosmischen Urgedanken des Durchgangs der Seele durch die Sphären des Alls, sowohl bei der Geburt als bei der Rückkehr zu den himmlischen Ursprüngen»[22].

Das Symbol der Engel hat eine bedeutungsvolle Wirkungsgeschichte. Innerhalb der biblischen Überlieferung heißt es in der Selbstoffenbarung Jesu vor seinen ersten Jüngern in Joh 1,51: «Wahrlich, wahrlich ich sage euch: Ihr werdet den Himmel offen und die Engel Gottes über dem Menschensohn hinauf- und herabsteigen sehen.» Es ist offensichtlich, daß das Motiv der hinauf- und herabsteigenden Engel aus dem Jakobtraum übernommen wurde. An die Stelle von Jakob, der Israel genannt wurde, tritt hier der Menschensohn. Mittels des alttestamentlichen Symbols wird Christus als das zentrale neutestamentliche Ganzheitssymbol bei Johannes eingeführt. In einem geschichtlich überlieferten Symbol wird eine neue Ganzheitserfahrung gegenwärtig.

Das Fortwirken des alttestamentlichen Symbols soll noch an weiteren Beispielen verdeutlicht werden. Als erstes erwähnen wir die Traumvision der 22jährigen christlichen Märtyrerin Perpetua, die am 7. März des Jahres 203 in Karthago hingerichtet wurde. In der Erwartung ihres Leidens bat sie Gott um eine Vision, und es wurde ihr folgendes im Traum gezeigt:

«Ich sah da eine eherne Leiter von wunderbarer Größe, die bis zum Himmel reichte und so schmal war, daß man nur einzeln hinaufsteigen konnte. Auf beiden Seiten der Leiter waren allerlei Eisengeräte befestigt: Schwerter, Lanzen, Mauerhaken, Dolche und Spieße, so daß einer, der nicht achtgab oder nicht nach oben gerichtet emporstieg, zerfleischt wurde und an diesen Waffen hängenblieb. Unter der Leiter aber lag ein riesiger Drache, der den Emporsteigenden auflauerte und sie davon abschreckte hinaufzusteigen. Saturus aber stieg vor mir hinauf (wie er sich ja auch uns zuliebe freiwillig als erster hinrichten ließ, weil er selbst uns gelehrt hatte, und dann, als wir verhaftet wurden, nicht dabeigewesen war), und er gelangte an das obere Ende der Leiter und wandte sich zu mir und sprach: ‹Perpetua, ich halte dich. Aber sieh zu, daß dich jener Drache nicht beißt.› Und ich antwortete: ‹Er wird mir nicht schaden im Namen Jesu Christi.› Und der Drache streckte von unter der Leiter her, als ob er mich fürchtete, langsam den Kopf hervor, und ich trat ihm, wie wenn ich den ersten Sproß der Leiter betreten wollte, auf sein Haupt und stieg empor. Und ich sah einen riesigen Garten und in der Mitte desselben einen großen weißhaarigen Mann im Hirtengewand sitzen, welcher Schafe molk, und um ihn herum viele Tausende weißgekleideter Leute. Und er hob den Kopf, sah mich an und sprach: ‹Gut, daß du gekommen bist, Kind!›, und er rief mich herbei und gab mir von dem Käse, den er molk, gleichsam einen Bissen, und ich empfing ihn mit gefalteten Händen und aß. Und alle Umstehenden sagten: ‹Amen.› Und durch den Widerhall dieses Ausrufes erwachte ich, indem ich noch immer irgend etwas Süßes, ich weiß nicht was, aß. Und sogleich berichtete ich es meinem Bruder, und wir erkannten, daß es die zukünftige Passion bedeute, und von da an begannen wir keine Hoffnung mehr auf diese Welt zu setzen.»[23]

Aus der Fülle der Motive heben wir wiederum das Symbol der Leiter hervor. In Unterscheidung zu dem bisher bekannten Motiv wird eine «eherne Leiter von wunderbarer Größe» gesehen. M.-L. v. Franz weist in ihrer psychologischen Deutung auf die vielfältigen Symbolbezüge zu ägyptischen Mysterien und den sieben Planeten zugeordneten Metallen hin. Damit wurden die Stufen der Entwicklung zu höherer Bewußtheit angezeigt. Die «eherne» Leiter scheint in Bezug zu stehen zu dem in der Vision genannten Betreten der ersten Sprosse. Das will sagen, daß Perpetua sich noch am Anfang ihres Heilsweges befindet. Die verschiedenen Eisengeräte an beiden Seiten der Leiter erinnern an die Marterwerkzeuge Christi und stellen die bevorstehenden Leiden dar. In diesem Zusammenhang ist die eherne Leiter ein bildhafter Ausdruck für das Perpetua überkommende Leiden.

Eine besondere Gefahr droht von dem riesigen Drachen, der unter der Leiter liegt. Perpetua tritt beim Aufstieg auf den Kopf des Drachens, «wie wenn sie den ersten Sproß der Leiter betreten wollte». Dieses Motiv ist wohl so zu verstehen, daß das Unter-die-Füße-Bringen des Drachens der erste Schritt auf der Stufenleiter zum Himmel ist. Wir assoziieren dazu das alte Sinnbild von der Schlange, der auf den Kopfe getreten wird (1 Mose 3,15). Der antike und mittelalterliche Mensch symbolisierte die Bedrängnis seines Lebens durch Dämonen, Geister und andere furchterregende Bilder. Für uns stellen die Schlange und der Drache den bedrohlichen Aspekt des kollektiven Unbewußten dar. Es sind jene Kräfte der Tiefe, die den Menschen in den Übergangsphasen in die Zerreißprobe führen, an denen er zerbrechen oder stufenweise aufsteigen kann zu höherer Bewußtheit. Die Leiter ist das Symbol dieses Individuationsprozesses.

Das andere grundlegende Symbol im Jakobtraum ist der Stein. Der Stein, den Jakob unter sein Haupt legte, hat eine vielfältige Symbolgeschichte, aus der wir nur kurz einiges anführen. Israel ist auf seinem Weg in das Gelobte Land mit der Steinverehrung der kanaanäischen Urbevölkerung in Beziehung gekommen. In einem langen Prozeß der Auseinandersetzung und Assimilation wurde das archaische Gottesbild im Steinsymbol aufgehoben. Israel richtete auf seinem Wege Gedenksteine auf, damit die Nachkommen der Gotteserfahrungen gedenken. Beispielhaft erwähnen wir beim Einzug in Kanaan die Aufrichtung von zwölf Gedenksteinen nach der Überquerung des Jordan. Josua berief zwölf Männer als Repräsentanten der zwölf Stämme Israels und gebot ihnen: «Geht vor der Lade des Herrn, eures Gottes, her, mitten in den Jordan, und hebt ein jeder einen Stein auf seine Schulter, nach der Zahl der Stämme Israels, damit das ein Zeichen unter euch sei. Wenn dann künftig eure Kinder fragen: ‹Was bedeuten euch diese Steine?›, so sollt ihr zu ihnen sagen: ‹Daß das Wasser des Jordan vor der Bundeslade des Herrn abriß, als sie durch den Jordan zog…; so sollen nun diese Steine Israel zum ewigen Gedächtnis dienen›» (Josua 4,5 ff.). Josua richtete diese Steine mitten im Jordan an der Stelle auf, wo die Priester mit der Bundeslade gestanden hatten. Diese Steine sollten das Gedächtnis an Gottes Hilfe beim Durchzug durch den Jordan lebendig erhalten. Vermutlich hatten die Gedenksteine später nur noch die Funktion von Orientierungszeichen in einer der Furten über den Jordan. Die starken Erfahrungen, die einst die Steine zu lebendigen Symbolen machten, verblaßten, und übrig blieben Orientierungszeichen, die den Überweg im Fluß kennzeichneten.

Zwei wesentliche Erfahrungen im Umgang mit Symbolen möchten wir an obiger Geschichte verdeutlichen: das Verblassen und die Verinnerlichung von Symbolen. Die ursprüngliche Erfahrung, die einst zur Aufrichtung eines Symbols führte, sollte nach Josuas Anweisung ewig im Gedächtnis bleiben. Israel hielt seit alters her die Gotteserfahrungen der Vergangenheit gegenwärtig. Es entwickelte geradezu eine Theologie des Gedenkens an die Großen Taten Jahwes. Zu diesem Gedenken gehört die Verinnerlichung des Symbols. Wir verstehen darunter einen Symbolbildungsprozeß in der Psyche. Was in der äußeren Welt als Symbol dargestellt ist, erscheint in Träumen als inneres Bild.

Am Symbol des Steines läßt sich der Prozeß der Verinnerlichung verdeutlichen. Bei dem Propheten Daniel wird der Traum Nebukadnezars von der gewaltigen Bildsäule überliefert, die von einem Stein zerschmettert wurde. Dieser Stein löste sich ohne menschliches Zutun vom Berg und wurde zu einem großen Berg, der die ganze Erde erfüllte (Daniel 2,31ff.). Daniel deutete den Stein als das kommende Reich Gottes, das alle irdischen Reiche vernichten wird.

Eine andere Gestalt der Steinsymbolik finden wir in der Berufungsvision des Propheten Jesaja. Ein Seraph berührte mit einem glühenden Stein den Mund des Propheten und sprach: «Siehe, nachdem diese (Kohle oder Glühstein) deine Lippen berührt hat, ist deine Schuld von dir gewichen und deine Sünde getilgt!» (Jesaja 6,7). Jesaja verwendet in seiner Verkündigung die verschiedensten Steinsymbole. Der Herr der Heerscharen wird zu einem «Stein des Anstoßes und zu einem Felsblock des Strauchelns» für Israel (8,14). In Zion hat der Herr einen Grundstein gelegt, einen kostbaren Eckstein, der felsenfest gegründet ist (28,16).

Ein anderer Symbolaspekt des Steines findet sich in der Gottes-
bezeichnung «Fels» (Jesaja 17,10; 26,4; 30,29 u. a.) Ferner wird
im 5. Buche Mose, Kap. 32, in einem Lied das Gottesepitheton
«Fels» vielfach verwendet. Im Neuen Testament schließlich
wird die Steinsymbolik personalisiert und beispielsweise Petrus
als Fels der Kirche berufen, und die Christen werden «lebendige
Steine» genannt.[24] Zu dieser vielfältigen Steinsymbolik in der biblischen Überlieferung hat Jakob den Grundstein gelegt.

Die Aufrichtung des Gedenksteines durch Jakob ist eine Symbolstiftung. Das Ausgießen des Öls als Akt der Verehrung bezeichnen wir als Symbolbeziehung. Für die Psychohygiene sind
Symbolstiftung und Symbolbeziehung von grundlegender Bedeutung. In der Erhebung eines Objektes zu einem Symbol
richtet sich der Mensch selber auf. Der Mensch braucht etwas
Erhebendes. In der Symbolbeziehung ergießen sich die psychischen Energien und die geistigen Kräfte über das zum Symbol
erhobene Objekt. Aus der biblischen Überlieferung wäre dazu
auf das «Salben» des Königs oder des Gedenksteines hinzuweisen. Wie anscheinend durch die Salbung geistige Kräfte übertragen werden, so scheinen im Segnen die heilvollen Kräfte der
Seele vermittelt zu werden.

Im Salben und Segnen werden auch heute noch geistige und seelische Kräfte übertragen. Die darin waltenden psychischen Prozesse stehen mit komplexen Erregungsvorgängen in Beziehung
und zeigen sich in bestimmten Ausstrahlungen. Ein Mensch
kann zum Beispiel vor Freude «strahlen» oder mit «glühender»
Leidenschaft lieben. Die lustvollen Gefühle wollen sich ergießen
wie der Regen aus den Wolken. Die Erregungsprozesse erreichen im Orgasmus oder in einer strahlenden Lebensfreude ihren
Höhepunkt. Mit den bildhaften Redewendungen wollten wir
die Wechselbeziehung (Korrelation)* zwischen Leib und Seele
verdeutlichen, wie das pulsierende Leben des Körpers in psychischen Erregungen ausstrahlt. Wenn diese Ausstrahlungen dau-
ernd verhindert werden und keine Wechselwirkungen zu lebendigen Symbolen bestehen, wird das Leben langweilig. Im
Extremfall kann es sogar zur Lebensbedrohung kommen, indem

sich total isolierte Menschen «zu Tode langweilen». Im Kraftfeld der Seele dagegen pulsiert das Leben in Bildprozessen und Psychoimaginationen*. Was in Träumen einleuchtend geworden ist, strahlt in Stimmungen aus.

Die Ausstrahlung wird intensiviert, wenn von lebendigen Symbolen eine Faszination ausgeht. Ausstrahlung und Faszination stehen in einer Wechselbeziehung. Etwas Faszinierendes begeistert. Damit kommt ein geistiger Aspekt der Ausstrahlung zur Sprache. Das Fluidum der Ausstrahlung wird in seiner geistigen Dimension in der Kunst als «Heiligenschein» dargestellt. Wenn die biblische Überlieferung von dem «Lichtglanz» Gottes spricht, scheint damit ein leuchtendes Symbol erhoben zu sein, zu dem die Ausstrahlung des Menschen ein Abbild ist.

Die Begeisterung und Faszination, die einst von dem göttlichen Lichtglanz ausging, wird uns einleuchtend, wenn wir kurz an eine Erkenntnis aus der Physik erinnern. Es heißt, daß ein angeregtes Elektron in eine weiter außen gelegene Umlaufebene springt und damit in einen höheren Erregungszustand gelangt, wenn es von einem Lichtquant getroffen wird. Wenn dann das Elektron seine Energie in Gestalt von Strahlung abgegeben hat, kehrt es wieder in seine vorherige Orbitalsphäre zurück. Die Wirkung, die von dem Lichtquant auf die energetische Ausstrahlung des Elektrons ausgeht, ist ein Beispiel für die Korrelation in der Symbolbeziehung. Ein lebendiges Symbol hat eine Ausstrahlung und setzt Energien frei.

Symbolstiftung und Symbolbeziehung sind keine blassen Modellvorstellungen, sondern sind Ausdruck strahlenden Lebens. Zum Leben und Zusammenleben bedürfen wir Menschen der lebendigen Symbole. Typische und archetypische Symbolfelder unserer Zeit sind beispielsweise Modellvorstellungen aus den Bereichen der anorganischen Materie und der Psychosomatik. Auch die Modellvorstellungen der verschiedenen tiefenpsychologischen und psychotherapeutischen Schulrichtungen üben eine ähnliche Faszination aus wie die Projektionen* von Modellvorstellungen in die anorganische Materie. Wir bedürfen des Symbols, um die dunkle Wirklichkeit zu erhellen. Im menschlichen

Bereich bewahren Symbole grundlegende Erfahrungen und bewirken neue Erfahrungen des Selbst. Anschließend fassen wir einige Symbolfunktionen zusammen.

– Symbolstiftung
Lebendige Symbole werden aus überzeugenden Erfahrungen geboren. Symbole haben ihren konkreten Ort in der Geschichte und einen Zeitpunkt der Stiftung. An aufgerichteten Symbolen richtet sich der Mensch auf.

– Vergegenwärtigung
Die Repräsentation ist eine grundlegende Symbolfunktion. Vergegenwärtigung ist Gegenwartwerdung. Symbole bewahren geschichtliche Erfahrungen auf und regen zu neuen Symbolerfahrungen an.

– Symbolerfahrung
Die Anerkennung von Symbolen hängt von der Symbolerfahrung ab. Gegenwärtige Symbolerfahrungen können durch überlieferte Symbole gedeutet werden. Symbole der Vergangenheit können aufgrund persönlicher Erfahrungen neu aufleuchten.

– Ganzheitserfahrung
Es besteht eine Korrelation zwischen der individuellen Symbolerfahrung und dem kollektiven Symbolkanon* der Menschheit. Durch die Symbole wird der Mensch in ein ganzheitliches System eingegliedert. Wie bei Jakob können Symbole zu einer «Pforte des Himmels» werden.

Die Ganzheitserfahrung im Traum

Abschließend möchten wir einige Erfahrungen aus dem Leben des Jakob zusammenfassen. Von grundlegender Bedeutung sind dabei die Ganzheitserfahrungen und die Träume. Die Traumerfahrungen werden durch die überlieferten Symbole vertieft und erweitert. Die genannten vier Bereiche bestehen nicht separat, sondern stehen in Korrelation zueinander.

Es besteht nicht die Absicht, alle Erfahrungen des Jakob in ein Schema zu pressen. Wie jede Modellvorstellung eine gewisse Verstehenshilfe ist, um die Vielzahl der Erfahrungen zu ordnen, so verwenden wir den Begriff der Ganzheit, um die Überlieferung von Jakob zu deuten. Es ist das Anliegen, die verschiedenen Erfahrungen um einen zentralen Punkt zu ordnen, den wir Ganzheit nennen.

Wir setzen uns sogleich mit der kritischen Frage auseinander, ob damit nicht ein Gesichtspunkt aus der heutigen Symbolpsychologie an die Überlieferung herangetragen wird, der dem Material fremd ist. Wir werden aber sehen, daß die Ganzheit im «Lebenslauf» von Jakob ein entscheidender anordnender Faktor ist. Es heißt in der Familiengeschichte von den beiden gegensätzlichen Söhnen und der Beziehung der Eltern zu den Kindern (in der Übersetzung von G. v. Rad):

Als nun die Knaben groß wurden, da ward Esau ein Mann, der sich auf die Jagd verstand, ein Mann, der sich auf dem Feld umhertrieb; Jakob aber ein *ordentlicher* Mann, der bei den Zelten blieb. Isaak liebte den Esau, weil Wildbret nach seinem Geschmack war; Rebekka aber liebte den Jakob (1 Mose 25,27 ff.).

Damit der Leser, der nicht den hebräischen Urtext studieren kann, einen Eindruck von den vielfältigen Übersetzungsmöglichkeiten gewinnt, fügen wir weitere an:

Als nun die Knaben groß wurden, wurde Esau ein Jäger und streifte auf dem Felde umher, Jakob ein gesitteter Mann und blieb bei den Zelten. Und Isaak hatte Esau lieb und aß gern von seinem Wildbret; Rebekka aber hatte Jakob lieb. (Luther)
Esau wurde ein jagdkundiger Mann... Jakob aber ein *schlichter* Mann... (Buber)

Die ausgewählten Übersetzungen zeigen die Differenziertheit in der möglichen Wiedergabe des Urtextes. Zugleich werden auch Differenzen deutlich, wenn ein Übersetzer seine theologische Auffassung einfließen läßt. Jakob war weder ein «ordentlicher» Mann noch «gesittet», weder ein «schlichter» noch ein «stiller»

Mann. Jakob war ein *ganzer* (hebräisch: tam) Mann. Dieses Eigenschaftswort bezeichnet die Eigenschaft, die einst als göttliche Weisung an den Erzvater Abraham erging: «Wandle vor mir und sei ganz!» (1 Mose 17,1). In der Familiengeschichte scheint dieser Grundsatz eine überzeugende Wirkung gehabt zu haben. In der heutigen Familientherapie wurde «wieder»-erkannt, daß von solchen frommen Wünschen eine außerordentliche Wirkung ausgehen kann.

Das Bedeutungsspektrum von «tam» ist: ganz, vollendet, fromm, rechtschaffen. So wird beispielsweise von Hiob gesagt: er war fromm (= ganz) und rechtschaffen, fürchtete Gott und mied das Böse (1,1.8; 2,3.9 u. a.). Die hebräische Sprachwurzel bedeutet: vollständig werden/sein. In der allgemeinen Umgangssprache hatte es die Bedeutung: fertig werden/sein. Unser Wort ist nicht von einer christlichen oder moralischen Vorstellung von Vollkommenheit gefüllt, sondern kennzeichnet den Weg zur Vollständigkeit. In moderner Sprache würden wir von der Integrität der Person sprechen.

Da sich die archetypische Struktur des kollektiven Unbewußten auch in Zahlen manifestieren kann, ist beim hebräischen Wort «tam» die Vier als Zahl der natürlichen Ganzheit in der Buchstabensymbolik zu beachten. Aus der kurzen Bemerkung im Lebenslauf Jakobs geht hervor, daß er ein integrer Mann war, der von seiner Mutter geliebt wurde, während der Vater den Esau liebte. Diese innige Mutterbindung würden wir von der Komplextheorie der analytischen Psychologie her als Mutterkomplex diagnostizieren. Damit nicht der Eindruck entsteht, wir würden unreflektiert moderne psychodiagnostische Gesichtspunkte der Überlieferung unterschieben, lassen wir den Text sprechen. Wir erwähnten schon, daß Vater Isaak den Sohn Esau liebte, während die Mutter mit Jakob in anhaltender Liebe verbunden war. Mit dieser Umschreibung geben wir das Partizip des hebräischen Urtextes wieder. Die andauernde und intensive Liebesbeziehung zwischen Mutter und Sohn wird durch folgende Umstände erhellt. Nach jahrelanger Kinderlosigkeit wird Rebekka durch das inständige Gebet des Gatten schwanger (1 Mose 25,21). Diese Erfahrung läßt die emotionale Bindung verständlich werden.

Die Überlieferung hebt hervor, daß Rebekka zum Zeitpunkt der Brautwerbung ein Mädchen von großer Schönheit war. Als die Karawane mit der Braut bei dem künftigen Bräutigam eintrifft, kam Isaak gerade von seinem Gang vom «Brunnen des Lebendigen, der mich sieht» (24,62) heim. Isaak wohnte bei diesem Brunnen (25,11), an dem der Engel des Herrn der Hagar erschienen war und die Geburt Ismaels angekündigt hatte (16,6ff.). Es wird ein numinoser Ort gewesen sein, an dem die Sippe ihre Gotteserfahrungen und Trost suchte. Isaak war vierzig Jahre alt, als sich die künftigen Eheleute begegneten. Dieses relativ hohe Alter läßt vermuten, daß Isaak ein «Eigenbrötler» war, der oft aufs Feld hinaus ging, um mit seinen Gedanken allein zu sein. An jenem Brunnen verweilte er dann wohl, um sich durch den Blick in die Tiefe zu großen Träumen und Imaginationen anregen zu lassen. Der Tod seiner Mutter Sara scheint ihm außerordentlich nahegegangen zu sein, denn es heißt, daß er sich mit Rebekka über den Verlust seiner Mutter hinwegtröstete (24,67). Wie mag dieser Mann, der sich später mit Esau solidarisierte und so gerne Wildbret aß, die Liebe der schönen Rebekka insgeheim enttäuscht haben. Der Name Rebekka wird als «Strick mit einer Schlinge», das ist ein die Männer fesselndes Mädchen oder ein «angebundenes Lamm», übersetzt [25]. Da in der alten Zeit mit der Namensgebung der Wunsch verbunden wurde, daß der Träger des Namens dessen Bedeutung im Leben verwirklichen möge, wird uns das komplexe Familiensystem deutlicher, in dem Jakob lebte. Zum Verständnis der ganzheitlichen Lebenserfahrung gehört nicht nur die Erfassung einer theologischen Absicht in der religiösen Überlieferung, sondern auch das Verstehen der blutvollen Familienbindungen. Der Verfasser der behandelten Texte ist wohl in der Zeit der salomonischen Aufklärung zu suchen, weil er ein außerordentlich feinsinniges Gespür für die Regungen des menschlichen Herzens und die psychischen Vorgänge in den Träumen erkennen läßt.

Nach den heutigen Erkenntnissen der Familientherapie und Familiendynamik*[26] lassen die Vätergeschichten zahlreiche Deutungen zu über die in der Familie wirksamen Beziehungskräfte. Die Mehrgenerationenperspektive erhellt die Übertragung von guten Wünschen und ungelösten Konflikten, ferner könnten die verschiedenen Aspekte der Individuationstendenzen klar herausgearbeitet werden. Wir begnügen uns mit der abschließenden Feststellung, daß die positive Mutterbeziehung zwischen Rebekka und Jakob dessen außerordentlich gute Beziehung zu seiner Psyche und den Tiefenschichten seiner Person verständlich werden läßt. Die Träume Jakobs bringen es an den Tag.

Traumerfahrungen und Individuation
Jakob erhielt aus seinen Träumen entscheidende Informationen für sein Leben und seine Gottesbeziehung. Ähnlich wie Joseph am Anfang seines Lebens Große Träume hatte, so sah Jakob am Anfang seiner Flucht zu den Verwandten in Haran in dem dargestellten Bethel-Traum die kommenden Ereignisse voraus. Dieser Traum war kein Wunschtraum, sondern symbolisierte Gottes Mitsein auf dem Wege. Wie eine Leiter die Verbindung von oben und unten ermöglicht, so sind die Träume und Symbole Verbindungen zu Gott. Die Träume verarbeiten die Erfahrungen dieser Begegnungen zu einer inneren Einsicht. War in der bisherigen Familientradition Jakobs der Brunnen ein Ort der Erscheinung Jahwes, so wird jetzt die Erscheinung verinnerlicht. Im alten Israel wird man sich der Psyche als Ort der Erscheinung des Gottesbildes bewußt. Vernahm man in alter Zeit auf mechanischem Wege mittels der Orakelstäbe die Weisung oder erlangte man durch den sich in das spiegelnde Wasser eines heiligen Brunnens versenkenden Blick einen Reflex für ein numinoses Bild, so wird man jetzt in den Träumen der Projektion des Gottesbildes ansichtig. Gott erscheint im Traum (4 Mose 22,9) und redet im Traum (4 Mose 12,6). Gottes Angesicht sah man bruchstückhaft in den Nachtgesichten. Damit war ein weiterer subjektiver Erfahrungsbereich für die Gottesbeziehung eröffnet.

Fragen wir nach dem geschichtlichen Zeitpunkt dieser Ganzheitserfahrung im Traum, so scheint es die genannte salomonische Aufklärung zu sein. Von Salomo wird berichtet, daß er sich zum Inkubationstraum (Einweihungstraum) anläßlich seines Regierungsantrittes und seiner Eheschließung mit der ägyptischen Prinzessin im Heiligtum zu Gibeon niederlegte. In einem bedeutungsvollen Traum erschien der Herr und erfüllte den Herzenswunsch des Königs und gab ihm ein weises und einsichtsvolles Herz.

Andere Inkubationsträume an heiliger Stätte ereignen sich in Silo (1 Samuel 3), in Hebron (1 Mose 15) oder in Beerseba (1 Mose 46,1ff.). Als Jakob mit seiner Familie und all seiner Habe zu Joseph nach Ägypten aufbricht, macht er in Beerseba Pause und bringt dem Gott seines Vaters Isaak Schlachtopfer dar. In der Überlieferung heißt es: «Da redete Gott mit Israel (Jakob) nachts in einem Gesicht und sagte: ‹Jakob, Jakob!›; er antwortete: ‹Hier bin ich!› Darauf sagte Gott: ‹Ich bin Gott, der Gott deines Vaters! Fürchte dich nicht, nach Ägypten hinabzuziehen; denn ich will dich dort zu einem großen Volk machen. Ich selbst will mit dir nach Ägypten hinabziehen, und ich selbst will dich auch wieder zurückführen, und Josephs Hand soll dir die Augen zudrücken»» (46,2–4).

Wie so oft in seinem Leben erhält Jakob bei diesem Übergang in ein Neuland den Zuspruch und die Weisung Gottes im Traum. In den Jakobgeschichten gehört der Traum noch zur Ganzheit des Lebens und der Gottesbeziehung.

Die Symbolfunktion der Jakobgestalt

Bei den bisherigen Ausführungen könnte bei manchem kritischen oder theologischen Leser der Verdacht entstanden sein, daß der Verfasser die Jakobgeschichten als historische Tatsachenberichte und die Träume als Protokolle verstehe. Zu dieser Problematik schließen wir uns den Erkenntnissen von G. v. Rad an. In der Tat vermittelt die Überlieferung von vielen Stellen diesen lebendigen Eindruck und eine faszinierende Nähe zu unseren Erfahrungen. Diese Erkenntnis spricht für die Symbolfunktion der Texte. Wir verstehen darunter jene Offenheit, aufgrund deren sich der gegenwärtige Leser einbringen kann. Wie zwischen dem Traum und dem Leben eine Korrelation besteht, so kann sich zwischen den Symbolen einer biblischen Geschichte und uns eine lebendige Wechselwirkung ergeben. Unsere Erfahrungen können in jenen Symbolgestalten aufgehoben werden. Diese Symbolfunktion kann durch die Wirkungsgeschichte Jakobs verdeutlicht werden.

Israel sah in den Erfahrungen seiner Erzväter die eigene Geschichte vorgebildet. In der theologischen Formulierung vom «Gott Abrahams, Isaaks und Jakobs» bekennt man sich zum «Gott der Väter». Diese Glaubensformel ist zu einem lebendigen Symbol geworden für das aus der Bundestreue Jahwes lebende Israel. Wie ist es empirisch zu verstehen, daß mit dieser Formel ein Abschluß der Symbolbildung erreicht wurde? Der Symbolbildungsprozeß hat eine Ganzheit erlangt, die das religiöse Bedürfnis befriedigt. Manchem Christen drängt sich zu den drei hohen Namen vielleicht die göttliche Trinität als Analogie auf. Die israelitisch-jüdische Dreiheit und die christliche Trinität können für den darin Lebenden eine große Überzeugungskraft haben und eine Dynamik entfachen, die eine vierte Symbolgestalt evoziert. Diese kann der erwartete Messias oder der wiederkommende Christus sein. Er holt sein Volk heim und erlöst die Wartenden. Der einzelne Erlöste oder ein Kollektiv bilden dann den vierten Faktor zu jener erlösenden Dreiheit. Alle Symbolerfahrungen und Großen Träume sind Mosaiksteinchen zu der erhofften Ganzheitserfahrung.

Symbolfunktion und Gotteserfahrung

Jakob legt mit dem zum Symbol erhobenen Stein von Bethel den Grundstein zu einer vielschichtigen Steinsymbolik in der Bibel. Mögen auch schon zuvor in Israel, der kanaanäischen Religion oder in anderen Kulturen heilige Steine verehrt worden sein, der Bethel-Stein ist ein besonderer Meilenstein zu einem neuen Symbolverständnis im alten Israel.

In der Frühphase einer Entwicklung des menschlichen Bewußtseins scheint es eine archaische Identität* zwischen den Menschen und Dingen, zwischen Subjekt und Objekt gegeben zu haben. Derzufolge herrschte beispielsweise die Vorstellung, daß ein Numen, ein Dämon oder eine geistige Kraft im Stein wohne. Seit dem Traum von der Himmelsleiter erweitert sich die archaische Identität* zu einer Polarität. Gott wohnt nicht allein im Stein, sondern auch im Himmel. Zwischen diesen beiden Wirklichkeitsbereichen besteht eine Korrelation. Die «Himmelsleiter» mit den auf- und absteigenden Engeln ist symbolischer Ausdruck für diese Beziehung. Wie die «Himmelsleiter» in der Vorstellung der Alten den Verkehr zwischen Erde und göttlicher Welt ermöglicht, so wird jetzt das Symbol zur Brücke und zum Mittler zwischen dem Ich-Bewußtsein und dem umfassenden großen Du.

Die Quelle dieser Ganzheitserfahrung ist der Traum. Wir greifen aus dem bereits zitierten Text der Bethelgeschichte nochmals jene Stelle auf, in der Jakob mit (Ehr-)furcht von jener schauerlichen Stätte spricht, wo ihm sein Gott im Traum erschien. «Das ist nichts anderes als eine Wohnung Gottes, und dies ist das Tor des Himmels» (1 Mose 28,17). Jakob identifiziert nicht die Wohnung mit Gott noch das Tor mit dem Himmel. Die Symbolik der beiden Bildworte besagt: Es gibt heilige Orte, wo Gott zu finden ist. Es gibt überzeugende Erfahrungen, die einem wie ein Tor den Zugang zu einer anderen Dimension auftun. Da solche Erfahrungen nicht alltäglich vorkommen oder sich beliebig wiederholen lassen, bleibt nur die Aufrichtung eines Steines als Gedenkstein. Wie ein Denkmal uns an denkwürdige Ereignisse erinnert, so weisen uns Symbole auf Ganzheitserfahrungen hin.

An die Gotteserscheinung in Bethel und den Segen, der davon ausging, erinnert Jakob mit 147 Jahren nochmals auf seinem Sterbebett. Obgleich er schon sterbenskrank war, machte sich Jakob/Israel stark, setzte sich im Bett aufrecht hin und sagte dann zu Joseph: «Der allmächtige Gott erschien mir zu Lus im Lande Kanaan und segnete mich und sprach zu mir: ‹Siehe, ich will dich wachsen lassen und mehren und will dich zum Haufen Volks machen und will dies Land zu eigen geben deinem Samen nach dir ewiglich.›» Darauf segnete Jakob die beiden Josephsöhne (1 Mose 48). Im Akt des Segnens wird die heilvolle Kraft weitergegeben. Der Segensspruch bewirkte in der Erfahrung der Alten, was er besagte. Die heilvolle Kraft des Segens bewirkt Fruchtbarkeit. Der Segen vergegenwärtigte wie ein Symbol die Gegenwart Gottes. Der Segen war nicht nur ein Zuspruch in Worten, sondern ein dynamisches Symbol. Wie der sterbende Erzvater vor seinem Sohn die großen Symbolerfahrungen in Erinnerung ruft, so ist im Symbol stets das Worthafte und das Bildhafte verbunden.

In den Jakobgeschichten stellt die Überlieferung eindrucksvoll dar, daß der Traum nicht ein separates Ereignis ist, sondern zum Wort, zum Gebet und zum Segen in Beziehung steht. Nach der Salbung des Denksteines in Bethel spricht Jakob folgendes Gelübde (1 Mose 28,20–22): «So Gott wird mit mir sein und mich behüten auf dem Wege, den ich reise, und mir Brot zu essen geben und Kleider anzuziehen und mich mit Frieden wieder heim zu meinem Vater bringen, so soll der Herr mein Gott sein; und dieser Stein, den ich aufgerichtet habe zu einem Mal, soll ein Gotteshaus werden; und von allem, was du mir gibst, will ich dir den Zehnten geben.»

Die Wirkungsgeschichte

Die Josephsgeschichte hat in Literatur, Kunst und Religion eine außergewöhnliche Wirkung zu verzeichnen. Diese beruht unter anderem auf einer merkwürdigen Faszination, die die Phantasie von Kindern und Erwachsenen sowie von Dichtern anregt. Vor allem weil im literarischen Stoff die Träume und Symbole von größter Bedeutung sind, werden im aufgeschlossenen Leser die Tiefenschichten der Psyche angerührt. Auch Joseph als die zentrale Symbolgestalt regt zu Projektionen* an. Gerade weil der Text an manchen Stellen etwas verschweigt, wird der Leser motiviert, sich seine eigenen Gedanken zu machen.

Vor den weiteren Ausführungen geben wir einen kurzen Überblick auf Aspekte, die für uns von besonderem Interesse sind. Die Wirkungsgeschichte beruht auf
– sprachlicher Offenheit für die Phantasie des Lesers;
– symbolischem Reichtum in der Handlungsdynamik;
– der besonderen Funktion der Träume, die die Tiefenschichten der Psyche ansprechen;
– den als religiös zu bezeichnenden Ganzheitserfahrungen, die die Hoffnung erwecken, daß am Ende endlich eine Lösung zu erwarten ist.

H. Donner hat in seinem Aufsatz: «Die literarische Gestalt der alttestamentlichen Josephsgeschichte»[27] erneut darauf aufmerksam gemacht, daß die Wirkungsgeschichte der Josephsnovelle in ihr selbst beginnt, das heißt, daß sie durch Ergänzungen und Zusätze weitererzählt und ausgedeutet wird[28]. Dies hängt wohl vor allem damit zusammen, daß das Kompositionsprinzip[29] eine Offenheit hat, die den Leser motiviert, seine Phantasien, Träume und Projektionen einzubringen und sich ein Stück weit mit den Erfahrungen Josephs zu identifizieren[30].

Ähnliche Wirkungen sind uns von Mythen und Märchen und anderen Geschichten mit einer überzeugenden Handlungsdynamik bekannt. Die wesentlichen Wirkungen gehen bei diesen Erfahrungen von der Bilderwelt aus. Nicht Begriffe ergreifen, sondern die Bilderwelt der Träume, die Weisheit des Lebens zieht denjenigen in ihren Bann, der sich auf den Weg der Individuation* begibt. Wie die Josephsgeschichte zeigt, ist dieser Weg nicht ohne Schwierigkeiten, doch es lassen sich auf dem vorgezeichneten Wege der Selbstverwirklichung Lösungen finden. Joseph ist das «Vorbild» eines klugen und weisen Mannes (1 Mose 41,33.39) in dem der Geist Gottes waltet (41,38) und der wiederholt Gott zuschreibt, was Gottes ist, zum Beispiel, daß charismatische Traumdeutung Gottes Sache ist. Andererseits zeigt das Kompositionsprinzip der literarischen Textgattung der Weisheit, daß «in, mit und unter» Gottes Handeln sich der Mensch geschickt ins Spiel bringt. Die Weisheit schafft Erfahrungsspielräume für die empirische Gotteserfahrung. Der Verfasser ist der Meinung, daß die Weisheit für viele moderne Menschen deswegen recht ansprechend und überzeugend ist, weil Gottes Führungen und menschliche Erfahrungen in Korrelation* stehen. Die Weisheit nimmt den Menschen als Partner Gottes ernst. In den zahlreichen äußeren und inneren Lebenserfahrungen wird die Gottesfurcht erfahrbar, die nach der Überlieferung der Weisheit Anfang ist.

Wir bedenken im Nachfolgenden Joseph als eine vermittelnde Symbolgestalt in der Epoche des Überganges von der Erzväterzeit Israels zur Volkwerdung. In solchen Übergangszeiten zerbrechen die tradierten Wertsysteme, die das menschliche und religiöse Leben bisher ordneten. In solchen Zeiten werden einzelne Helden berufen und auf den mythischen Heldenweg gedrängt[31]. Im Ausbruch aus der sonst geforderten gehorsamen Einordnung in die Tradition erkennen wir das Walten einer

Psychodynamik, die Menschen auf den Individuationsweg treibt. Es ist keine diffuse Getriebenheit, die diese Individuen bewegt, sondern das Movens sind die archetypischen* Träume. Diese Chiffren der Transzendenz* haben einen prägenden Einfluß auf die Gestaltung des Lebensweges.

Wir gehen absichtlich nicht auf die literarkritischen Probleme ein, die durch die theologische Forschung aufgeworfen wurden und letztlich zu einem negativen Ergebnis führten. In Anlehnung an den Alttestamentler Gerhard von Rad verstehen wir die Josephsgeschichte als eine selbständige literarische Größe. Literarisch betrachtet handelt es sich um eine Novelle mit stark weisheitlicher Prägung. Sie stammt wahrscheinlich aus Kreisen des Jerusalemer Hofes zur Zeit König Salomos. Die sprichwörtlich bekannte «Weisheit Salomos» gelangte in jener Epoche zu einem glanzvollen Höhepunkt. Unter dem Fachbegriff «Weisheit» wird im Alten Testament die Fähigkeit verstanden, die Gesetzmäßigkeiten der Natur und die Kommunikationsstrukturen im menschlichen Bereich zu durchschauen, einzuordnen und Lösungen zu finden.

Wie aus Sumer und Ägypten zahlreiche Listen von Dingen, Tieren, Pflanzen usw. überliefert sind, so beginnt auch Israel seine Naturweisheit zu ordnen («Onomastica», Listenweisheit, vgl. Ijob 38, 1 Mose 1 und 10, 1 Könige 5,12 f.). Die richterliche Weisheit wird beispielhaft an dem «salomonischen Urteil» verdeutlicht (1 Könige 3). Weitere Fähigkeiten werden in der politischen Weisheit (2 Samuel 16) und der höfischen Weisheit (Sprüche 22,17–23,14) dargestellt. Für unseren Zusammenhang ist die Erfahrungs- und Lebensweisheit (Sprüche 26) von besonderer Bedeutung (Ijob, Sprüche und Weisheit Salomos). Die grundlegenden menschlichen Erfahrungen einschließlich der Träume werden hier reflektiert und in ihrer Bedeutsamkeit für die Lebensgestaltung und die Gotteserfahrung dargestellt. Dieser psychische Erfahrungsbereich ist in der Gegenwart von besonderer Aktualität. Viele Menschen wollen heute ihr Leben auf Erfahrungen gründen und nicht nur überlieferten Werten vertrauen. Damit stehen sie zum Beispiel Hiob recht nahe, der am

Ziel seines leidvollen Weges sagte: «Vom Hörensagen hatte ich von dir gehört; nun aber hat dich mein Auge gesehen» (42,5).

Die Erfahrungsweisheit stellt den einzelnen in den Mittelpunkt und zeigt am Beispiel Josephs, welch eine Bedeutung das Individuum für andere haben kann, wenn es sich den Weg der Erfahrung führen läßt. Aus der Erfahrungsweisheit entdecken wir folgende Möglichkeiten für unser Leben:
– Hier wird ein empirisch gangbarer Weg zu eigenen Erfahrungen gezeigt.
– Die Gegensätze werden erkannt und akzeptiert und damit eine Versöhnung der Gegensätze eingeleitet.
– Die Weisheit gründet sich auf psychische Erfahrungen, wie Träume und Psychoimaginationen*, und entfaltet sich in lebendigen Symbolen.
– Die Erfahrungsweisheit ermöglicht Ganzheitserfahrungen und Sinnfindung für das Leben.

Joseph als Träumer

Joseph ist in der biblischen Überlieferung neben Daniel ein Urbild des Träumers und Traumdeuters. Der Lebensverlauf Josephs wird durch die Initialträume seiner Kindheit und Jugendzeit bestimmt. In der biblischen Übersetzung heißt es, daß Joseph «einmal einen Traum hatte». Es wird keine konkrete Angabe darüber gemacht, ob dieser Traum aus der Kindheit erinnert wurde oder sich gerade dem Siebzehnjährigen bekundete. Der sprachliche Ausdruck jedoch besagt, daß es ein Traum aus der Vergangenheit war, der sich der Erinnerung zutiefst eingeprägt hatte.
Es gibt viele Menschen, denen «Große Träume» aus der Kindheit ein Leben lang lebendig bleiben. Aus der Traumpsychologie und Tiefenpsychologie ist bekannt, daß zwischen den genannten Träumen und dem Lebensverlauf eine Wechselwirkung besteht. In der Erforschung dieser Korrelation stehen wir zwar noch in

den Anfängen. Der Tieferblickende sieht solche Korrelationen und erkennt die Bedeutsamkeit der Wechselwirkung.

Hier drängt sich vielleicht die Frage auf, wie kann der spätere Lebensverlauf bereits in die Bildgestalten eines Kindheitstraumes eingegangen sein, wie können solche archetypischen Träume das Leben bestimmen? Wir knüpfen zur Erörterung dieser Fragestellung an die allgemein bekannte Lebenserfahrung an, daß bestimmte Vorstellungen oder gefühlsmäßige Stimmungen einen Tagesverlauf über längere Zeit hin nachhaltig beeinflussen können. Ängste beispielsweise oder Unheilserwartungen bewirken andere Reaktionsweisen als wohlgemute und hoffnungsvolle Erwartungen.

Bei der schon angesprochenen Wechselwirkung zwischen der psychischen Bilderwelt und dem Lebensverlauf scheint sich ein Vorauswissen in den Träumen zu spiegeln. Das Freiburger Institut für Psychologie und ihre Grenzgebiete (Hans Bender) hat in einer Untersuchungsreihe solche Präkognitionen (Vorauswissen) in den Träumen der Analysandin Christine Mylius[32] bestätigt gefunden. Die genannten Ergebnisse sind kein Einzelfall. Wir erinnern an die beeindruckenden Erfahrungen vieler Menschen, die in ihren Träumen Ereignisse vorwegnahmen, die sich zeitlich mehr oder weniger später so oder ähnlich ereigneten.

Wir kehren zu den archetypischen Kindheitsträumen Josephs zurück und finden aus dem uns bekannten Verlauf seines Weges die Korrelation von Traum und Lebensverlauf bestätigt. Der Text lautet (1 Mose 37,5–11, Zürcher Übersetzung):

Einst hatte Joseph einen Traum und erzählte ihn seinen Brüdern. Und er sprach zu ihnen: Hört einmal, was mir geträumt hat! Wir waren am Garbenbinden auf dem Felde; da richtete sich auf einmal meine Garbe auf und blieb stehen, eure Garben aber stellten sich ringsherum und verneigten sich vor meiner Garbe. Da sprachen seine Brüder zu ihm: Du willst wohl gar unser König werden oder über uns herrschen? Und sie haßten ihn noch mehr um seiner Träume und um seiner Worte willen.

Darnach hatte er noch einen andern Traum; den erzählte er seinen Brüdern auch und sprach: Seht, ich habe noch einen Traum gehabt: die Sonne und der Mond und elf Sterne verneigten sich vor mir. Das erzählte er seinem Vater und seinen Brüdern. Da schalt ihn sein Vater und sprach zu ihm: Was ist das für ein Traum, den du da gehabt hast? Sollen etwa ich und deine Mutter und deine Brüder kommen und vor dir niederfallen? Und seine Brüder wurden neidisch auf ihn, sein Vater aber behielt die Sache im Sinn.

Die Bedeutsamkeit des Initialtraumes von Joseph erkennen wir an der archetypischen Bildersymbolik und dem affektiven Angerührtwerden der Hörer. Letzteres sehen wir an den Reaktionen der Brüder. Ihre Auflehnung gegen Joseph und die ausgesprochenen Deutungen zeigen, daß der Sinn und die Bedeutsamkeit von weissagenden Träumen intuitiv begriffen werden. Große, archetypische Träume haben eine tiefe Wirkung auf den Hörer und können wie bei Josephs Brüdern emotionale Reaktionen auslösen. Auch wenn die Reaktionen in verhängnisvolle Aktionen umgesetzt werden, ist die vorgegebene Bedeutsamkeit nicht zu beseitigen. Die Überlieferung zeigt am Verlauf der Josephsgeschichte, daß dem anordnenden Faktor in der Tiefe letztlich nicht zu widerstehen ist. Es kommt so, wie der Lebensentwurf im Traum es vorzeichnet.

Der Gestaltungsfaktor verwendet für die Anordnung der Bildgestalten der Träume Motive aus der kosmischen und chthonischen Symbolik. Zu letzterem Symbolkreis gehört das Motiv der Garben, und Sonne, Mond und Sterne gehören zur kosmischen Symbolik. Die beiden Symbolkreise könnten auch als Himmels- und Erdarchetyp[33] bezeichnet werden. Diesen entspricht in der personalen Symbolik das Väterliche und das Mütterliche. Aus beiden Symbolbereichen spricht sich die Botschaft aus, daß Joseph, der von seinen Angehörigen der Träumer genannt wird, darüber hinaus für sein Volk von außerordentlicher Bedeutung ist.

Der Bedeutungsgehalt des Traumes tritt durch die Veröffentlichung zutage. Durch die Mitteilung teilt sich die Botschaft des Traumes mit. Was Joseph in den Bildern schaute, fassen die Brüder in Worte. Die Traumbilder und die Worte bilden eine Korrelation.

Ähnlich ergeht es dem Vater Jakob, der die ganzen Begebenheiten im Sinn behielt (1 Mose 37,11). Anschaulich berichtet die

Überlieferung, daß Jakob durch das jahrelange Nachgrübeln über den verschollenen Sohn graue Haare bekommen hat (44,29). Er hing mit ganzer Seele an den beiden Söhnen, Joseph und dem jüngsten, Benjamin.

Das Nachsinnen des Jakob über das Schicksal des angeblich von wilden Tieren zerrissenen Sohnes, das der aufbewahrte blutbefleckte Rock stets vergegenwärtigte, hat Marc Chagall in einer Radierung ergreifend dargestellt. Hier sehen wir Jakob auf einem Stein sitzen, bei dem er einst in Bethel seinen Großen Traum hatte von der zahlreichen Nachkommenschaft, dem Besitz des verheißenen Landes und daß Gott mit ihm sein würde. Der Maler hat den Kopf Jakobs und seine Schultern im Vergleich zu den anderen Gestalten besonders groß und breit dargestellt, wohl um anzuzeigen, daß sein Kopf zu platzen drohe ob der Botschaft seiner Träume und seine Schultern gebeugt wurden unter der Last der Schicksalsschläge. Doch Chagall hat, die symbolisch bedeutungsvollen Zusammenhänge intuitiv erfassend, Jakob gegenüber ein offenes Fenster ins Bild gesetzt. Das Fenster ist in der Symbolsprache ein Bild für den Durchblick zur anderen Seite der Wirklichkeit. Was Jakob, Joseph und alle auf dem Wege der Individuation Wandernden im Verlaufe des Lebens erfahren, ist oft in den Großen Träumen enthalten.

In unserer psychotherapeutischen Praxis bestätigt sich durch die Bearbeitung der Initialträume der Analysanden die Erfahrung der Josephsgeschichte, daß Große Träume in einer Korrelation stehen zum Lebensverlauf. Auch wenn es sich wohl bei den Texten um «Kunstträume» handelt, die literarisch von einem Kundigen der Weisheitsschule am Hofe Salomos bearbeitet wurden, zeigt sich in der Jetztgestalt der Überlieferung eine Erfahrung, die mit unserer wissenschaftlichen Erkenntnis der Traumpsychologie übereinstimmt.

Die Wirkungsgeschichte der Träume Josephs steht in Beziehung zu seiner Ich-Entwicklung. Indem der Siebzehnjährige seine Träume öffentlich mitteilt, werden im Familiensystem die schon genannten Reaktionen ausgelöst. So anstößig auch die Freveltaten der Brüder sind, nach den Erkenntnissen der Entwicklungspsychologie ist die Lösung der Familienbindung notwendig. Wer reifen will und seine eigene Identität* finden will, muß sich aus seiner Herkunft lösen und woanders seine Zukunft aufbauen.

Joseph wird von den Händlern über die Grenze gebracht und baut sich innerhalb einer fremden Kultur und Religion eine neue Existenz auf. War Israel aus religiösen und kultischen Gründen bisher sehr darauf bedacht, keine Verschmelzung mit anderen Völkern einzugehen, so wurde zur Zeit Salomos dieses Tabu gebrochen, indem der König eine ägyptische Prinzessin heiratete. Vielleicht ist es eine nicht unbedeutende Absicht des Redaktors, durch die geschilderte Eheschließung Josephs mit der Tochter des ägyptischen Oberpriesters von On den politischen Aufbruch des Salomo zu legitimieren und auch in theologischen Kreisen die Synthese mit einer fremden Kultur und Religion als sinnvoll hinzustellen.

Die genannte Problematik ist für Israel durch sein Wohnen unter anderen Völkern stets von besonderer Bedeutung geblieben. Für das Christentum unserer Tage erlangt die Erfahrungsweisheit Josephs im Hinblick auf die Begegnung mit den Weltreligionen große Aktualität. Die Träume haben eine Wirkungsgeschichte:

– Die Ich-Entwicklung des Joseph wird dadurch gefördert, daß er aus seinen Familienverbindungen herausgetrieben wird. Die Austreibung ist grundlegend für die Individuation.

– Die Träume verwickeln Joseph in die Gegensatzproblematik. Die Auseinandersetzung mit seiner Herkunft, der Wurf in den Brunnen und ins Gefängnis führen ihn in jene Tiefe, die einen Erfahrungsraum bilden zu der Tiefenerfahrung der Psyche, aus der der Lebensentwurf in Träumen und Psychoimaginationen aufsteigt.

– Wenn individuelle Träume eine archetypische Dimension haben, sind sie für eine Gruppe, ein Volk oder gar für die Menschheit von Bedeutung. Durch seine Träume wird Joseph zu einer Symbolgestalt mit einer vermittelnden und versöhnenden Funktion zwischen sich und den Brüdern, die später in der typologischen Auslegung auf Israel und Ägypten ausgeweitet wird.

– Die Symbolfunktion erlangt nach der Aussöhnung Josephs mit seinen Brüdern in dem bekannten Ausspruch eine für viele aktuelle Botschaft: «Ihr zwar gedachtet mir Böses zu tun, aber Gott hat es zum Guten gewendet» (1 Mose 50,20).

Joseph als Traumdeuter

Josephs Begabung zum Traumdeuter wird im Gefängnis geweckt. Die Überlieferung berichtet, daß die zwei Mitgefangenen, der Bäcker und der Mundschenk des Pharao, Joseph ihre Träume erzählen. Durch diese Mitteilung wird Joseph tief angerührt. Hier beginnt seine Karriere als Traumdeuter. So paradox es zunächst scheinen mag, aber im Gefängnis entdeckt Joseph seine Begabung.

Durch eine merkwürdige Begebenheit ist Joseph an diesen Ort gelangt. Obwohl er den sexuellen Verführungsversuchen von Potiphars Weib widersteht, erntet er dafür keine gerechte Belohnung. Der natürliche oder moralische Gerechtigkeitssinn erwartet wohl eine andere Folge. Auf lange Sicht jedoch ist dieser Weg der folgenreichste. Durch die sexuelle Enthaltsamkeit und den Entzug der vielfältigen Zerstreuungen, die das Leben gewährt, erlebte Joseph eine tiefgreifende Konzentration auf sich selber. Als Glied einer Familie, in der den Träumen besondere Beachtung geschenkt wurde, dürfte sich unter den Lebensumständen im «Konzentrationslager» sehr bald ein intensives Traumleben entwickelt haben. Aufgrund dieser persönlichen Erfahrung ist zu verstehen, daß Joseph den Träumen seiner Mitgefangenen derart aufgeschlossen begegnet. In der Sprache der Tiefenpsychologie würden wir sagen, daß jemand, der seinem Unbewußten Beachtung schenkt, auch die Träume anderer recht erfaßt und die durch die Träume verursachten Stimmungen empfindet.

Die Überlieferung berichtet:

Als nun Joseph am Morgen zu ihnen hereinkam, sah er, daß sie verdrießlich waren. Da fragte er die Hofbeamten des Pharao, die bei ihm im Hause seines Herrn in Gewahrsam lagen: Warum seht ihr heute so mißmutig aus? Sie antworteten ihm: Es hat uns geträumt, und wir haben niemand, der es uns auslegt. Joseph sprach zu ihnen: Traumdeutung steht bei Gott. Doch erzählt mir einmal. (1 Mose 40,6ff.)

Es ist eine häufig zu beobachtende Erfahrung, daß sich eine unverstandene Traumstimme in spürbaren Verstimmungen kundtut. Joseph hört auf seine Empfindung und spricht die vornehmen Gefangenen auf ihre Verdrießlichkeit an, die ihnen im Gesicht geschrieben steht. Was die heutige Gestalttherapie im Hinblick auf die Beachtung der Gebärdensprache des Leibes erneut ins Bewußtsein hebt, wird von Joseph intuitiv erfaßt. Dieses Vernehmen und Ansprechen der Mißgestimmtheit bringt eine Kette von Folgen in Bewegung.

Die Gefangenen berichten darauf, daß sie geträumt haben, doch zu niemand gehen könnten, der ihnen die Träume deuten könne. Dazu muß kurz erläutert werden, daß im alten Ägypten die Traumdeutung eine anerkannte Wissenschaft war. Es gab über die Kunst der Traumdeutung eine ganze Literatur und gelehrte Männer, die die Technik der Traumdeutung studiert hatten. Doch was nützte den vornehmen Gefangenen das bei den «Schreibern des Lebenshauses»[34] gehortete Wissen, wenn ihnen der Zugang abgeschnitten war.

Das gleiche Problem wie damals stellt sich heute Millionen von Träumern, die sich aus mancherlei Gründen den Weg zum traumkundigen Psychotherapeuten nicht leisten können. Dazu gibt es von diesen Übersetzern der Traumsprache noch immer viel zu wenige, so daß die meisten Menschen die Information ihrer Träume unentschlüsselt lassen. Die Josephsgeschichte lehrt, daß verstandene und in die Tat umgesetzte Träume einst für die Sippe Jakobs und Ägypten von fundamentaler Bedeutung waren. Ein heutiger empirisch vorgehender Psychologe und Psychotherapeut würde zunächst die Lebensumstände des Träu-

mers erheben, nach Assoziationen fragen und mittels Amplifi-
kationen* den Traum in einen bestimmten hermeneutischen*
Rahmen stellen. Von Josephs Traumdeutung sagt der Pharao
später: «Ich habe von dir sagen hören, du brauchtest einen
Traum nur zu hören, so könntest du ihn schon deuten» (1
Mose 41,15). Also nicht durch empirische Deutungskunst, sondern aufgrund begnadeter Begabung erfaßt Joseph den Traum-
sinn aus den gehörten Traumbildern.

Vier Traumdeutungs-Prinzipien heben wir aus der Überliefe-
rung mit folgender schematischer Übersicht hervor:
– Das Erzählen und Hören des Traumes.
– Die Korrelation von Traum und Aktualsituation.
– Das Eingehen auf die symbolischen Sprachbilder.
– Die weisheitliche und prospektive Deutung.

Nach den heutigen empirischen Erkenntnissen der Traumpsychologie kommen die genannten Arbeitsschritte dem tiefgründigen Phänomen des Traumes nahe. Durch das Erzählen des
Traumes bringt sich der Träumer in die Beziehung zum Hörer
ein. Mittels des Traumes teilt sich der Erzähler mit seiner ganzen Person mit. Der erfahrene Traumdeuter erhält auf diesem
Wege der Kommunikation bereits wichtige Informationen für
die Deutung. Was sprachlich nur schwer in Worte gefaßt werden kann, läßt sich aus der Klangfarbe der Stimme erheben.
Ferner berücksichtigt Joseph gestalt-psychologische Erkenntnisse, indem er die Träumer auf die trübe Stimmung, die ihnen im
Gesicht geschrieben steht, anspricht. Joseph wird dies nicht in
einer kränkenden Weise gesagt haben, sondern emphatisch,
denn sonst hätten die Hofbeamten niemals mitgeteilt, was in ihrer Seele vorgeht. Die meisten Menschen gehen mit den innersten und persönlichsten Erfahrungen vorsichtig um, weil man
Verletzungen und Kränkungen befürchtet. Joseph erweist sich
auch an diesen Punkten als sachverständig und weise, was ihm
später vom Pharao bestätigt wird. Der Obermundschenk erzählt (1 Mose 40,9–13):

Da erzählte der Obermundschenk dem Joseph und sprach zu ihm: Mir träumte, ich sehe einen Weinstock vor mir und an dem Weinstock drei Schosse, und sobald er trieb, stand er auch schon in voller Blüte, und seine Trauben hatten reife Beeren. Ich aber hielt den Becher des Pharao in der Hand, und ich nahm die Beeren und zerdrückte sie in den Becher des Pharao und gab dem Pharao den Becher in die Hand. Joseph sprach zu ihm: Dies ist die Bedeutung: die drei Schosse sind drei Tage; in drei Tagen wird der Pharao dein Haupt erhöhen und dich wieder in dein Amt einsetzen, daß du dem Pharao den Becher reichen darfst wie früher, als du sein Mundschenk warst.

Die Überlieferung berichtet, daß der zögernde Oberbäcker schließlich auch seinen Traum erzählte, «als er sah, daß Joseph eine so gute Deutung gab» (40,16). Wohl recht aufmerksam und kritisch wird dieser Träumer miterlebt haben, wie Joseph mit dem zuvor bearbeiteten Traum des Obermundschenks umgegangen ist. Schließlich hat die günstige Deutung den restlichen Widerstand des Bäckers beseitigt, und er erzählt seinen Traum mit der tragischen Bedeutung (40,16–19):

Auch mir hat geträumt; mir war, ich trage drei Körbe voll Weißbrot auf dem Kopfe, und im obersten Korbe war allerlei Speise, Backwerk für den Pharao; aber die Vögel fraßen es aus dem Korb auf meinem Kopfe. Joseph antwortete und sprach: Dies ist die Bedeutung: die drei Körbe sind drei Tage; in drei Tagen wird der Pharao dein Haupt erhöhen und dich an den Pfahl hängen lassen, und die Vögel werden das Fleisch von dir wegfressen.

Joseph erfaßt den Aktualkonflikt, der sich in diesen Bildern spiegelt. Was uns zunächst als willkürliche Deutung des Bäckertraumes erscheinen mag, entschlüsselt sich als überaus einfach, wenn wir das Sprachbild der noch in unserer Muttersprache lebendigen Symbolik verstehen: «Jemand einen Korb geben!» Dies bedeutet, eine Abfuhr erteilen. In der alten ägyptischen Symbolüberlieferung, die Joseph vertraut gewesen sein dürfte, bedeutet das Symbol des Korbes Mühe und Pein. Wie wir aus dem Verlauf der Geschichte wissen, blieben diese dem Bäcker nicht erspart.

Joseph geht in seiner Traumdeutung intuitiv auf die symbolischen Sprachbilder ein und erkennt im Handlungsverlauf des Traumes den günstigen oder tragischen Ausgang. Es gehört mit zu den schwierigsten Aufgaben eines Traumpsychologen und Psychotherapeuten, einem Klienten eine ungünstige Bedeutung so mitzuteilen, daß der Träumer diese akzeptieren kann. Wie in späteren Jahrhunderten die Kritik der Propheten an den falschen Traumdeutern erkennen läßt, haben die falschen Seher stets in ihrer Deutung alles zum Guten verdreht.

Das voraussehende Wissen der Seele und die wahrhaftige Deutung Josephs erweisen dem Bäcker für die restlichen drei Tage seines Lebens einen wichtigen seelsorgerlichen Dienst. Der Träumer konnte sich auf die Tragik des Kommenden vorbereiten. Wie die Prophetie im großen und ganzen auf das Kommende vorbereitet und damit eine Wandlung in der Gegenwart bewirken will, so können auch tragische Träume des einzelnen eine Wandlung im Angesicht des Todes bewirken. Leider verschweigt die Überlieferung dieser Kunstträume die Erfahrungen der letzten drei Tage im Leben des Bäckers. Das Interesse der Weisheitserzählung scheint an dieser Stelle stärker an der Symbolik der drei Tage zu haften, die rund ein Jahrtausend später in der typologischen Exegese der verschiedenen Lehrer der Kirche auf die drei Tage Christi im Grabe bezogen wurden.

Josephs weise und prospektive Deutungskunst erlangt bei den bekannten Träumen Pharaos einen glorreichen Höhepunkt. Den Auftakt bildet ein Versagen der ägyptischen Traumdeutungskunst und die akzeptierte Deutung des Joseph, die von weitreichender Bedeutung war. Der überlieferte Text über die Träume des Pharao lautet (1 Mose 41,17–36, Zürcher Bibel):

Nun sprach der Pharao zu Joseph: Mir träumte, ich stehe am Ufer des Nil. Da stiegen aus dem Nil sieben fette, schöne Kühe und weideten im Grase. Nach ihnen stiegen sieben andre Kühe herauf, dürr und überaus häßlich und mager; ich habe in ganz Ägypten nie so häßliche gesehen. Und nun fraßen die magern, häßlichen Kühe die sieben ersten, fetten Kühe auf; und wie sie die hineingefressen, merkte man ihnen gar nicht an, daß sie sie verschlungen hatten; sie waren noch so häßlich wie zuvor. Da erwachte ich. Dann hatte ich [nochmals] einen Traum: sieben Ähren wuchsen auf einem Halme, voll und schön; nach ihnen sproßten sieben harte, dünne Ähren, vom Ostwind versengt, und die dünnen Ähren verschlangen die sieben schönen Ähren. Das habe ich den Wahrsagern erzählt, aber keiner kann es mir erklären.

Da sprach Joseph zum Pharao: Beide Träume des Pharao bedeuten dasselbe. Gott hat dem Pharao verkündet, was er tun will. Die sieben schönen Kühe sind sieben Jahre, und die sieben schönen Ähren sind sieben Jahre; es ist ein und derselbe Traum. Die sieben magern, häßlichen Kühe, die nach ihnen heraufstiegen, sind sieben Jahre; und die sieben leeren, vom Ostwind versengten Ähren werden sieben Hungerjahre sein. Das meinte ich, als ich zum Pharao sagte: «Gott hat dem Pharao gezeigt, was er tun will.» Siehe, es werden sieben Jahre kommen mit großer Fülle in ganz Ägypten. Und nach ihnen werden sieben Hungerjahre kommen; da wird all die Fülle in Ägypten vergessen sein: der Hunger wird das Land verzehren, daß man nichts mehr spüren wird von der Fülle im Lande ob der Hungersnot, die hernach kommt; denn sie wird sehr schwer sein.

Daß aber dem Pharao zweimal geträumt hat, das bedeutet, daß die Sache bei Gott fest beschlossen ist und daß Gott es alsbald tun wird. Nun sehe sich der Pharao nach einem verständigen und weisen Manne um, den er über das Land Ägypten setze; und der Pharao greife ein und bestelle Amtleute über das Land, um in den sieben Jahren der Fülle den Fünften zu erheben vom Lande Ägypten. Sie sollen alles Getreide dieser guten Jahre, die nun kommen werden, sammeln und das Korn aufspeichern zur Verfügung des Pharao; sie sollen das Getreide in die Städte schaffen und es dort verwahren. So wird das Getreide dem Land als Vorrat dienen in den sieben Hungerjahren, die über das Land Ägypten kommen werden, daß nicht das Land vor Hunger verderbe.

Warum konnten alle Schriftkundigen und Weisen von Ägypten dem Pharao seinen Traum nicht deuten? Worin erweist sich die Traumdeutungskunst des Joseph überlegen?

Abgesehen davon, daß sich in der vorliegenden Überlieferung die theologische Absicht des Redaktors widerspiegelt, den Gott Israels und seine Gnadenerweise an Joseph zu bezeugen, gibt es weitere Dokumente, die unsere Fragen beantworten. Unter Bezug auf einen ägyptischen Papyrus im Britischen Museum haben Ägyptologen erkannt, daß die Traumdeuter sich eines Traumbuches bedienten, in dem die Menschen nach «Horus»- und «Seth»-Menschen unterschieden werden. Nach heutiger Anschauung würden wir sagen, Träume können «Gutes oder Böses» bedeuten. Der darin zum Ausdruck kommende Dualismus bestimmt die Religion und Weltanschauung der Ägypter und findet auch seinen Niederschlag in der Traumsymbolik und deren Deutung. Trefflich erklärt M. Lurker diesen Dualismus als Ergänzungssymbolik. «Der Ägypter erlebte das Zwiefache weniger unter dem Aspekt des Gegensatzes als unter dem der Ergänzung. Das Gewahrwerden der Zweiheit ist nichts anderes als eine Entfaltung der Einheit. Was der Abendländer als Gegensatzsymbolik auffaßt, ist dem Ägypter Ergänzungssymbolik.»[35]

Die Traumdeutung Israels entwickelte sich nicht isoliert, sondern ist in Verbindung mit den anderen Kulturen des Alten Orients zu sehen, wo die Assyrer und Babylonier wohl als Ursprung der Mantik anzusehen sind.

Für die Einordnung des Traumphänomens in einen größeren Zusammenhang der verschiedenen Kulturen stellt Fischer[36] folgende Aspekte zusammen:

- Alle Träume wurden als von Göttern gesandt betrachtet, was beinhaltete, daß ihnen Wahrheitscharakter sowie zukunftsweisende (prospektive) Funktionen zuerkannt wurden.
- Der Traum hatte nebst der religiösen eine kultische Bedeutung, mancher Kult, manches Heiligtum verdankte seine Entstehung einem «Traumgesicht».
- Es wurde unterschieden zwischen Traumbotschaften und symbolischen Träumen, die erst eine Deutung verlangten.
- Träume konnten therapeutische Wirkung für den Träumer haben. (Diese Idee fand in den «Inkubationsträumen» der Griechen später ihren Niederschlag.)

Die ägyptischen Schriftkundigen haben durch die Sammlung von Traumsymbolen in Listen die Traumdeutung zu einer Wissenschaft entwickelt. Im «Hieratischen Traumbuch» aus der Zeit des Mittleren Reiches (2052–1778 v.Chr.) findet sich oft die Redewendung: «Wenn ein Mensch im Traum sieht…» (es folgt eine bestimmte Traumszene), «das bedeutet…». Aufgrund der in Listen gesammelten Traumsymbole konnten alle herbeigerufenen Schriftkundigen und Weisen des Landes dem Pharao nicht die seinen Geist beunruhigenden Träume deuten. A.Oepke nimmt an, daß es sich bei diesen Traumdeutern um die «Schreiber des Lebenshauses» gehandelt hat. «Dieses ‹Lebenshaus› war eine hochangesehene Korporation, an der viele Königsabkömmlinge beteiligt waren und deren Aufgabe es war, das Leben des Pharao zu schützen. Es war eine universitas litterarum, und an dieser Universität gab es auch eine Fakultät für Traumdeutung. Diese war ursprünglich nur für die Träume des Pharao da, stand aber später jedermann offen: Die Popularisierung der Wissenschaft war durchgeführt. Die zu Rate gezogenen Traumbücher waren systematisch geordnete Lexika und teilweise wohl von ungeheuerem Umfang.»[37]

Die erfolgreiche Traumdeutung des Joseph erweist sich dadurch als überlegen, daß die Träume «empirisch» gedeutet werden. Joseph wendet nicht einfach die genannte Listenweisheit schematisch an, sondern ist aufgrund eigener Erfahrungen offen für die schöpferischen Symbolprozesse in den Träumen. Statt einer schematischen Festschreibung der Bedeutungsgehalte von Träumen wie im ägyptischen «Hieratischen Traumbuch» erfaßt Joseph die modern anmutenden Kommunikationsstrukturen des Traumes in seiner Beziehung zu den realen Lebensschwierigkeiten.

In den modernen Kommunikationstheorien werden sogenannte «heiße» Medien (= Medien mit einem hohen Definitionsgrad und einer umfassenden Datenspeicherung; dadurch wird der einzelne Mensch zu einer passiven Rezeption genötigt) von den «kühlen» Medien unterschieden. In diesen besteht ein niedriger Definitionsgrad, indem weniger Information angeboten wird. Dem einzelnen bleibt es überlassen, durch Eigenbeteiligung und persönliche Erfahrungen die Information zu vervollständigen. Hier hat der Mensch einen Spielraum für seine Kreativität.

Diese wissenschaftliche Erkenntnis steht in Übereinstimmung mit der Symbolfunktion der Träume. Symbole sind in obigem Sinne keine heißen, sondern kühle Medien. Symbole sind offene Systeme*, in die sich der Träumer einbringen kann. In den Träumen waltet eine vielschichtige Organisation und Information, die Joseph genial zu erfassen scheint. Während die ägyptischen Traumdeuter den Traum des Pharao anscheinend nach der obigen Begrifflichkeit als heißes Medium behandeln, indem sie die tradierte Listenweisheit ihres Traumbuches anwenden, vermögen sie nicht die Aktualität und Symbolik zu erfassen. Joseph dagegen erfaßt emphatisch, daß der Geist und die Sinne des Pharao beunruhigt sind (1 Mose 41,8) und es sich daher um archetypische Träume handelt, die von größter Aktualität sind. Wie der Leser der Josephsgeschichte bereits weiß, bewahrheitete sich diese Annahme. Als der Pharao erwachte und merkte, daß es ein Traum war, wurde sein Geist «gestoßen», wie G. von Rad die genannte Stelle übersetzt. Unsere Redensart «auf etwas gestoßen werden» verdeutlicht die Dynamik der Erfahrung.

Nach unseren heutigen Erkenntnissen der Traumpsychologie läßt die Traumdeutung Josephs folgende hermeneutische Prinzipien erkennen. Josephs Traumdeutung ist:
– empirisch
  Träume sind ein Produkt der Erfahrung und enthalten bedeutungsvolle Informationen.
– korrelativ
  Träume ergänzen die objektiven Werte aus der Kultur und Religion des Träumers zu einer subjektiven Ganzheitserfahrung.
– symbolisch
  In symbolischen Bildgestalten der Träume wird ein anordnender Faktor erkannt, den Joseph Gott nennt und die Tiefenpsychologie als Archetypus des Selbst bezeichnet.
– aktuell
  Die Organisation der Symbolik enthält eine Information über die zeitliche und räumliche Aktualsituation des Träumers.

Im ersten Traum wird gesagt, daß Pharao am Nil stehe. Dem sachverständigen Traumpsychologen ist der genannte Ort der Handlung bereits ein wesentlicher Hinweis auf den Standpunkt des Träumers. Der Nil war in Ägypten der Garant der Lebensmöglichkeit. Seine regelmäßigen Überschwemmungen befruchteten das Land. Für den Ackerbau und eine gute Ernte war die Nilschwemme wichtig. Im Mythos wurde das Wasser des Nils als personifizierte Gabe vorgestellt. Zu diesen Projektionen paßt, daß die sieben wohlgenährten Kühe ebenfalls aus diesem Element heraufstiegen. Wie der Nil, so ist die Kuh lebensnotwendig. Die mythenschaffende Phantasie machte aus dem lebenspendenden Tier schließlich ein Himmelssymbol und verehrte die Göttin Hathor in Kuhgestalt. Wenn nun im Traum dieses Himmelssymbol aus dem Wasser heraufsteigt, so scheint dies anzuzeigen, daß die Götter nicht mehr von oben kommen, sondern aus der Tiefe aufsteigen.

Die Wandlung der Symbolik ist eine aufschlußreiche Information über die Bewußtseinsentwicklung des Pharao als Repräsentanten des Kollektivs. In der heutigen Sprache würden wir von einer Säkularisierung des Königtums und der Religion in der 19. und 20. Dynastie sprechen. Für diese Wandlung des Bewußtseins ist der Reformversuch Echnatons und dessen Sonnenhymnus ein Beispiel. Bei der Verschiebung der religiösen Werte hat sich die einflußreiche Priesterschaft wohl reaktionär verhalten. Der daraus resultierende Konflikt zwischen einer Säkularisierung des Königtums und der Priesterschaft, die für die tradierte Religion eintraten, scheint den Hintergrund zu bilden, daß der Pharao die Deutung der herbeigerufenen Schreiber und Gelehrten nicht annahm. Die Überlieferung faßt diese Auseinandersetzung in die Feststellung, daß alle Schriftkundigen und alle Weisen des Landes dem Pharao die Träume nicht zu deuten vermochten. Für die einflußreichen Gelehrten muß es ein Schlag ins Gesicht gewesen sein, mitzuerleben, daß der König auf Empfehlung des Obermundschenken einen Ausländer und Gefängnisinsassen rufen läßt, um die nach damaliger Anschauung von den Göttern gesandten Träume deuten zu lassen. Von welchen der Pharaonen sind solche Auslandsbeziehungen bekannt?

Die Ägyptologen berichten uns von Ramses II. (1290–1224 v.Chr.) und dessen 13. Sohn Merenptah (1224–1204) Ereignisse, die sich in der überlieferten Josephsgeschichte widerspiegeln könnten.

Joseph als Symbolgestalt

Der Verfasser und der Redaktor der Josephsgeschichte schildern die Vorgänge in einer dichterischen Form, die dem Symbolischen gemäß ist. Die vorliegende Sprachgestalt der Josephs-Überlieferung läßt vermuten, daß der Verfasser ein begnadeter Dichter gewesen sein könnte, der in tiefem Einfühlungsvermögen die subtilen Symbolvorgänge erfaßte und sprachlich zum Ausdruck brachte. Wie auch im einzelnen die kulturellen und religiösen Gegebenheiten jener Epoche gewesen sein mögen, wird im Detail kaum aufzuhellen sein. In der wohl als glanzvoll zu bezeichnenden Zeit des Königs Salomo verschaffte sich ein neues Lebensgefühl Raum. Am Königshof öffnete man sich den benachbarten Kultureinflüssen. Ein Ausdruck dieses neuen Lebensstiles ist beispielsweise die Eheschließung Salomos mit einer ägyptischen Prinzessin. Dies ist politisch und religiös insofern bedeutsam, als in alter Zeit und später in den Epochen einer Orthodoxie Israel streng darauf bedacht war, daß Eheschließungen nur unter seinesgleichen stattfanden.

Außer den genannten kulturellen und religiösen Wandlungen, die einen weiteren Höhepunkt im aufkommenden Prophetismus fanden, ist es nach unserer Sicht auch eine besondere Zeit der psychischen Individuation. Israel begann die Traumerfahrungen einzelner in ihrer Bedeutsamkeit für Familie, Sippe oder gar ein ganzes Volk zu reflektieren. Was bei den Erzvätern im Hinblick auf Symbolerfahrung (z.B. Isaaks Opferung oder der Bund mit Abraham) und Traumgeschehen (z.B. Jakobs Träume) überliefert war, wurde im Stoff der Josephsgeschichte reflektiert, gestaltet und für nachfolgende Generationen nachvollziehbar. Joseph wurde zu einer Symbolgestalt, in der die vielschichtigsten theologischen und psychologischen Erfahrungen und Reflexionen ihren Niederschlag fanden. Für viele wurde Joseph zu einem lebendigen Symbol.

Die überzeugende Wirkung, die von einem lebendigen Symbol ausgeht, läßt dessen Psychodynamik erkennen. Aus einer zunächst bewußtseinstranszendenten Bilderschicht der Psyche steigen die Symbole auf und nötigen das Ich-Bewußtsein zu einer Auseinandersetzung. Symbole ergreifen und wollen zugleich begriffen werden. Symbole wollen gedeutet und verstanden werden. Die Bildgestalten beeinflussen nachhaltig die Lebensgestaltung.

Wir fassen einige Eigenschaften und Wirkungen der Traumsymbole im Hinblick auf unsere weiteren Ausführungen über die Josephsgeschichte zusammen:
- Traumsymbole sind ein bildhafter Ausdruck von bisher Unbekanntem und Unbewußtem.
- Traumsymbole haben eine verwandelnde und die Gegensätze vereinigende Wirkung.
- Traumsymbole haben eine schöpferische Funktion in Übergangszeiten, wenn sich eine bewußte Einstellung zu einer ganzheitlichen weitet.
- In Traumsymbolen zeigt sich die zuvor verborgene Wahrheit in symbolischer Gestalt.
- Symbole haben eine bedeutende Wirkungsgeschichte (was an der Wirkungsgeschichte der Josephsgeschichte zu sehen ist).

Wir erinnern daran, daß Joseph einer Familie entstammt, in der der Umgang mit Träumen und Symbolen eine lebendige Erfahrung ist. Josephs Lebensweg wurde von Träumen und Symbolen bestimmt. Aufgrund dieser Erfahrung konnte er anderen Menschen helfen, ihre Träume zu verstehen. Mehr und mehr scheint der Lebensstil von Joseph in Werken und Taten symbolisch bestimmt zu sein.

Joseph als Gesegneter
Die Überlieferung bezeichnet Joseph als einen Gesegneten des Herrn (1 Mose 39,5). Von dem Zeitpunkt an, als Potiphar, der Kämmerer und Oberste der Leibwache, Joseph zum Aufseher über sein Hauswesen und all sein Eigentum bestellt hatte, segnete Jahwe das Haus des Ägypters um Josephs willen, und der Segen Jahwes ruhte auf allem, was er besaß, im Haus und auf dem

Felde. In dieser Beschreibung ist der Segen nicht nur eine spirituelle, sondern auch eine materielle Wirklichkeit. Wenn ein Mensch bis zum Grunde seines Wesens heil und ganz ist, ordnen sich die Dinge um ihn. Weiten wir diese Zusammenhänge kurz auf die gegenwärtige Problematik der Umweltzerstörung aus und fragen, ob diese nicht ein Ausdruck der in Unordnung geratenen Innenwelt ist. Ein gesegneter Mensch ist derjenige, der die Wirksamkeit der lebendigen Symbole erfährt und in einer ganzheitlichen Beziehung zur Mitwelt lebt.

Joseph als Gedenkender

Das heutige umgangssprachliche Verständnis gibt nur blaß die Tiefe dieser Anamnesis wieder. In mehreren Bedeutungsaspekten kommt das Gedenken in der Josephsgeschichte vor. Nach dem Bericht von Josephs archetypischen Jugendträumen und dem Verkauf nach Ägypten heißt es, daß Jakob die ganze Angelegenheit im Gedächtnis behielt (37,11). Wie das Vorkommnis die Sinne des betrübten Vaters bewegte, wird an anderer Stelle der Überlieferung in bewegenden Worten gesagt (44,28 ff.). Ein weiterer Aspekt des Gedenkens ist, daß Joseph den Mundschenken bittet, sich seiner zu erinnern, wenn er vom Pharao wieder in sein Amt eingesetzt ist. Nachdem der Mundschenk dieses Gedenken eine Zeitlang vergessen hatte, empfiehlt er schließlich dem Pharao Joseph als Traumdeuter.

Joseph selber wird in der Erkennungsszene bei der ersten Reise der Brüder als Gedenkender geschildert. «Da gedachte Joseph der Träume, die er von ihnen geträumt hatte» (42,9). Auf dem Höhepunkt der Josephsgeschichte heißt es schließlich: «Ihr zwar gedachtet mir Böses zu tun, aber Gott hat es zum Guten gewendet» (50,20).

Joseph als Weiser

Die symbolische Existenz Josephs zeigt sich ferner in seiner Weisheit und Weissagekunst.

Nach der überzeugenden Deutung des Traumes Pharaos stellt dieser ihm das Zeugnis aus: «Nachdem dir Gott das alles kundgetan hat, ist niemand so verständig und weise wie du» (41,39). Dieses Urteil steht im Zusammenhang mit der geschickten Empfehlung Josephs bei der Deutung des Traumes, daß sich der Pharao nach einem klugen und weisen Mann umsehen möge, den er über das Land Ägypten setze, damit dieser den von Joseph empfohlenen Wirtschaftsplan verwirkliche. Der aufmerksame Leser ahnt hierbei vielleicht die Absicht des Erzählers: Wer die Übersetzungskunst von Träumen und Symbolen versteht, empfiehlt sich für die Ausführung von besonderen Aufgaben. Da wir an anderer Stelle die Traumdeutekunst behandelt haben, verweisen wir hier nur noch kurz auf die Weissagekunst mittels des Bechers (44,5).

In der Erkennungsszene vor seinen Brüdern wird der Becher zu einem Kommunikationsmittel im symbolischen Sinne. Joseph gibt sich wortlos im Becher zu erkennen. Christen können vom symbolischen Gehalt des Abendmahlkelches diese Funktion des Bechers ebenfalls symbolisch verstehen.

Joseph als Gottesfürchtiger

Für Joseph ist die Gottesfurcht eine grundlegende religiöse Erfahrung*. Bei der ersten Reise der Brüder Josephs nach Ägypten erprobt dieser die Wahrhaftigkeit der Brüder durch ein drei Tage langes Gewahrsam der Brüder und sagt am dritten Tage, wenn sie am Leben bleiben wollten, dann sollten sie den jüngsten Bruder holen und als Geisel einen der Brüder im Gefängnis gebunden liegen lassen, um damit ihre Ehrlichkeit zu beweisen. Nach diesen Beweisen der Wahrhaftigkeit erfährt der Leser die Selbstmitteilung Josephs: «Ich bin gottesfürchtig» (42,18). Menschlich gesehen will er seinen Brüdern damit wohl die Furcht vor der gerechten Strafe nehmen.

Der weitere Kontext schildert dramatisch, wie die Brüder selbst zur Einsicht ihrer Schuld kommen. Sie sprachen untereinander: «Wahrlich, das haben wir an unserem Bruder verschuldet; denn wir sahen die Not seiner Seele, als er uns anflehte, aber wir hörten nicht auf ihn» (42,21). Hinter der weiteren dramatischen Schilderung der Begegnung Josephs mit seinen Brüdern

steht die Weisheit dieser Literaturgattung, daß die Selbsterkenntnis der Verschuldung wirkungsvoller ist, als wenn Joseph
es ihnen gesagt hätte. In dieser Erfahrung und Einsicht ist
die biblische Weisheit der heutigen Tiefenpsychologie sehr
nahe.
Schließlich bewahrt die Gottesfurcht den Joseph vor einem
«Gotteskomplex»[38]. Wir verstehen darunter eine Identifikation* des Menschen mit Gott. Joseph war in seiner mächtigen
Position dieser Versuchung ausgesetzt. Zu diesem Komplex gehört auch die ägyptische Vergöttlichung des Pharao. Darin
wurde eine Identifikation von Mensch und Gott vollzogen, die
nach heutigen Erkenntnissen die Psyche eines Menschen auf-
bläht und psychotisch gefährdet. Bereits in seiner Traumdeutekunst hatte Joseph die weise Differenzierung eingeführt:
«Traumdeutung steht bei Gott. – Doch erzählt mir einmal!»
(40,8). Mit der Gottesfurcht wird die notwendige Unterscheidung zwischen Gott und Mensch dargestellt. Für Joseph wie für
alle wahrhaftigen Träumer ist die Ehrfurcht vor dem Göttlichen eine grundlegende religiöse Erfahrung.

Wir fassen einige Aspekte einer symbolischen Existenz zusammen:
– Ein Symboliker lebt in einer bewußten Offenheit. Er läßt sein
  Leben nicht nur von den überlieferten Werten bestimmen,
  sondern führt neue Lebenswerte ein, die aus seinen ureigenen
  Erfahrungen stammen. Am Beispiel von Josephs Ehe mit der
  Tochter des ägyptischen Priesters sehen wir außer der Eheschließung noch eine symbolische Verbindung von zwei verschiedenen kulturellen und religiösen Traditionen.
– Ein Symboliker lebt aus seinen Träumen und Psychoimaginationen. Diese lassen ihn zu einem gelebten Symbol werden. Ein Mensch, der eine symbolische Existenz lebt, läßt
  sich von der Bilderwelt ergreifen. Der Gefahr einer psychischen Aufblähung und Psychose wird dadurch begegnet,
  daß die inneren Erfahrungen mit der Realität verbunden
  werden.

- Ein von Symbolen ergriffener Mensch teilt sich in symbolischen Handlungen mit. Diese haben oft eine beeindruckendere Wirkung als Worte. Der Umgang Josephs mit seinen Brüdern ist ein Beispiel für symbolische Kommunikation.
- Ein Symboliker lebt aus der Weisheit. Er sieht und versteht die tiefe Weisheit in den Dingen und Ereignissen. Mit seinen Sinnen begreift er den Sinn in den Symbolerfahrungen.

3. DIE TRÄUME UM DIE GEBURT CHRISTI

Die Träume in der Konzeption des Matthäus

Die um die Geburt Christi angeordneten Träume spiegeln die
Erfüllung der Verheißung, die den Erzvater Jakob als einen der
großen Träumer Israels bewegten. Der Same Jakobs solle sich
wie der Staub der Erde ausbreiten nach Westen und Osten und
Norden und Süden (1 Mose 28,14). Aus den genannten Himmelsrichtungen (Lukas 13,29) werden die Menschen kommen
und zusammen mit Abraham, Isaak und Jakob bei Tische sitzen. Diese Himmelsrichtungen verstehen wir als symbolischen
Ausdruck. Es ist die Vision und die Hoffnung, daß die Menschen von allen Seiten herbeiströmen und sich um Christus als
das zentrale Symbol sammeln werden. Wie ein Magnet die Ei-
senspäne anzieht und strukturiert, so ist die Christusgeburt der
entscheidende anordnende Faktor, der Archetypus*, der die
Welt bewegt.
Für Matthäus und seinen Leserkreis ist die Kindheitsgeschichte
Jesu nicht ohne die Träume vorstellbar. Die Träume haben für
Matthäus eine wegweisende Funktion. Diesem Leserkreis
scheint der Traum noch ein bekanntes und anerkanntes Mittel
für die Erscheinung Gottes gewesen zu sein. Unser Evangelist
mit dem weltweiten Horizont hat als einziger jene Tiefenschau,
die den Traum in den Heilsplan Gottes einbezieht. Diese Schau
der Dinge ist keine Erfindung des Matthäus. Vielmehr ist es ein
Sich-Vorfinden in der alttestamentlichen Tradition. Besonders
Matthäus zitiert häufig in freier Form das Alte Testament, um
seinen eigenen Standpunkt in jene Überlieferung einzugliedern.
Die Erzväter und andere Gottesmänner sind für Matthäus die
anerkannten Vorbilder. Wie Jakob und sein Sohn Joseph

grundlegende Gotteserfahrungen im Traume erlebten, so schildert uns Matthäus den Joseph als Träumer und Vater des Herrn. Joseph erhält im Traum die göttliche Weisung, Maria zu heiraten und im späteren Verlauf der Geschichte die Anweisung, mit dem Kind und dessen Mutter von Ägypten nach Galiläa zu ziehen.

In Galiläa ist auch nach Meinung zahlreicher theologischer Ausleger die Heimat des Leserkreises zu suchen, für den Matthäus schreibt und aus dem er selber stammt. In den Kreisen der galiläischen Anawim, jener einfältigen Frommen auf dem Lande, lebte die Erwartung und Hoffnung auf den kommenden Retter. In Analogie zu der unter ihnen lebendigen Mosegeschichte und dem Exodus aus Ägypten wird der Messias den gleichen Weg geführt. Der Führer und Beschützer des göttlichen Kindes ist Joseph, ein einfacher und Gott gehorsamer Mann. In Joseph zeichnet Matthäus eine Gestalt, die Gott im Traum versteht.

Der Traum ist für Matthäus das Medium des Gottesspruches. Gott erteilt mittels eines Engels im Traum die göttliche Weisung. Der Fachbegriff im griechischen Urtext (chrämatidzo) bezeichnet den Empfang einer göttlichen Weisung mittels eines Orakelspruches. So empfängt beispielsweise der heidnische Hauptmann Kornelius, ein gerechter und gottesfürchtiger Mann von gutem Ruf beim ganzen Volk der Juden, im Traum von einem Engel die Weisung, sich an Petrus zu wenden und ihn in sein Haus zu bitten. Ferner wird mit dem genannten Terminus technicus die Erfahrung der Weisen aus dem Morgenland beschrieben. Sie empfingen im Traum die Weisung, nicht zu Herodes zurückzukehren. Auch für Joseph ist der Traum die gleiche Informationsquelle, die ihm die göttliche Offenbarung vermittelt. Die genannten Beispiele erwecken den Eindruck, daß Matthäus und sein Leserkreis der Ansicht sind, daß alle Menschen eine Antenne haben für Gottes Stimme im Traum. Die traumkundigen Weisen und der bibeltreue Joseph verstehen, daß ein bestimmter Traum sie unbedingt angeht. Eingeweihte und einfache Menschen verstehen die Botschaft des Traumes. Der Traum ist die universale Sprache der Menschheit.

Dieser universale Aspekt der Traumerfahrung fügt sich gut in die Konzeption des Matthäus-Evangeliums. Im letzten Kapitel heißt der sogenannte Missionsbefehl: «Geht hin in alle Welt und macht zu Jüngern alle Völker... und siehe, ich bin bei euch alle Tage bis an das Ende der Welt!» (28,19f.). Für diese weltweite Konzeption ist der Traum eine allen Menschen gemeinsame Basis. Wie einst Jakob Gottes Mitsein im Traum erfuhr, so konkretisiert sich in Joseph und den Weisen das «Bei-uns-Sein» Gottes. Was am Ende allen Menschen verheißen wird, wird in der Kindheitsgeschichte Jesu auf die einfache Formel gebracht, daß Gott im Traum erscheinen kann. Freilich ist die Bildersprache nicht so eindeutig und klar wie jene umfangreichen Kapitel und Geschichten, in denen das Wort Gottes eindeutiger geschildert wird.

Vielleicht ist es auch eine symbolische Absicht des Matthäus, gerade die Kindheitsgeschichte Jesu mit Träumen anzureichern, weil der Traum vor allem eine universale Erfahrung der Kinder ist. Kinder sind der Welt der Träume noch nahe und leben im Frühstadium der Persönlichkeitsentwicklung teils unbewußt in der Bilderwelt. Dazu fügt sich auch, daß vor der Sprachentwicklung mit dem oft mühsamen Sprechenlernen das Träumen autonom gekonnt wird. Die Traumsprache ist also ursprünglicher als die Wortsprache. Die im allgemeinen mehrdeutigen Traumsymbole werden durch die «höherentwickelte» Wortsprache eindeutiger. Doch je abstrakter die Sprache wird, um so eher verliert sie ihre Universalität in dem Sinne, daß der ganze Mensch bis in seine Tiefen angerührt wird. Wir möchten keinen Streit um die Ausschließlichkeit des Wortes entfachen, sondern von Matthäus und seinem Leserkreis daran erinnert werden, daß Gottes Verlautbarungen auch die Art und Weise eines Traumes haben kann. Mit dieser durch die heutige Traumpsychologie wiedergefundenen Erkenntnis steht Matthäus nicht allein. Aus dem unmittelbaren geschichtlichen Zusammenhang wissen wir, daß viele Zeitgenossen ähnlich über den Traum dachten.

Matthäus und seine Gemeinde sind im kulturgeschichtlichen und religiösen Kontext der damaligen Zeit zu sehen. Aus zahlreichen Berichten geht hervor, daß Träume beachtet und gedeutet wurden. Sie wurden in das politische, religiöse und persönliche Leben einbezogen. Wie im alten Israel hat das Judentum zur Zeit Jesu den Träumen besondere Beachtung geschenkt. Dies ist der Mutterboden, aus dem die neutestamentliche Überlieferung erwachsen ist. Als Zeugen, in deren Aussagen sich die geistige und psychische Atmosphäre jener Zeit spiegelt, möchten wir zunächst Josephus und die Qumran-Sekte der Essener nennen.

Aus mehreren Gründen sehen wir den jüdischen Schriftsteller und Geschichtsschreiber Flavius Josephus und den über das ganze Land verteilten religiösen Orden der Essener zusammen. Josephus, auf dessen Traumauffassung wir sogleich kommen, lebte eine Zeitlang bei den Essenern. Wohl nur ein Eingeweihter kann von den Ordensregeln der Essener so schreiben, wie wir es bei Josephus lesen:

Die Lehre der Essener schließlich besagt, daß alle Dinge Gott zu überlassen sind; die Seelen erachten sie für unsterblich, für allein begehrenswert das Streben nach Gerechtigkeit. Wiewohl sie dem Tempel Weihgaben senden, bringen sie keine Opfer dar, weil diese ihren eigenen Sühnemitteln, wie sie meinen, nachstehen; deshalb sind sie auch vom allgemeinen Gottesdienste ausgeschlossen und vollziehen ihn abgesondert, unter sich. Ihre einzige Beschäftigung ist der Ackerbau. Was sie aber unter allen denen, die der Tugend beflissen sind, am bewundernswertesten macht und wozu es weder bei den Griechen noch bei den Barbaren irgendwo ein Gegenstück gibt, ist der bei ihnen seit alters her, nicht etwa erst in jüngster Zeit geübte Brauch, an dessen Befolgung sie sich durch nichts hindern lassen: die Güter sind ihnen gemeinsamer Besitz, und der Reiche genießt bei ihnen nicht mehr als der, der gar nichts hat. Es sind ihrer über viertausend Männer, die in solcher Weise verfahren. Sie führen keine Gattinnen heim und halten keine Sklaven, dieses nicht, weil es ihrer Meinung nach zu Ungerechtigkeit führt, und jenes nicht, weil es den Grund zu Zerwürfnissen mit sich bringt. So leben sie, allein auf sich selbst gestellt, und pflegen des Dienstes, einer am andern.[39]

Josephus ist aufgrund der Herkunft aus einer angesehenen Priesterfamilie und durch sein Studium gründlichst mit der jüdischen Tradition vertraut. Mit einem gewissen Stolz berichtet er in seiner Lebensbeschreibung, daß er schon als Jüngling von den Hohenpriestern und Vornehmen der Stadt zur Auslegung des Gesetzes aufgesucht wurde. Eine prophetische Rolle erlangte Josephus durch die aktuelle Auslegung der Weissagungen und Träume aus den heiligen Schriften. Insbesondere sind es die Prophezeiungen Daniels von den vier Weltreichen, die Josephus für seine krisenreiche Zeit deutete. Zahlreiche Stellen in den Werken des Josephus erwecken den Eindruck, daß er sich stark mit dem Propheten Daniel identifizierte.

Josephus beschließt den ersten Band «Jüdische Altertümer» (10. Buch, 10. Kapitel) mit einem Bericht über Daniel in Babylon. Ähnlich wie die Geschichte Daniels und seiner drei Studienfreunde in der Bibel überliefert wird, berichtet Josephus, daß die edlen Knaben der Juden vom Babylonierkönig Nabuchodonosor ausgewählt wurden, um die chaldäischen Schriften und Landesbräuche zu studieren. Daniel und seinen Freunden war es ein besonderes Anliegen, eine härtere Lebensweise zu führen…, wie auch alle tierische Kost zu verschmähen. Den Sinn dieser Speisepläne begründet Josephus folgendermaßen:

> So erhielten sie nicht nur ihren Geist frisch und zu wissenschaftlicher Tätigkeit geeignet, sondern kräftigten auch ihren Körper zu harten Strapazen, da sie ihren Geist nicht durch mannigfaltige Nahrung beschwerten und abstumpften noch ihren Körper dadurch verweichlichten. Auf diese Weise ward es ihnen leicht, sich die gesamte Bildung der Hebräer wie der Chaldäer anzueignen. Daniel insbesondere zeichnete sich vor den anderen in weiser Deutung der Träume aus, und es war diese Gabe offenbar ein Geschenk Gottes.[40]

Josephus unterwarf sich in der Jugend den harten Übungen und Regeln der Pharisäer, Sadduzäer und Essener. Nachdem ihm diese Erfahrungen noch nicht ausreichend waren, wurde er drei Jahre lang ein eifriger Schüler des Einsiedlers Bannos, der in der Wüste ein kärgliches Leben führte und sich durch Meditation und strenge Rituale Gott weihte. Abgesehen davon, daß diese Lebensweise von bestimmten Juden übernommen wurde, scheint Josephus für diese Lebensführung den Propheten Daniel als Vorbild angenommen zu haben.

Auch im Hinblick auf die Funktion der Träume und ihrer Deutung scheint sich Josephus mit Daniel zu identifizieren. Daniel gelangt durch seine prophetische Gabe der Traumdeutung am Königshof zu hohen Ehren. Josephus führt in dem genannten zehnten Buch der «Jüdischen Altertümer» aus, daß die Weissagungen Daniels in Erfüllung gingen:

Und wirklich ist das alles unter Antiochus Epiphanes über unser Volk hereingebrochen, wie Daniel es vorausgesehen und viele Jahre vorher schon aufgezeichnet hatte. Ebenso schrieb Daniel auch über die Herrschaft der Römer, die unser Volk gewaltig bedrücken würden. Alle diese Weissagungen hinterließ der Prophet schriftlich auf Gottes Geheiß, damit die, welche sie lesen und ihre Erfüllung beobachten würden, den Daniel ob der großen Ehre bewunderten, deren Gott ihn gewürdigt habe, im gleichen auch, um die Epikuräer ihres großen Irrtums zu überführen, die da glauben, es walte im Leben keine Vorsehung, Gott kümmere sich nicht um die menschlichen Angelegenheiten und es werde das Weltall nicht von einem durch sich selbst glückseligen, unsterblichen und alles überdauernden Wesen regiert, sondern erhalte sich ohne Lenker und Beschützer aus eigener Kraft. Wer so nach Ansicht der Epikuräer des Führers entbehrte, müßte ja wie ein Schiff ohne Steuermann und wie ein Wagen ohne Lenker in seinem unbesonnenen Laufe zum Wanken gebracht werden, zusammenbrechen und untergehen. Mit Rücksicht auf die Prophezeiungen Daniels scheinen mir also diejenigen sich weit von der Wahrheit zu entfernen, die da meinen, Gott kümmere sich nicht um das Treiben der Menschen. Denn wir würden seine Weissagungen nicht in Erfüllung gehen sehen, wenn alles in der Welt nur vom blinden Zufall regiert würde.[41]

Deutlich ist herauszuhören, daß Josephus sich zu denen gehörig fühlt, die die Weissagungen zu lesen und zu deuten vermögen und deren Erfüllung beobachten. Dazu gehört auch die Beachtung der eigenen Träume und die prophetische Vorausschau des Kommenden.

Nach dem Selbstzeugnis wurde Josephus durch die Erinnerung (im griechischen Urtext steht «Anamnesis») an eigene Träume dazu motiviert, zu den Römern überzutreten. Es heißt:

Als nun Nikanor ihn weiterhin beständig bat und Josephus die Drohungen der feindlichen Menge hören mußte, stieg in ihm die Erinnerung an die nächtlichen Träume auf, durch die ihm Gott die über die Juden hereinbrechenden

Schicksalsschläge und das künftige Geschick der römischen Kaiser gezeigt hatte. Josephus verstand sich nämlich auf die Deutung von Träumen und auf die Auslegung von Gottessprüchen, die zweideutig geblieben waren. Da er selbst ein Priester war und aus einem priesterlichen Geschlechte stammte, waren ihm die Weissagungen der heiligen Schriften gut bekannt. Als er nun zu derselben Stunde durch diese in das Geheimnis Gottes versenkt war und die furchterregenden Bilder der erst kurz zurückliegenden Träume in sich hervorholte, brachte er Gott insgeheim ein Gebet dar und sprach: «Da es dir gefällt, daß das Volk der Juden, das du geschaffen hast, in die Knie sinkt und alles Glück zu den Römern übergegangen ist, und du ferner meine Seele erwählt hast, die Zukunft anzusagen, so übergebe ich mich aus freien Stücken den Römern und bleibe am Leben. Ich rufe dich zum Zeugen an, daß ich diesen Schritt nicht als Verräter, sondern als dein Diener tue.» Nach diesem Gebet machte er Anstalten, sich dem Nikanor zu übergeben.[42]

Josephus gibt uns hier Einblick in die wohl schicksalsreichste Entscheidung seines Lebens. Nicht nur durch die Auslegung der Weissagungen Daniels für die gegenwärtige Zeitgeschichte gewann Josephus einen Durchblick, sondern aufgrund eigener Träume zeigte Gott ihm die über die Juden hereinbrechenden Schicksalsschläge. Dem Leser wird nicht verschwiegen, daß es sich um furchterregende Traumbilder handelte. Josephus war durch die Träume zu der Einsicht gelangt, daß «alles Glück zu den Römern übergegangen ist». Das in der Übersetzung gebrauchte Wort «Glück» gibt das griechische Wort «tychä» nur bedingt wieder. Sinngemäß ist eine selbständige Macht im Geschichtsprozeß gemeint, die unabänderlich ein Volk betreffen kann. Ähnlich wie in der apokalyptischen Endphase des jüdischen Volkes gibt es auch in anderen Völkern und Kulturen in den Zeiten des «Untergangs» bei einzelnen Herrschern oder Träumern das Bewußtsein, daß ein bestimmtes Geschick unabänderlich ist. Als ein Beispiel dafür nennen wir die kampflose Übergabe der Azteken an die spanischen Eroberer.
Josephus wurde nach seinem Übertritt zu den Römern von Nikanor zu Vespasian geführt. Josephus muß zu jenem Zeitpunkt etwa 30 Jahre alt gewesen sein. Wegen seiner Tapferkeit und seiner Jugend gab es insbesondere bei den römischen Offizieren keinen, der nicht bei seinem Anblick alle Bitterkeit ver-

gessen hätte. Wie Titus, der Sohn Vespasians, und dieser selbst von Josephus und dessen Traumdeutung beeindruckt wurden, schildert folgender Text:

Mehr als die anderen wurde Titus vor allem von der Ausdauer des Josephus im Unglück ergriffen und auch vom Mitleid mit seiner Jugend. Wenn er sich vergegenwärtigte, wie jener gekämpft hatte, und sah, wie er jetzt in die Hand der Feinde gefallen war, kam ihm der Gedanke an die große Macht des Geschicks, an den schnellen Umschlag des Kriegsglücks und an die Unsicherheit aller menschlichen Dinge. Dazu bewog er damals schon die meisten anderen zu ähnlichen Gefühlen und zum Mitleid mit Josephus; vor allem gab auch seine Fürsprache bei dem Vater den Ausschlag für die Rettung. Freilich befahl Vespasian, ihn mit besonderer Sorgfalt zu bewachen, da er ihn gleich darauf zu Nero schicken wollte.

Als Josephus davon gehört hatte, ließ er ihm sagen, daß er etwas mit ihm allein zu besprechen wünsche. Dieser hieß alle anderen außer seinem Sohn Titus und zwei Freunden hinausgehen; darauf sagte Josephus: «Du glaubst, Vespasian, in Josephus lediglich einen Kriegsgefangenen in die Hand bekommen zu haben, ich komme aber zu dir als Künder großer Ereignisse. Denn wäre ich nicht von Gott gesandt, so hätte ich gewußt, was das Gesetz der Juden bestimmt und wie es einem Feldherrn zu sterben geziemt. Zu Nero willst du mich schicken? Wozu denn? Werden denn die Nachfolger Neros bis zu deinem Regierungsantritt lange an der Herrschaft bleiben? Du, Vespasian, wirst Kaiser und Alleinherrscher, sowohl du wie dieser dein Sohn. Laß mich jetzt nur noch fester fesseln und für dich selbst aufbewahren, denn du, Cäsar, wirst nicht nur mein Herr sein, sondern der über Erde und Meer und das ganze Menschengeschlecht. Ich bitte aber um eine noch schärfere Bewachung, damit du mich bestrafen kannst, wenn ich die Sache Gottes leichtfertig behandle.» Man merkte es dem Vespasian an, daß er diesen Worten im ersten Augenblick nicht glaubte, denn er hatte den Verdacht, daß Josephus diese Finte zur Rettung seines Lebens ersonnen habe; allmählich aber gewann doch ein zuversichtlicheres Urteil bei ihm die Oberhand, da Gott selbst ihm bereits Gedanken an die Thronbesteigung eingab und durch andere Vorzeichen die kommende Herrschaft ankündigte.[43]

Die Zuverlässigkeit in den Vorhersagen erweist sich durch das Eintreffen derselben. Vespasian und sein Sohn Titus erlangten die Herrschaft. Aufgrund des Eintreffens dieser Weissagung wurde Josephus begnadigt und konnte in Rom im Schutze des Kaisers als jüdischer Schriftsteller arbeiten. Ähnlich wie Joseph in Ägypten und Daniel in Babylon aufgrund ihrer zutreffenden Traumdeutungen begnadigt wurden und zu Ehren gelangten, ist auch Josephus ein zuverlässiger Zeuge für die Überzeugung des jüdischen Volkes, daß Gott durch den Traum das Kommende anzeigen kann und eine neue Perspektive eröffnet.

Josephus berichtet an mehreren Stellen seiner Werke, daß im «Mönchsorden» der Essener von Qumran die Weissagung des Zukünftigen und die Traumdeutung praktiziert wurde. «Geschult haben sie sich an heiligen Büchern, verschiedenen Reinigungszeremonien und Prophetensprüchen, und es geschieht selten, daß sie in ihren Vorhersagen fehlgehen.»[44] Dieses Zitat macht deutlich, daß die Weissagung und Traumdeutung bei den Essenern praktiziert wurde. Geschult wurde die Traumdeutung durch das Studium der heiligen Schriften. Neben dem Hören auf die religiöse Überlieferung scheinen sich zumindest einige Essener in der Traumdeutung besonders hervorgetan zu haben.

Namentlich erwähnt Josephus einen gewissen Judas und Simon den Essener, deren zutreffende Traumdeutung bekannt wurden. Von Judas berichtet Josephus:

Staunen könnte man dabei auch über Judas, der zu den Essenern gehörte; er hatte noch in keinem Fall bei seinen Vorhersagen etwas verfehlt oder sich getäuscht gesehen. Als er damals den Antigonos durch den Tempel schreiten sah, rief er seinen Vertrauten – es weilten nicht wenige seiner Schüler um ihn – mit lauter Stimme zu: «Wehe, jetzt wäre es für mich besser, zu sterben, weil die Wahrheit vor mir gestorben ist und etwas von mir Vorausgesagtes sich als Täuschung erwiesen hat. Denn es lebt dieser Antigonos da, der heute hätte getötet werden müssen. Als Stätte zur Ermordung aber ist ihm Stratonsturm bestimmt, und das ist 600 Stadien von hier, vier Stunden des Tages jedoch sind schon vergangen. Diese bereits verstrichene Zeit vereitelt die Weissagung.» Nach diesen Worten verharrte der alte Mann traurig in Nachsinnen. Da wurde nach kurzer Frist gemeldet, Antigonos sei ermordet worden, und zwar an dem unterirdischen Platz, der ja auch Stratonsturm genannt wurde und den gleichen Namen trug wie Caesarea am Meer. Das also war es, was den Seher verwirrt hatte.[45]

Der greise Judas scheint durch sein Gesicht besonders betroffen zu sein. Während er noch traurig im Nachsinnen begriffen ist, wird gemeldet, daß Antigonos tatsächlich ermordet worden ist. Die Gruppe von Schülern und Freunden ist um Judas versammelt, um von ihm die Kunst der Weissagung und Traumdeutung zu lernen. Der sogenannte Sektenkanon der Essener nennt in der Ordensregel neben dem Gebet und den gemeinsamen Mahlzeiten auch das Sich-Beraten der Schüler mit ihrem Lehrer. Die lateinische Übersetzung nennt die Schüler «consultores». Wie Studenten ihren Lehrer konsultieren, so wurden jene Essener von Judas in die Kunst der Weissagung und Traumdeutung eingeführt. Zu diesem Zwecke werden in der Regel eindrucksvolle Beispiele ausgewählt, wie wir gerade eines von Judas gelesen haben.

Als weiterer Traumdeuter erwähnt Josephus den Essener namens Simon. Im Zusammenhang mit der Schreckensherrschaft des Archelaos hatten die Juden und die Samaritaner sich beim Kaiser in Rom beschwert. Vor der Abberufung zum kaiserlichen Gericht in Rom hatte Archelaos folgenden Traum, den allein Simon zutreffend deutete:

Bevor er die Vorladung des Kaisers erhielt, soll er folgendes im Traum gesehen haben: er meinte, neun volle, große Ähren zu erblicken, die von Ochsen gefressen wurden. Er ließ aber die Wahrsager und einige Chaldäer kommen und befragte sie, was nach ihrer Meinung der Traum bedeutete. Jeder deutete ihn anders; ein gewisser Simon, der zu den Essenern gehörte, sagte, nach seiner Meinung bedeuteten die Ähren Jahre, die Ochsen aber einen Umsturz der Verhältnisse, weil sie beim Pflügen die Erde aufwürfen. Er werde entsprechend der Zahl der Ähren herrschen, in vielfache Umwälzungen verwickelt werden und dann sein Leben beschließen. Fünf Tage nachdem er dies gehört hatte, erfolgte seine Abberufung vor das kaiserliche Gericht.[46]

Wir erinnern uns an die zutreffenden Traumdeutungen Josephs vor dem Pharao und Daniels, wo die professionellen Traumdeuter auch versagten. Die Traumdeutung der Essener wurde durch das Studium der heiligen Schriften gefördert. Die ca. viertausend Mitglieder der Essener, die über das ganze Land verstreut hin lebten, haben auch dem Traume eine besondere Bedeutung beigemessen.

Abschließend erwähnen wir noch kurz die Traumauffassung des jüdischen Philosophen Philon (25 v. Ch. – 50 n. Chr.), um das geistige Klima aus der Zeit des Matthäus in bezug auf den

Traum zu erhellen. Philon bemüht sich um eine Synopse* und/
oder Synthese zwischen der jüdischen Religion und der griechischen Philosophie. Für ihn sind die philosophischen Wahrheiten
der Griechen bereits in der jüdischen Überlieferung enthalten.
Von den fünf Schriften Philons über die Träume sind leider nur
zwei erhalten geblieben.

Philon unterscheidet drei Arten von Träumen:
– Traume, in denen Gott unmittelbar zu den Schlafenden redet.
– Träume, die durch die unsterblichen Seelen im Luftraum
  vermittelt werden (dafür ist die Himmelsleiter im Jakobtraum ein Symbol).
– Träume, die dem ureigenen Ahnungsvermögen der Seele ent-
  stammen und der Deutung durch einen Traumdeuter bedürfen (wie z. B. Josephs Traumdeutung in Ägypten).

Insgesamt erwecken Philons allegorische Traumdeutungen
mehr den Eindruck von Reflexionen, die seine philosophischen
Überzeugungen untermauern sollen. Von einer empirischen
Traumdeutung, die den Traum aus dem Zusammenhang von
Psyche und Lebenserfahrung erklärt, finden sich kaum Ansätze.
Insgesamt jedoch teilt Philon die Überzeugung der Juden und
Griechen, daß dem Traum auch für die religiöse Erfahrung*
eine Bedeutung zukommt.

Für Matthäus und seine Zeit läßt sich aus den verschiedenen
Quellen folgendes über den Traum sagen:
– Bei den einfachen und frommen Menschen in Israel, insbesondere bei den sogenannten Anawim, wurden die Träume
  für das persönliche Leben und den Glauben beachtet. Durch
  die Verbundenheit mit dem Alten Testament waren ihnen
  die überlieferten Träume eine Richtschnur. Wie der lebendige Gott einst zu Jakob, Joseph, Daniel und anderen gesprochen hatte, so verstanden die jetzt Lebenden die Träume als
  Gottes Fingerzeige.

- Der jüdische Schriftsteller und Geschichtsschreiber Flavius Josephus war durch seine Herkunft aus einem Priestergeschlecht und durch sein Studium der heiligen Schriften mit der Beachtung und Deutung von Träumen vertraut. Durch Traumgesichte wurde er ermutigt, den Oberbefehl in Galiläa zu übernehmen. Bei dem wohl als tragisch zu bezeichnenden Übertritt zu den Römern beruft sich Josephus auf Gottes Stimme im Traum, die ihn zu dem schicksalhaften Schritt ermutigte.
- Im Mönchsorden der Essener wurde auch die Traumdeutung praktiziert. Die Essener Judas und Simon gaben besonders zutreffende Traumdeutungen. Die Weissagung der Essener und ihre Traumdeutung wurde durch das Schriftstudium geschult. In diesem Traumverständnis spiegelt sich auch etwas von der geistigen Situation der Zeit, in der Matthäus lebte und seine Schrift verfaßte.
- Der jüdische Philosoph Philon reflektiert in einigen seiner Schriften über die von Gott gesandten Träume. Die Tatsache, daß ein jüdischer Religionsphilosoph auch über dieses Phänomen nachdenkt, läßt erkennen, daß man dem Traum auch um die Zeitenwende eine vielschichtige Bedeutung beigemessen hat.

Das Urbild der Heiligen Familie

Die Heilige Familie mit Vater – Mutter – Kind ist ein Urbild, das in den Träumen vieler Menschen erscheint. Das gleiche Urbild findet sich als Motiv in den Kunstdarstellungen der verschiedensten Epochen. Auch in den Mythen und Märchen der Völker wird vom Leben der Familie erzählt und Bedrohliches und Rettendes berichtet. Je nach Kulturkreis und Religion kann entweder die Mutter mit dem Kind oder die Vatergestalt im Vordergrund der Symbolbildung stehen. Diese kurze Skizzierung der Familie und ihrer Symbolik verweist auf das Urbildhafte, das C. G. Jung den Archetypus nannte. Wir verstehen in der analytischen Psychologie* Jungs darunter einen wirkungsvollen Faktor in der Psyche, der die bildhaften Vorstellungen und die Gestalt des Lebens entscheidend mitbestimmt.

Diese Archetypik und seine symbolische Anordnung scheinen auch das Bild der Heiligen Familie zu bestimmen, das Matthäus uns in dichterischer Schönheit vor Augen malt. Von der Symbolfunktion her versuchen wir die Geburtsgeschichte Jesu zu deuten und zu verstehen. Die wichtigsten Ereignisse dieser Geschichte werden durch das Traumgeschehen gelenkt.

Bereits in der Vorgeschichte der Heiligen Familie wird Joseph aufgrund eines Traumes dazu motiviert, Maria als seine Gemahlin zu sich zu nehmen. Die aktuelle Situation, zu der der Traum in Korrelation* steht, wird von Matthäus folgendermaßen geschildert (1,18–25, Zürcher Bibel):

Mit der Geburt Jesu Christi aber verhielt es sich so: Als seine Mutter Maria mit Joseph verlobt war, fand es sich, ehe sie zusammengekommen waren, daß sie vom heiligen Geiste schwanger war. Weil indessen Joseph, ihr Mann, rechtschaffen war und sie (doch) nicht in Schande bringen wollte, gedachte er sie heimlich zu entlassen. Doch als er dies im Sinne hatte, siehe, da erschien ihm ein Engel des Herrn im Traum, der sprach: «Joseph, Sohn Davids, scheue dich nicht, Maria, dein Weib, zu dir zu nehmen; denn was in ihr gezeugt ist, das ist vom heiligen Geiste. Sie wird aber einen Sohn gebären, und du sollst ihm den Namen Jesus geben, denn er wird sein Volk erretten von ihren Sünden.» Dies alles jedoch ist geschehen, damit erfüllt würde, was vom Herrn durch den Propheten gesprochen worden ist, welcher sagt: Siehe, die Jungfrau wird schwanger werden und einen Sohn gebären, und man wird ihm den Namen Immanuel geben, was übersetzt heißt: Gott mit uns. Als aber Joseph vom Schlaf erwacht war, tat er, wie ihm der Engel des Herrn befohlen hatte, und nahm sein Weib zu sich. Und er erkannte sie nicht, bis sie einen Sohn geboren hatte; und er gab ihm den Namen Jesus.

Joseph will wegen der bekanntgewordenen «Konfliktschwangerschaft» seine Verlobte heimlich entlassen. Dies ist nicht im modernen Sinne mißzuverstehen, als ob Joseph sich heimlich aus der Affäre ziehen will. Zwei Argumente sprechen für die Konfliktstrategie des Joseph. Zum einen möchte er deswegen seine Verlobte heimlich verlassen, weil er sie nicht in Schande bringen wollte, zum anderen ist Joseph seine «Rechtschaffenheit» derart wichtig, daß er dafür die Lösung von Maria in Kauf nehmen würde. Die Überlieferung hebt ausdrücklich hervor, daß Joseph ein rechtschaffener Mann war. Diese persönliche Charaktereigenschaft steht in einem besonderen Kontext zu allgemeinen Wertvorstellungen und der Religion des Judentums. Zugespitzt könnte man sagen, daß manchmal die fromm scheinende Gerechtigkeit auch Züge einer Selbstgerechtigkeit annehmen kann, die die Nächstenliebe vergißt. In den spannungsreichen Konflikt zwischen Rechtschaffenheit und Nächstenliebe kann der Traum den Impuls vermitteln, sich für die Nächstenliebe zu entscheiden.

Unser Text berichtet, daß sich aufgrund des Traumes der rechtschaffene Mann entschieden hat, Maria zu sich zu nehmen. Matthäus schildert uns Joseph nicht als einen Heiligen, sondern als Menschen. Der Leser erhält Einblick in die geheimen Phantasien dieses Mannes. Er gedachte Maria heimlich zu entlassen. Zeitlich betrachtet sehen wir Joseph im Stadium der Vorentscheidungen. Dazu gehören die tiefgründigen Erwägungen des Herzens und die durchphantasierten Lösungsmöglichkeiten des Problems. In diese wichtige Phase der Entwicklung einer Entscheidung kommt der Traum als Ratgeber. Die Stimme im Traum des Joseph rät, bei Maria zu bleiben. Und der Mann Joseph hört auf die leise Stimme seiner Psyche. Wir erkennen darin insbesondere einen hilfreichen Impuls für Männer in unseren Tagen. Weithin gibt es noch die Anschauung, daß Männer sich mehr auf ihren Verstand verlassen sollen, während Gefühle und Träume eher Frauensache seien. Matthäus korrigiert dieses einseitige Bild des Mannes und zeigt, daß selbst in der Heiligen Familie der Traum eine hilfreiche Funktion zur Lösung eines Konfliktes hat.

Wenn wir die Abfolge des Textes genau beachten, wird als erstes Joseph bei seinem Namen gerufen und an seine Herkunft aus dem Geschlechte Davids erinnert. Diese persönliche Anrede an den Träumer hat eine tiefe und überzeugende Wirkung. Der Traum zieht nicht wie ein Bilderstrom an einem Namenlosen vorüber, durch die Namensnennung wird die Identität* gefestigt. Sowohl durch eigene Träume als auch durch die Traumarbeit in der psychotherapeutischen Praxis habe ich erfahren, daß das Hören des eigenen Namens im Traum eine tiefe Wirkung hat. Eine Patientin faßte die Erfahrung einmal so zusammen: «Jetzt weiß ich, daß ich mich selber akzeptiert habe und angenommen bin!»

Eine weitere Erfahrung in Josephs Traum ist, daß seine fragwürdige und geheime Absicht, sich von seiner Verlobten loszusagen, korrigiert wird. Der Traum überwindet die Bedenken. Das Wort im griechischen Urtext ist noch zutreffender mit «fürchten» (phobo) zu übersetzen. In der klinischen Psychologie ist nach diesem Urwort der Begriff «Phobie» gebildet worden. Zum Zwecke der Therapie arbeiten wir in der analytischen Psychotherapie gerade auch bei den phobischen Krankheitsbildern mit Träumen, um die Angstgefühle zu kurieren.

Die Stimme im Traum kann auch hilfreich sein gegenüber irrationalen Problemen. Als solches ist in unserem Zusammenhang wohl auch der «Schwangerschaftskonflikt» aufgrund der Empfängnis vom Heiligen Geist anzusehen. Abgesehen davon, daß es sich in diesem Falle um eine außergewöhnliche Symbolerfahrung handelt, erwecken viele tiefgreifende Konflikte bei den Betroffenen den Eindruck von etwas «Unfaßlichem». Da der Traum selber aus unbegreiflichen Tiefen der Psyche ins Bild kommt, kann die Stimme im Traum, wie im Falle Joseph, eine überzeugende Wirkung für die Entscheidung haben. Nachdem der Träumer selber in seiner Identität gefestigt wurde, indem er mit seinem eigenen Namen angesprochen wurde, wird im Traum schließlich auch noch der Name des Kommenden mit einem Kommentar kundgetan. «Du sollst ihm den Namen Jesus geben, denn er wird sein Volk erretten von ihren Sünden».

Welch eine hohe Achtung müssen Matthäus und sein Leserkreis vor dem Traum gehabt haben, daß sie selbst den Namen des Messias, den Jesaja noch «Immanuel» nannte (7,14), durch den Traum eines Menschen geoffenbart sahen. Der Traum kann alte Namen modernisieren. Das will sagen, alte Namen und Erfahrungen können im Traum neu aktualisiert werden.

Wir sind der Auffassung, daß die Traumauffassung des Matthäus und die heutige Traumpsychologie in vielem recht nahe sind. Aus dieser Zusammenschau heraus läßt sich sagen:

- Aufgrund eines Traumes können heimliche Absichten zur Entscheidung gebracht werden.
- Der Traum ergänzt die Rechtschaffenheit eines Menschen und verhilft zur Verwirklichung der Nächstenliebe.
- Indem der Traum uns beim Namen ruft, wächst unsere Identität.
- Der Name des Heilenden und das Kommende kann im Traum mitgeteilt werden.

Ein Traum für die Hinreise und für die Heimreise

Der Traum kann grundlegende Entscheidungen der Familiengeschichte bestimmen. Auch der Lebensweg mit den beiden Richtungen, die wir als «Hinreise» und «Heimreise» kennzeichnen, kann durch Träume gelenkt werden. In der Tiefe der Psyche werden Bilder und Symbole gebildet, die wie Wegweiser das Leben in die entsprechende Richtung lenken. Uns will scheinen, daß Matthäus seine «Kunstträume» am Anfang des Evangeliums aus ähnlichen Urerfahrungen heraus gestaltet hat. Beim Lesen des Textes in Matthäus 2,13–15 und 2,19–23 (Zürcher Bibel) beachten wir besonders die konkreten Handlungsanweisungen für die Flucht nach Ägypten und für die Heimkehr in das Land Israel.

Die Flucht nach Ägypten

Als sie aber hinweggezogen waren, siehe, da erscheint ein Engel des Herrn dem Joseph im Traum und sagt: «Steh auf, nimm das Kindlein und seine Mutter mit dir und fliehe nach Ägypten und bleibe dort, bis ich es dir sage; denn Herodes will das Kindlein aufsuchen, um es umzubringen.» Da stand er auf, nahm des Nachts das Kindlein und seine Mutter mit sich und zog hinweg nach Ägypten. Und er blieb dort bis zum Tode des Herodes, damit erfüllt würde, was vom Herrn gesprochen worden ist durch den Propheten, welcher sagt: «Aus Ägypten rief ich meinen Sohn.»

Die Rückkehr aus Ägypten

Als aber Herodes gestorben war, siehe, da erscheint ein Engel des Herrn dem Joseph in Ägypten im Traum und sagt: «Steh auf, nimm das Kindlein und seine Mutter mit dir und ziehe in das Land Israels; welche dem Kindlein nach dem Leben trachteten, sind gestorben.» Da stand er auf, nahm das Kindlein und seine Mutter mit sich und ging in das Land Israels. Als er jedoch hörte, daß Archelaus anstatt seines Vaters Herodes über Judäa regierte, fürchtete er sich, dahin zu gehen. Nachdem er aber im Traum eine Weisung empfangen hatte, zog er hinweg in das Gebiet von Galiläa und kam in eine Stadt namens Nazareth und nahm [dort] Wohnung, damit erfüllt würde, was durch die Propheten gesagt worden ist: Er wird «Nazoräer» heißen.

Folgende Verben benennen die not-wendigen Schritte für die

Hinreise	*Heimreise*
a) Steh auf	Steh auf,
b) nimm das Kind…	nimm das Kind…
c) fliehe	ziehe
d) bleibe dort, bis	in das Land Israel
ich es dir sage	

Noch während des Traumes wird der Weckruf ausgesprochen: «Steh auf!» Das Verb des griechischen Urtextes (egeiro) gehört zu einem Wortfeld mit den vielschichtigsten Bedeutungsinhalten. Außer dem Aufstehen nach dem Erwachen vom Schlafe, kann es auch in übertragener Bedeutung die Erweckung aus gedankenloser Trägheit bezeichnen (Römer 13,11). Nach Jakobus 5,15 wird das Gebet des Glaubens den Kranken retten, und der Herr wird ihn aufstehen lassen. Bei den Krankenheilungen sagt Jesus: «Steh auf, nimm dein Bett und geh heim!» Auch die Auferweckung von Toten und die Auferweckung Jesu werden mit dem genannten Wort bezeugt. Diese wenigen Hinweise mögen erkennen lassen, daß der Ruf im Traum «Steh auf!» mehr meint als das bloße Aufstehen nach dem Schlaf.

Aus den Erfahrungen heutiger Traumpsychologie läßt sich sagen, daß der Traum größere Bewußtheit und tiefere Religiosität zu erwecken vermag. Die Stimme des Engels im Traum, der den

Befehl spricht «Steh auf und nimm das Kind», verbreitet in der Psyche eine Stimmung, die den Träumer unbedingt angeht. So wie Joseph sogleich nach dem Traum in schlafwandlerischer Sicherheit aufsteht und in absolutem Gehorsam sich auf den Weg macht, so kann ein überzeugender Traum die Wirkung haben, daß sich ein Mensch auf den Weg macht. Mehr noch als die bewußten Entscheidungen können Impulse des Traumes oder die Stimme im Traum wie ein kategorischer Imperativ wirken.

Die nächste Anweisung der Traumstimme lautet: «Nimm das Kind und seine Mutter mit dir!» Joseph soll sich des Kindes und seiner Mutter annehmen. Die gleiche Weisung war an Joseph ergangen, als er dazu ermutigt wurde, seine Scheu und Bedenken zu überwinden und Maria als seine Frau «anzunehmen». Dieses Wort bezeichnet eine totale Annahme und die Aufnahme einer Lebensgemeinschaft. Ähnlich wie der vorige Begriff ist das griechische Wort des Urtextes (paralambano) und sein hebräisches Äquivalent (Lqh) in einen weiten Bedeutungsrahmen eingebettet. Besonders im Alten Testament wird an zahlreichen Stellen gesagt, daß sich Gott des Volkes oder eines einzelnen annimmt. Gott nimmt Opfer und Gebete an. Schließlich wird das Annehmen zum Auf-nehmen im Sinne der Entrückung oder Aufhebung in den Himmel. Von Henoch wird beispielsweise gesagt, daß er mit Gott wandelte, und auf einmal war er nicht mehr da; denn Gott hatte ihn hinweggenommen (1 Mose 5,24). Auch der Prophet Elija wurde entrückt und in den Himmel aufgenommen (2 Könige 2). Die letztgenannten Beispiele erinnern an den vorigen Begriff des Aufstehens und seine spezielle Bezeichnung für die Auferstehung. Die erweckende Stimme im Traum kann Anklänge haben vom neuen Leben. Ähnlich wird die alttestamentliche Hoffnung auf Erlösung mit dem Traum verbunden. «Wenn der Herr die Gefangenen Zions erlösen wird, werden wir sein wie die Träumenden» (Psalm 126). Doch nach diesem eschatologischen Ausblick wenden wir uns wieder der empirischen Traumerfahrung zu.

Wer durch den Traum erweckt und zum Aufbruch gerufen wird, der übernimmt für sich und seinen Nächsten eine besondere Verantwortung. Die Stimme im Traum ruft zur Annahme des Nächsten oder zum Angreifen einer besonderen Aufgabe. Der Traum kann zur Selbst-Annahme und zur Annahme des Selbst* aufrufen. Selten verführt der Traum zu träger Selbstsicherheit. Wie wir an unserem Text erkennen, ruft die Stimme im Traum dazu auf, zu fliehen und später heimzukehren.

Der Ruf zur Heimkehr aus Ägypten erfolgt ebenfalls im Traum. Nachdem Herodes gestorben war und dem Kind keine Lebensgefahr mehr drohte, war der günstige Zeitpunkt für die Rückkehr gekommen. Doch wie sollte diese Information zu dem im Exil lebenden Joseph gelangen? In unserer Zeit des Informations(über)flusses durch Telefon, Fernschreiber, Funk und Fernsehen scheint das psychische Informationssystem des Traumes mehr und mehr für Nachrichtenzwecke bedeutungslos zu werden. Doch die Chiffren der Transzendenz*, die durch kein technisches Informationssystem vermittelt werden, können nur in der Symbolsprache des Traums den Menschen unbedingt angehen. Die Symbole verbinden das Alte mit dem Neuen. Durch die Geburt des göttlichen Kindes entstand ein neues Symbol von grundlegender Bedeutung für die Menschheit. Matthäus hat dieses Symbol des Neuen Menschen mit dem uralten Wort der Verheißung verbunden.

Dem Bibelleser wird bereits bei den ersten beiden Kapiteln des Matthäusevangeliums die Einblendung von Zitaten aus dem Alten Testament aufgefallen sein. Wiederholt heißt es: «Dies alles jedoch ist geschehen, damit erfüllt würde, was vom Herrn durch den Propheten gesprochen worden ist!» Diese sogenannten Reflexionszitate beziehen das gegenwärtige Geschehen auf eine frühere Verheißung. Was jetzt geschieht, ist nichts Planloses, sondern ist Verwirklichung eines alten Symbols oder eines Wortgeflechtes, das die Gegenwart bereits in sich schließt.

Das alte Schema von «Verheißung und Erfüllung» erhält durch unsere Symbolkonzeption und das analytische Verständnis des Archetypus eine neue Aktualität. Während die Verheißung bereits das Kommende in Worte faßt und/oder symbolisch ausdrückt, sind die Archetypen als unanschauliche Faktoren zu verstehen, die das Leben und die Symbole strukturieren. Was die Archetypen als anordnende Faktoren seit Urzeiten in archetypischen Bildern, die wir Symbole nennen, kundtun, erscheint in den Träumen in personaler Gestalt als «Große Mutter», «Geistvater», Alter Weiser, Göttliches Kind oder Held.

Für die beiden letztgenannten archetypischen Gestalten dürfte Matthäus in der alttestamentlichen Überlieferung seine Vorbilder gefunden haben. Wie zum Beispiel Mose als Kind wunderbar errettet wurde, so wird auch Jesus als künftiger Held durch die Flucht nach Ägypten gerettet. Die Heimkehr aus Ägypten wird als Erfüllung des Prophetenspruches betrachtet: «Aus Ägypten habe ich meinen Sohn gerufen» (Hosea 11,1). Die Heimkehr des göttlichen Kindes wird in Analogie gesehen zum Exodus des alten Israel. Wenn wir diese und weitere Urerfahrungen auf ein archetypisches Grundmuster zurückführen, so erkennen wir den Archetypus des Heldenmythus.

Der Heldenmythus ist ein universales Grundmuster, das sich in allen Religionen und Mythologien der Völker wiederfindet. Welches Streben verkörpert nun das Symbol des Helden? Welche unbedingte Einstellung stellt das Heldenmotiv dar? C. G. Jung gibt in seinem Aufsatz «Seele und Erde» darauf folgende Antwort: «Der Held verkörpert immer das höchste und stärkste Streben, oder was dieses Streben wenigstens sein sollte, und darum zugleich das, was man am ehesten verwirklichen möchte. Es ist daher immer wesentlich, mit was für einer Phantasie das Heldenmotiv ausgefüllt wird… Das Heldenmotiv hat nicht nur mit der allgemeinen Einstellung zum Leben, sondern auch mit dem religiösen Problem zu tun. Eine absolute Einstellung ist immer eine religiöse Einstellung, und wo immer ein Mensch absolut wird, da erscheint seine Religion.»[47]

Für den Heldenmythus sind folgende Wesensmerkmale charakteristisch:
– armselige Geburt
– Auserwählung von Mutterleibe an
– Flucht und Rettung

- außergewöhnlicher Aufstieg
- Heldentaten
- Kampf mit dämonischen Mächten
- Macht zu Krankenheilungen
- heldenhafte Selbstopferung
- Sieg über den Tod und Auferstehung.

Diese und weitere Motive können in den Heldenmythen der Kulturen und Religionen verschieden ausgestaltet sein. Das universale Grundmuster ist jedoch stets wiederzuerkennen.

Der Archetypus des Helden ist bis in die Namengebung hinein auch für Jesus zutreffend. Der Prophet Jesaja (9,6) nennt für das geborene göttliche Kind folgende Würdenamen:

Wunderbar-Rat   Kraft–Held
Ewig Vater   Friede–Fürst

Das Symbol des Helden ist in der Frömmigkeit durch zahlreiche Kirchenlieder lebendig geblieben. Insbesondere findet sich dieses Motiv in den Advents- und Weihnachtsliedern der Christenheit. Beispielhaft zitiere ich aus dem Lied «Fröhlich soll mein Herze springen» (Evangelisches Kirchengesangbuch 27) die 2. Strophe:

Heute geht aus seiner Kammer
Gottes *Held*, der die Welt
reißt aus allem Jammer.
Gott wird Mensch dir, Mensch, zugute,
Gottes Kind, das verbindt
sich mit unserm Blute.

Die außergewöhnliche Geburt dieses Helden stellt ein archetypisches Motiv dar, das wir im anschließenden Kapitel betrachten.

Neben der traditionellen theologischen Exegese der Geburtsgeschichte Jesu und deren Ausgestaltung in der Literatur und
Kunst der verschiedenen Epochen suchen wir vom Traum und
von der Symbolpsychologie her einen weiteren Zugang zu dem
unerschöpflichen Geheimnis, daß Gott Mensch wurde. Wie alle
Symbole kann das «Kind» in den Träumen aus den verschiedensten Tiefenschichten der Psyche stammen. Wenn zum Beispiel Eltern von ihren Kindern träumen, sind diese Bilder in der
Regel auf die realen Verhältnisse in der Familie zu beziehen.
Das Selbst des Träumers zeigt in solchen Träumen Probleme
auf, die man im Bewußtseinszustand nicht sieht. Der Träumer
oder die Träumerin sollte genau prüfen, was der Traum über
die Kinder vor Augen führt.

In den Krisen des Lebens kann der Traum vom «Kind» einen
Wandel der Persönlichkeit anzeigen. In tragischen Konfliktsi-
tuationen sucht die Psyche nach einer Lösung. Das Kind ist in
der Bildersprache der Psyche ein wirkungsvolles Symbol zur
Überwindung der krankmachenden Zwiespältigkeiten.

Ein weiterer Aspekt ist das Erscheinen des Göttlichen Kindes in
der Psyche. Dieses Bildmotiv läßt ein Kind in einem ganz besonderen Licht erscheinen. Wie von dem Jesuskind im Stall von
Bethlehem eine besondere Faszination die Menschen ausgeht, so kann von einem Kind im Traum trotz aller Armselig-
keit ein Leuchten oder gar ein Glanz ausgehen. Es kann auch
sein, daß wir im Traum ein krankes Kind finden, um das wir
uns kümmern sollten. In solchen Träumen werden wir daran
erinnert, daß an unserer Beziehung zum Selbst etwas krank ist
und wir uns um eine ganzheitliche Beziehung zwischen Ich-Bewußtsein und Selbst bemühen sollten. Trefflich sagt E. Aeppli im
Zusammenhang mit einem Zitat C. G. Jungs:

«Wenn im Traume des Erwachsenen das unbekannte, das Göttliche Kind auftaucht, dann steigt aus dem Schoß des Unbewußten eine neue Lebensmöglichkeit in das konfliktschwere Bewußtsein. Deshalb kann Jung feststellen: Indem das Symbol des

‹Kindes› das Bewußtsein fasziniert und ergreift, tritt die erlösende Wirkung ins Bewußtsein über und vollführt jene Abtrennung von der Konfliktsituation, deren das Bewußtsein nicht fähig war. Das Symbol ist die Antizipation einer erst werdenden Bewußtseinslage.»[48]

Nach der Einbettung dieses Traumsymbols in den persönlichen Erfahrungsbereich zeigen wir nunmehr einige Aspekte des Archetypus des «Göttlichen Kindes». Die Mythen, Märchen und Träume der Menschheit enthalten über diesen Archetypus derart viel Material, daß wir uns aus gebotener Kürze auf die Psychologie des Kindarchetypus begrenzen und dazu einige Grundgedanken aus C. G. Jungs Arbeit «Zur Psychologie des Kindarchetypus» referieren. Nach Jung symbolisiert der Kindarchetypus das Selbst. Über die Vielgestaltigkeit dieses Archetypus führt C. G. Jung aus:

«Dieser Archetypus des ‹Kindgottes› ist von größter Verbreitung und in innigster Vermischung mit allen anderen mythologischen Aspekten des Kindmotives. Es ist wohl kaum nötig, auf das noch lebendige ‹Jesuskind› hinzuweisen, welches in der Christophoruslegende auch jenen typischen Aspekt des ‹kleiner als klein und größer als groß› zeigt. In der Folklore erscheint das Kindmotiv in der Gestalt von Zwerg und Elf als Verdeutlichungen verborgener Naturmächte. In dieses Gebiet gehört auch die spätklassische Figur... des Metallmännchens, welches bis ins späte Mittelalter einerseits die Erzschächte belebte und andererseits die alchemistischen Metalle und vor allem den in vollkommener Gestalt wiedergeborenen Mercurius darstellte (als Hermaphroditus, als filius sapientiae oder als infans noster). Dank der religiösen Deutung des ‹Kindes› sind uns aus dem Mittelalter auch einige Zeugnisse erhalten geblieben, welche dartun, daß das ‹Kind› nicht nur traditionsmäßige Figur, sondern auch spontan erlebte Vision (als sogenannter Einbruch des Unbewußten) war.»[49]

Zum tieferen Verständnis des Kindarchetypus ist es für Jung wichtig, daß dieses Motiv nicht als ein Relikt aus der eigenen Kindheit zu erklären ist, sondern eine Disposition der Kollektivseele repräsentiert. In kritischer Abgrenzung zur kausalen Erklärung des Kindmotives erläutert Jung: «Es ist vielleicht nicht überflüssig, zu bemerken, daß ein laienhaftes Vorurteil stets geneigt ist, das Kindmotiv mit der konkreten Erfahrung ‹Kind› in eines zu setzen, als ob das reale Kind die kausale Voraussetzung für die Existenz des Kindmotives wäre. In der psychologischen Wirklichkeit ist die empirische Vorstellung ‹Kind› aber nur Ausdrucksmittel (und nicht einmal das einzige!), um einen nicht näher zu fassenden seelischen Tatbestand auszudrücken. Darum ist auch die mythologische Kindvorstellung audrücklich keine Kopie des empirischen ‹Kindes›, sondern ein als solches klar erkennbares Symbol: es handelt sich um ein göttliches, wunderbares, eben gerade nicht menschliches Kind, gezeugt, geboren und aufgezogen unter ganz außergewöhnlichen Umständen. Seine Taten sind ebenso wunderbar oder monströs wie seine Natur oder seine körperliche Beschaffenheit. Einzig und allein vermöge dieser nicht empirischen Eigenschaft besteht überhaupt die Notwendigkeit, von einem ‹Kindmotiv› zu sprechen. Überdies ist das mythologische ‹Kind› auch variiert als Gott, Riese, Däumling, Tier usw., was auf eine nichts weniger als rationale oder konkret menschliche Kausalität hinweist. Das gleiche gilt von den Archetypen des ‹Vaters› und der ‹Mutter›, welche mythologisch ebenfalls irrationale Symbole sind.»[50]

Die konfliktlösende und heilende Wirkung des Symbols des Kindes beruht nun darauf, daß es nicht nur eine Erinnerung an das Jesuskind bleibt, sondern als ergreifende Gestalt im Inneren erscheint. Dem eingeengten Bewußtsein fließt psychische Energie und Lebensmut vom Selbst zu. Im Individuationsprozeß kann das «Kind» auch in Korrelation zu anderen Symbolen der Ganzheit stehen, die eine Synthese in den Gegensätzen des Lebens bilden.

Für C. G. Jung ist das «Kind» ein grundlegendes Symbol der Wandlung und der Ganzwerdung: «Es ist daher ein die Gegensätze vereinigendes Symbol, ein Mediator, ein Heilbringer, das heißt Ganzmacher. Um dieser Bedeutung willen ist das Kindmotiv auch der oben erwähnten mannigfachen Formwandlungen fähig: es wird ausgedrückt zum Beispiel durch das Runde, den Kreis oder die Kugel, oder durch die Quaternität als eine andere Form der Ganzheit. Ich habe diese bewußtheitstranszendente Ganzheit als das Selbst bezeichnet.»[51]

Wir fassen als Ergebnis kurz zusammen:
- Das «Kind» ist in den Träumen ein archetypisches Symbol für die Gestaltwerdung des Selbst.
- Auf dem Wege der Individuation* zeigt es die Wandlung in der Krise.
- Wenn der Träumer sein verlassenes oder ärmliches Kind aufhebt und annimmt, so wird damit ein heilender Prozeß eingeleitet.
- Für die religiöse Ganzheitserfahrung kann dieser Archetypus wie die Inkarnation Gottes in Christus zu einer Verleiblichung des Göttlichen im Menschen werden.

«Wir haben seinen Stern gesehen»

Die Symbolik des Sterns

Die vertraute Geschichte von den «Weisen aus dem Morgenland» gehört noch immer zu jenen «schönen» Geschichten, die um die Weihnachtszeit die Gemüter der Kinder erfreuen und diejenigen Erwachsenen ansprechen, die sich mit Verstand darum mühen, wieder zu werden «wie Kinder». Dieses Sinnbild erinnert daran, daß wir in jener Zeit dem Ursprung und der Welt der Urbilder nahe sind. Aus dieser Tiefenschicht scheint auch unsere Geschichte gestaltet zu sein. Wie ein Maler aus einer inneren Schauung ein Bild malt oder die Psyche eine Traumgeschichte entwickelt, so hat Matthäus eine an Symbolik reiche Geschichte gestaltet. Ihr wohnt eine Struktur inne, die sich ähnlich in Träumen heutiger Menschen wiederholen kann. Unter dem Gesichtspunkt der Traumpsychologie und der Symbolerfahrung wollen wir nun den Aufbruch der Sternkundigen aus Matthäus 2,1–12 (Zürcher Bibel) betrachten.

1 Als aber Jesus in den Tagen des Königs Herodes zu Bethlehem in Judäa geboren war, siehe, da kamen Weise1 aus dem Morgenland nach Jerusalem, 2 die sagten: Wo ist der neugeborne König der Juden? Wir haben nämlich seinen Stern im Morgenland gesehen und sind gekommen, ihm zu huldigen. 3 Als jedoch der König Herodes das hörte, erschrak er und ganz Jerusalem mit ihm. 4 Und er ließ alle Hohenpriester und Schriftgelehrten des Volkes zusammenrufen und erfragte von ihnen, wo der Christus geboren werden sollte. 5 Die aber sagten ihm: Zu Bethlehem in Judäa; denn so steht es durch den Propheten geschrieben:
6 «Und du, Bethlehem» im Lande Judas, bist keineswegs «die kleinste unter den Fürstenstädten Judas; denn aus dir wird ein Herrscher hervorgehen, der mein Volk Israel weiden wird.»
7 Da berief Herodes heimlich die Weisen und erkundigte sich bei ihnen genau nach der Zeit, wann der Stern erschienen sei, 8 und sandte sie nach Bethlehem und sagte: Ziehet hin und forschet genau nach dem Kindlein! Wenn ihr es aber gefunden habt, so meldet es mir, damit auch ich komme und ihm huldige. 9 Und nachdem sie den König angehört hatten, zogen sie hin. Und siehe, der Stern, den sie im Morgenland gesehen hatten, ging vor ihnen her, bis er über dem Orte stillstand, wo das Kindlein war. 10 Als sie aber den Stern sahen, wurden sie sehr hoch erfreut 11 und gingen in das Haus hinein und sahen das Kindlein mit Maria, seiner Mutter. Und sie warfen sich nieder, huldigten ihm, taten ihre Schätze auf und brachten ihm Gaben dar, Gold und Weihrauch und Myrrhe. 12 Und da sie im Traum die Weisung empfingen, nicht zu Herodes zurückzukehren, zogen sie auf einem andern Weg in ihr Land zurück.

E. Lohmeyer gibt in seinem Kommentar «Das Evangelium des Matthäus»[52] folgende Gliederung der Erzählung in sechs Szenen:

1. Die Magier in Jerusalem (Vers 1.2)
2. Herodes und die Schriftgelehrten (V. 3–6)
3. Herodes und die Magier (V. 7.8)

4. Die Magier auf dem Wege (V. 9.10)
5. Die Magier vor dem Kinde (V. 11)
6. Die Magier auf dem Heimweg (V. 12).

Mit der Aufgliederung im Schriftbild wollten wir auf die Beziehungen und Entsprechungen der einzelnen Szenen aufmerksam machen, die Lohmeyer wie folgt beschreibt: «Die erste Szene entspricht der vierten: Beide Male Ankunft, die erste eine Frage, die zweite Antwort; ebenso die zweite der fünften: Dort Herodes und die Schriftgelehrten, den Gesalbten umfragend, hier die Magier, dem Kinde huldigend; endlich auch gehören die dritte und sechste zusammen: Dort bescheidet Herodes die Magier, hier ein Engel. So ist die formale Einheit der Erzählung gesichert; sie ist reich bewegt von vielerlei sich verschlingenden Motiven.»[53]

Aus diesen eindrucksvollen Entsprechungen ergibt sich die Frage, ob Matthäus seiner Erzählung ein besonderes Symbolkonzept zugrunde gelegt hat. Wir sind der Überzeugung, daß hier die Symbolik der Schöpfungsgeschichte im Hintergrund steht. Wie in unserer Geschichte die Entsprechungen zwischen den Szenen festgestellt wurden, so steht das erste Schöpfungswerk in Korrelation zu dem vierten «Tag», das zweite Werk zum fünften «Tag» und das dritte zum sechsten «Tag». Aus dieser Anordnung ergibt sich das Symbol des Leuchters mit den sieben Armen.

In den juden-christlichen Kreisen des Matthäus und bei den Gläubigen in Galiläa war diese Symbolik lebendig. In die ursprüngliche und altvertraute Symbolik wurden nun neue Inhalte gefüllt. Für den festgestellten Zusammenhang spricht das häufige Vorkommen des Wortes «Genesis» im griechischen Urtext von Kapitel eins und zwei des Matthäus (1,1 ff.; 1,18; 2,1). In den verschiedenen deutschen Übersetzungen findet der Leser dafür die Worte «Ursprung» oder «Geburt» Jesu Christi. Mit den weiteren Verben des Wortfeldes «Genesis» beschreibt Matthäus den Anfang der neuen Geschichte Gottes mit der Menschheit. In visionärer Schau wird aus der Symbolik des Alten Testaments eine Konzeption entwickelt, in die der Kosmos und die Psyche mit ihren Träumen einbezogen sind.

Die verdoppelte Dreiheit findet sich nicht nur in der Symbolik der Schöpfung, sondern bildet auch die Grundstruktur des jüdischen Davidsterns. Dieses Symbol ist bekanntlich aus zwei ineinandergefügten Dreiecken gestaltet, die einen sechsstrahligen Stern ergeben. Das eine Dreieck, dessen Spitze nach oben weist, symbolisiert die göttliche Trinität. Diese Dreiheit wird im

Schlußkapitel des Matthäus-Evangeliums zu einer weltweiten Konzeption ausgestaltet. Christus ist alle Gewalt im Himmel und auf Erden gegeben. Darum sollen alle Völker gelehrt werden und getauft werden im Namen des Vaters und des Sohnes und des Heiligen Geistes (28,18 f.) Das andere Dreieck des sechsstrahligen Davidsterns, das mit der Spitze nach unten weist, symbolisiert weltliche und menschliche Dreiheiten. In der Konzeption des Matthäus dürften es nicht zufällig drei Weise sein, die sich auf den Weg machen. Auch die Geschenke: Gold, Weihrauch und Myrrhe, haben als Dreiheit eine symbolische Bedeutung. Ferner ist im Text mehrmals eine Dreigliedrigkeit zu erkennen, die Matthäus wohl absichtlich symbolisch gestaltet hat (z. B. Vers 8 u. a.).

Schließlich ist für die Konzeption des Matthäus noch die Verbundenheit mit der geschichtlichen Überlieferung des Alten Testaments von grundlegender Bedeutung. Mit den sogenannten Reflexionszitaten werden in zum Teil freier Form alttestamentliche Ankündigungen genannt, die mit der Geburt Jesu in Erfüllung gehen. Matthäus will damit sagen, daß in den alten Symbolen bereits das Kommende enthalten ist. Wir werden im nächsten Kapitel auf die Weissagung des Sehers Bileam eingehen, daß ein Stern aus Jakob (= Israel) aufgehen wird. Mit diesem Symbol bringt Matthäus nun die kosmische Sternkonstellation in Beziehung, nach deren Erscheinung sich die Sternkundigen auf den Weg machten. Für sie begann der Weg zu dem neugeborenen König mit dem Auftauchen eines neues Sterns.

Das war für die Sternkundigen des Altertums zunächst nichts Neues. Im Zweistromland, wo der Ursprung des Sternglaubens zu suchen ist, wurden in der ausgegrabenen Bibliothek des Königs Assurbanipal mehrere tausend Keilschrifttafeln gefunden, auf denen die astrologischen Planetenbeobachtungen verzeichnet sind.[54] Dem Orientalisten Paul Schnabel gelang es im Jahre 1925, eine babylonische Keilschrift aus der «Sternwarte» Sippar am Euphrat zu entziffern. Sie verzeichnet die Konjunktion der Planeten Jupiter und Saturn im Sternbild der Fische. Diese Sternkonstellation bedeutete nach damaligem Sternglauben den

Anbruch eines neuen Zeitalters. Der Jupiter galt im Altertum als Königsstern. Der Saturn wurde dem Lande Syrien und Israel zugeschrieben. Diese Zuschreibungen lassen erkennen, daß die Sternkundigen sich konsequenterweise nach Jerusalem aufmachten und den neugeborenen König der Juden dort suchten. Für astronomisch genauer Interessierte bietet folgender Exkurs von G. Kroll eine Zusammenfassung der aus den Keilschriften-texten erhobenen Sternkonstellationen:

Mit Hilfe astronomischer Nachrechnungen und durch Vergleiche mit den spätbabylonischen Ephemeriden-Tafeln der vorausgegangenen Jahre 11/10 v. Chr. und 9/8 v. Chr., die ebenfalls in Sippar aufgefunden wurden, sind wir in der Lage, die Vorgänge am Himmel im einzelnen zu beschreiben. Schon Ende des Jahres 8 v. Chr. waren Jupiter und Saturn nach Sonnenuntergang am Westhimmel sichtbar, etwa 16° voneinander stehend, Jupiter noch im Wassermann, Saturn bereits in den Fischen. Im Februar 7 v. Chr. verschwanden dann beide in den Strahlen der Sonne und blieben für mehrere Wochen unsichtbar. Das erste Erscheinen des Jupiters im Frühaufgang wurde von den babylonischen Weisen als bedeutsames Ereignis zum 13. Adaru ihres Jahres 304 der Seleukidenära (16. März 7 v. Chr.) erwartet. Für den 3. Nisannu, den ersten Monat des neuen Jahres 305 (4. April 7 v. Chr.), war der Frühaufgang des Saturns vorausberechnet. Jupiter stand 8° westlich vom Saturn. In den Nächten der folgenden Wochen werden sich die Astronomen oftmals vor Sonnenaufgang vom Schlaf erhoben haben, um zu beobachten, wie der Jupiter immer näher an den Saturn heranrückte und diesen schließlich am Ende des Monats Aiaru (29. Mai 7 v. Chr.) erreichte. Das war die erste Konjunktion von Jupiter und Saturn im 21. Grad der Fische mit nur 1° Unterschied in der Breite bei derselben Länge. Anfang Juni entfernten sie sich etwas voneinander, da der schnellere Jupiter den Saturn überholte. In der zweiten Julihälfte standen beide Planeten zum ersten Male still und wurden dann rückläufig, so wie es die Keilschrifttafel mit exakten Daten angibt. Am 15. September ging Jupiter akronychisch auf und trat am folgenden Tag in Opposition zur Sonne.

Das gleiche tat auch sein nur um 1° in der Länge entfernter Begleiter. Wenn die Sonne im Westen verschwand, gingen die Planeten im Osten auf, und wenn sie wieder im Westen versanken, erschien im Osten das Tagesgestirn. Um Mitternacht sah man die beiden helleuchtenden Planeten nebeneinander genau in der Mitte des Himmels im Zeichen der Fische in der Nähe des Frühlingspunktes. Inzwischen näherte sich Jupiter noch mehr dem Saturn und erreichte diesen am 3. Oktober im 18. Grad der Fische (Länge des Jupiters und Saturns: 347,22°; Breite des Jupiters: −1,75°; Breite des Saturns: −2,72°). Beide Planeten waren vom Abend bis zum Morgen sichtbar, und um Mitternacht strahlten beide hoch im Meridian. Der schnellere Jupiter eilte weiter nach

Westen über Saturn hinaus, und Anfang November lag dieser bereits mehr als eine Vollmondbreite hinter ihm zurück. Aber seine Bewegung verzögerte sich immer mehr, das gleiche galt auch für Saturn. In zwei aufeinanderfolgenden Nächten, nämlich am 20. und 21. Arah'-samna (12./13. und 13./14. November 7 v. Chr.), standen beide Planeten zum zweiten Male still und kehrten um. Beide Planeten zogen nahe hintereinander, Saturn voraus, wieder gegen Osten. Der schnellere Jupiter erreichte Saturn am 5. Dezember zum dritten Male im 16. Grad der Fische (Länge von Jupiter und Saturn: 345,45°; Breite des Jupiters: −1,46°; Breite des Saturns: −2,51°), von Abend bis Mitternacht sichtbar, und entfernte sich dann endgültig von ihm. Das Doppelgestirn löste sich auf. Anfang März des Jahres 6 v. Chr. verschwanden beide Planeten in den Strahlen der Sonne. Das sind die astronomischen Tatsachen der Planetenkonstellation von Jupiter und Saturn im Jahre 7 v. Chr. Zu Beginn des Jahres ging das Planetenpaar heliakisch auf, am Ende des Jahres heliakisch unter. Das ganze Jahr hindurch blieben Jupiter und Saturn sichtbar, ohne sich auch nur um 3° voneinander zu entfernen. Sie zogen am Himmel vereint hin und her, wobei sie sich dreimal begegneten bei einer Breitendifferenz von nur einem Grad (das sind etwa zwei Vollmonddurchmesser). Erst acht Jahrhunderte später sollte sich dieses gleiche Schauspiel im Sternbild der Fische wiederholen.[55]

Der Aufbruch der Sternkundigen nach Jerusalem

Die Sternkundigen brechen aufgrund einer besonderen Sternkonstellation nach Jerusalem auf.

Matthäus bezieht nun diese Stern-Konstellation auf seine weltweite Konzeption. Die außergewöhnliche Erscheinung am Himmel wird mit der Geburt Jesu verbunden. Was die Sternkundigen am Himmel gesehen hatten, war seit der Landnahme für das alte Israel ein visionäres Bild. Bei dem Einzug in das gelobte Land hatte der Moabiterkönig Balak den Seher Bileam rufen lassen, um Israel zu verfluchen. Gott jedoch erscheint dem Bileam *im Traum* und gebietet: «Du darfst nicht mit ihnen gehen; du darfst das Volk nicht verfluchen, denn es ist gesegnet» (4 Mose 22,12). Nach der Ankunft einer weiteren Gesandtschaft willigt der Seher in das Begehren des Königs unter der Bedingung ein: «Nur die Worte, die der Herr mir in den Mund legt, die werde ich kundtun» (22,38). Nach den entsprechenden Vorbereitungen für die Gottesoffenbarung durch die Errichtung von Altären und die Darbringung der Opfer schaut Bileam die Offenbarungen des Allmächtigen. Im vierten Spruch kommt

dann das Symbolwort vom «Stern» vor: «Es geht ein Stern aus
Jakob auf, und ein Herrscherstab ersteht aus Israel» (24,17). Aus
der Seelentiefe des heidnischen Sehers steigt ein Symbol auf, das
Israel bereits von den Erzvätern her als Verheißung gegeben
war. Abraham wird beim Anblick des gestirnten Himmels gesagt: «Blicke zum Himmel empor und zähle die Sterne, wenn
du sie zählen kannst!... So (unzählbar) soll deine Nachkommenschaft sein!» (1 Mose 15,5). In den Dankpsalmen bezieht Israel neben der Sonne und dem Mond auch die Sterne mit ein in
den Lobpreis des Schöpfers. Wir erinnern ferner an den Traum
Josephs, in dessen Bildsymbolik sich Sonne, Mond und elf Sterne
vor Joseph verneigen. Diese wenigen Hinweise, die jeder Leser
mittels einer Konkordanz ergänzen könnte, mögen beispielhaft
zeigen, daß die Symbolik des Sterns in Israel bekannt war. In
dem sogenannten Davidstern wird das archetypische Symbol
zum Staatssymbol erhoben.
Die Sternkundigen erkennen in dieser Stern-Konstellation die
Geburt eines Königs. Aus ihrer Symbolkenntnis ist ihnen bekannt, daß der Saturn der Stern Jakobs (= Israels) ist. Was sie
am Himmel gesehen haben, wollen sie nun auf Erden finden. So
führt sie ihr ca. 1200 km langer Weg zum König Herodes nach
Jerusalem. Nachdem die Weisen aus der Sternkonstellation die
Zeit ersehen hatten, suchten sie jetzt den Geburtsort des Königs.
Verständlicherweise fragten sie am Königshof in Jerusalem:
«Wo ist der neugeborene König der Juden? Wir haben nämlich
seinen Stern im Aufgehen gesehen und sind hergekommen, um
ihm unsere Huldigung darzubringen.»
In dieser dreigliedrigen Aussage erkennen wir sogleich die Konzeption des Matthäus wieder. Vorangestellt ist die Frage nach
dem Geburtsort des Königs. Informativ wird das Erscheinen des
Königssterns mitgeteilt. Als Zweck und Ziel des langen Weges
wird die Huldigung angegeben. Nachdem der Leser bis hierher
einen ruhigen und sachlichen Handlungsverlauf kennenlernte,
bricht durch die Frage nach dem König der Juden Bestürzung
und Erschrecken auf. Herodes erschrak sehr und mit ihm das
ganze Jerusalem.

Die Frage nach dem neuen König löst bei Herodes eine große Betriebsamkeit aus. Diese wird von Matthäus wiederum in einer dreigliedrigen Aussage beschrieben:

– Herodes befragt die Hohenpriester und Schriftgelehrten, wo der Gesalbte geboren wird.
– Herodes beruft die Sternkundigen heimlich und erkundet mit Akribie den Zeitpunkt der Erscheinung des Sterns.
– Herodes sendet scheinheilig die Weisen in geheimer Mission nach Bethlehem.

Die Versammlung aller Hohenpriester und Schriftgelehrten möchten wir vergleichen mit der heutigen Einberufung einer Kommission von Wissenschaftlern oder einer Ratsversammlung von Weisen. Aus der Kenntnis der Geschichte und der Überlieferung ist der Ort des Ereignisses sehr bald festgestellt. Auf die Frage des Herodes: «Wo wird der Gesalbte (Messias) geboren?» antworteten sie: «Zu Bethlehem in Judäa; denn so steht bei dem Propheten (Micha 5,1) geschrieben: Du, Bethlehem im Lande Juda, du bist durchaus nicht die unbedeutendste unter den Fürstenstädten Judas; denn aus dir wird ein Führer (oder Fürst) hervorgehen, der mein Volk Israel weiden wird.»

Die Sternkundigen wären vermutlich ohne die Geschichtskenntnis der Schriftgelehrten nicht an den Ort des Ereignisses gekommen. Die am Himmel sichtbaren Zeichen vermochten zwar den Zeitpunkt für die Geburt des neuen Königs anzudeuten und die Richtung für das Neue zu zeigen, doch dann beginnt das Fragen nach dem konkreten Ort der Erscheinung. Matthäus verbindet nun in seiner Konzeption die Symbole, die am Himmel gesehen werden, mit der etablierten Schriftforschung und dem tradierten Geschichtswissen. Letzteres trägt dazu bei, daß die Visionäre ihr Ziel erreichen. Zwischen den Symbolen und Träumen einerseits und der Überlieferung und den Heiligen Schriften andererseits wird keine fragwürdige Gegensätzlichkeit gesehen, sondern eine Ergänzung beschrieben. Wir sind der Überzeugung, daß diese offene Konzeption des Matthäus für den heutigen Dialog zwischen traditionsreicher

Theologie und der im Aufbruch befindlichen Tiefenpsychologie von besonderer Aktualität ist.

Wir haben noch die Frage zu bedenken, warum Herodes und das Establishment von Jerusalem durch die Frage der Sternkundigen derart in Aufregung geraten? Die Frage nach einem «neuen König» stellt zwangsläufig den sogenannten «alten König» in Frage. Wir verwenden die Bezeichnungen als Sinnbilder für das Problem, wie das keimende Neue das Veraltete verdrängt. Dieser Prozeß auf Leben und Tod verläuft in der Regel sehr bewegt und aggressiv. Aus der analytischen Arbeit mit einzelnen und auch aus der Geistesgeschichte ist bekannt, daß neue Symbole das herrschende Alte in Aufruhr versetzen.

Matthäus und sein Leserkreis der Frommen in Galiläa sind bei dem Erzählen der Herodes-Episode sicher an die Zeit des Auszuges in Ägypten erinnert worden. Das zweite Buch Mose, genannt Exodus, beschreibt die Dramatik, wie sich das erwählte Volk als neue Einheit herauslöst aus dem herrschenden System. Besonders die Geburt des Mose und seine wunderbare Rettung dürften das Rettungs-Motiv in der Geburtsgeschichte Jesu mitgeprägt haben. Da den meisten Lesern die biblische Überlieferung zum Nachlesen im Buche Exodus im allgemeinen zugänglich ist, möchte ich auf Einzelheiten nicht näher eingehen, sondern zusammenfassend den Bericht des Josephus folgen lassen:

Einer von ihren Schriftkundigen (denn diese waren in der Vorhersagung der Zukunft bewandert) weissagte dem König, es werde um jene Zeit aus hebräischem Blute ein Knabe geboren werden, der, wenn er erwachsen sei, die Herrschaft der Ägypter vernichten, die Israeliten hingegen mächtig machen werde. An Tugend werde er besonders hervorragen, und sein Andenken werde ein ruhmvolles sein. Durch diesen Spruch wurde der König erschreckt, und er befahl, alle israelitischen Knaben gleich nach der Geburt in den Fluß zu werfen und zu töten. Die ägyptischen Geburtshelferinnen sollten genau erforschen, wann die hebräischen Weiber niederkommen würden, und die Geburt sorgsam überwachen. Und nur ägyptische Geburtshelferinnen sollten bei Hebräerinnen Dienste tun, weil nur von diesen eine strenge Befolgung des Gebotes zu erwarten war. Diejenigen aber, die dieses Gebot überträten und ihre neugeborenen Kinder zu verbergen wagten, sollten mit ihrer ganzen Familie den Tod erleiden. Den Hebräern erschien das Gebot grausam, nicht nur, weil sie ihre Kinder verlieren und noch selbst Henkersdienste an ihnen verrichten sollten, sondern auch, weil sie daran dachten, daß nach der Tötung ihrer Kinder auch sie selbst nicht lange mehr leben würden, da sie von Unglück und Trübsal würden niedergebeugt werden, und daß so ihr Geschlecht von Grund auf vernichtet werden würde. Sie waren also in einer trostlosen Lage. Aber gegen Gottes Ratschluß kann man nicht ankämpfen, wenn man auch tausend Listen dagegen ersinnt. Denn der Knabe, vor dem jener Schriftkundige gewarnt hatte, wurde den Nachstellungen des Königs zum Trotz heimlich erzogen, und alles, was er von ihm vorhergesagt hatte, bewahrheitete sich[56].

Bevor wir die Sternkundigen auf ihrem weiteren Weg begleiten, fassen wir unsere Sicht der Dinge folgendermaßen zusammen:
– Die Entstehung des Neuen wird an Erscheinungen im Kosmos, in der Natur oder in der Psyche sichtbar. Das Wahrnehmen und Sehen der neuen Symbole läßt die Kundigen aufbrechen und Anfragen stellen.
– Die etablierten Institutionen in Wissenschaft und Gesellschaft verhelfen durch die Kenntnis der Geschichte und ihrer Überlieferung zum Auffinden des Geburtsortes des Neuen.
– Die Symbolerfahrung bedarf der Information aus dem überlieferten Geschichtswissen, um ein konkretes Ziel zu erreichen. Traumvisionen ohne Sitz im Leben versanden.

Der Weg zum neugeborenen König
Nach der Information in Jerusalem wird der weitere Weg der Sternkundigen von dem vertrauten Stern am Himmel bestimmt. Die Seher des Neuen machen sich mit dem Wissen der Alten auf den Weg. Sie begegnen dabei der Gefahr, das geschaute Geheimnis den Scheinheiligen zu verraten. Obgleich Herodes nun den Geburtsort des neugeborenen Königs weiß, greift er nicht sogleich radikal ein. Die Auseinandersetzungen zwischen dem «alten König» und dem neugeborenen König läßt sich Zeit. In solchen Zwischenzeiten können sich in der Psyche wegweisende Träume konstellieren, die die Weisen einen anderen Weg führen, als der alte König es will. Doch betrachten wir zunächst die listenreiche und völlig einsichtig lautende Anweisung: «Zieht hin und stellt genaue Nachforschungen nach dem Kind-

121

lein an; und wenn ihr es gefunden habt, so teilt es mir mit, damit auch ich hingehe und ihm meine Huldigung darbringe.»

Uns fällt sofort die wiederholt genannte Dreigliedrigkeit auf, die die ganze Geschichte durchzieht. Bei genauerer Hinsicht erkennen wir in der Dreigliedrigkeit jeweils eine Doppelaussage, so daß sich folgendes Schema ergibt:

1. hinziehen – erforschen, erkunden
2. finden – melden, verkündigen
3. hingehen – um zu huldigen.

Nachdem aus den Schriften erforscht worden war, wo der Gesalbte geboren wurde, soll Bericht erstattet werden.

Was die Weisen aufgrund der Sternkonstellation erkannten und was in den Schriften in Jerusalem gefunden wurde, wird von Herodes als Weisung weitergegeben. Es wird der oberflächliche Eindruck erweckt, daß jetzt Herodes der eigentlich Handelnde sei. Er scheint sich mit den Zielen der Weisen zu identifizieren und will angeblich auch hingehen und dem Kind die Huldigung erweisen. Für den Leser, der bisher den Handlungsverlauf der Geschichte innerlich mitvollzogen hat, erscheint Herodes zwielichtig. Einerseits engagiert er sich in der Angelegenheit derart, daß er «vermittelnd» wirkt zwischen den Sternkundigen, ihrer Einsicht aus der Sternkonstellation und dem Geschichtswissen der Schriftgelehrten. Er vermittelt den Sehern das Wissen der anderen. Doch die Akribie des Herodes, von den Weisen den genauen Zeitpunkt der Erscheinung des Sterns zu erkunden, läßt geheime Absichten ahnen. Der alte König entläßt die noch ahnungslosen Kundigen mit dem Auftrag, genaue Nachforschungen nach dem Kind anzustellen und danach Bericht zu erstatten.

Dieser zwielichtige Auftrag enthält, wie zahlreiche Forschungsaufträge, eine zweifache Bedeutung. Der Auftrag, Neues zu erkunden und zu erforschen, ist wertneutral und sinnvoll. Doch was nach der Berichterstattung mit dem Gefundenen und dem Wissen gemacht wird, ist oftmals ein Problem. Scheinheilig teilt der Mächtige zwar mit, daß auch er dem Neugeborenen huldigen will. Doch der Leser weiß bereits, daß insgeheim der Kindermord geplant wird. Der «alte König» und veraltete Herrschaftssysteme haben es in der Regel schwer, sich vor dem Neuen zu beugen und den neugeborenen König in die Herrschaftsaufgaben hineinwachsen zu lassen. In der Rivalität zwischen dem alten König und dem Neugeborenen liegt eine Tragik, die sich sowohl in den verschiedenen Herrschaftssystemen als auch in individuellen Schicksalen in der Auseinandersetzung zwischen Eltern und Kindern wiederfindet. Einen Ausweg aus der Rivalität und den tragischen Verstrickungen zeigt das Symbol. Lebendige Symbole zeigen einen Weg. Als die Weisen nach der Unterbrechung in Jerusalem ihren Weg mit den neuerworbenen Informationen über den konkreten Geburtsort des neuen Königs fortsetzten, war wieder das vertraute Symbol ihr Leitstern: «Und siehe, der Stern, den sie im Morgenland gesehen hatten, ging vor ihnen her, bis er über dem Orte stillstand, wo das Kindlein war. Als sie aber den Stern sahen, wurden sie sehr hoch erfreut.»

Nach dem langen Weg von ca. 1200 km Länge sind die Sternkundigen endlich am Ziel. Was sie am Himmel sahen, sehen sie jetzt auf der Erde. Nachdem das Schauen des Leitsternes sie mit großer Freude erfüllt hatte, betreten sie den Raum des neugeborenen Königs «Und sie sahen das Kindlein mit Maria, seiner Mutter. Und sie warfen sich nieder, huldigten ihm, taten ihre Schätze auf und brachten ihm Gaben dar, Gold und Weihrauch und Myrrhe».

Matthäus verdichtet hier wiederum mehrere Sprachbilder in parallelen Aussagen. Das Sehen des Sterns, das die Weisen mit überschäumender Freude bewegt hatte, wird beim Sehen des Kindes zu einem ruhigen Anblick. Ließ sie bisher das flimmernde Licht des Sterns nie zur Ruhe kommen, so beginnt jetzt eine Szene des beredten Schweigens. Es bleibt dem Leser überlassen, das Geheimnis zu ahnen, das den Weisen vor Augen stand.

In der Symbolerfahrung geht es nicht um viele erklärende Worte oder gar um liturgische Formeln. Das lebendige Symbol ist schweigsam und deutet an. Es führt zur Betrachtung und Meditation. In wortloser Gebärde vollziehen die Weisen ihre Huldigung. Die Begegnung und die Verehrung des neugeborenen Königs vollzieht sich in bestimmter Abfolge, die von dem symbolkundigen Matthäus nicht zufällig gewählt sein dürfte. Was die Schriftgelehrten aus dem Wort der Überlieferung wußten, sahen sie mit eigenen Augen. Hier wurde das Wort und Symbol zum Ereignis.

Der Stern in heutigen Träumen

Der Stern ist nicht nur in der Geschichte des Matthäus ein wegweisendes Symbol, sondern er begegnet uns in zahlreichen Geschichten, Mythen, Märchen und Träumen. Auch in meiner analytischen Praxis begegne ich in den Träumen der Sternsymbolik. Bei der Vielgestaltigkeit dieses Symbolfeldes kann der Stern im Mittelpunkt eines Mandalas* erscheinen. Im Traum kann eine Menschenmenge sternförmig aufmarschieren. Und wiederum in anderen Träumen können Sterne eindrucksvoll am Himmel erstrahlen, wie beispielsweise in dem von C. G. Jung mitgeteilten Traum einer jungen Frau. Aus dem Leben dieser Träumerin wird folgende religiöse Problematik sichtbar. Die junge Frau erinnert sich der Taufzeremonie in einer Sekte, welche abstoßend auf sie gewirkt habe. Sie wurde auf religiösem Gebiet enttäuscht. Der Traum kompensiert und bearbeitet die negative religiöse Erfahrung in folgendem Traum:

«Sie ist in einem Planetarium, einem sehr eindrucksvollen Raum, überdacht vom Himmelsgewölbe. Oben am Himmel strahlen zwei Sterne; der eine ist weiß; es ist Merkur. Der andere aber sendet warme rötliche Lichtwellen aus und ist ihr unbekannt. Sie sieht nun, daß die Wände unterhalb des Gewölbes mit Fresken geschmückt sind. Sie kann aber nur ein Bild deutlich erkennen: Es ist eine antike Darstellung der Baumgeburt des Adonis.»[57]

Die «rötlichen Lichtwellen» werden als warme Gefühle und als Liebe empfunden. Daraus folgert die Träumerin, daß dieser Stern wohl die Venus sei. Das Symbol der Baumgeburt hat die

Träumerin in einem Museum gesehen und dabei erfahren, daß Adonis als sterbender und wiedererstehender Gott ein Symbol der Wiedergeburt und Erneuerung des Menschen sei. Die Patientin fühlte sich nach diesem Traum ganz wesentlich gebessert.

Außer der Erfahrung der Heilung ist C. G. Jung an diesem Beispiel noch die religiöse Erfahrung wichtig. «Das, was eine Neurose heilt, muß so überzeugend sein wie die Neurose; und da die letztere nur allzu real ist, muß die hilfreiche Erfahrung von gleichwertiger Realität sein.»[58] Die Heilung hat für Jung eine religiöse Dimension. Die Heilung ist ein Ausfluß des Heils. In diesen Einflußbereich kommt der Mensch durch die von der Psyche geschaffenen Symbole der Ganzheit. Die religiöse Erfahrung und die Heilung sind aufgrund einer archetypischen Disposition möglich. Diese definiert Jung als «eine strukturelle Eigenschaft oder Bedingung, welche der mit dem Gehirn irgendwie verbundenen Psyche eigentümlich ist»[58].

Abschließend erwähnen wir noch ein Traumbeispiel mit einem achtstrahligen Stern im Mittelpunkt. C. G. Jung teilt diesen Traum in «Psychologie und Alchemie» als 51. Traum einer Serie von Traumsymbolen des Individuationsprozesses mit:

«Es herrscht große Spannung. Viele Leute zirkulieren um ein großes Rechteck in der Mitte und vier kleine Rechtecke, die den Seiten des großen angelagert sind: Die Zirkulation geht um das große Rechteck links- und um die kleinen rechtsläufig. In der Mitte befindet sich der achtstrahlige Stern. In der Mitte der vier kleinen Rechtecke ist jeweils ein Becher mit rotem, gelbem, grünem und farblosem Wasser aufgestellt. Das Wasser rotiert linksläufig. Es entsteht die ängstliche Frage, ob das Wasser wohl reiche.»[59]

Da dieser Traum von Jung auf eine andere Fragestellung hin untersucht wird, wenden wir uns sogleich dem achtstrahligen Stern in der Mitte zu, weil uns diese Symbolik auf die Bilderschrift der schon genannten astrologischen Bibliothek aus dem Zweistromland verweist. Der Astrologe F. Boll weist darauf hin, daß der achtstrahlige Stern in der Astrologie der Babylonier und in der etwas abgewandelten vierteiligen Gestalt der Assyrer ein uraltes Zeichen für «Gott» sei[60].

Der kritische Leser wird fragen, ob das achtstrahlige Sternzeichen für Gott und der Stern, den die Sternkundigen beobachten, und schließlich der Stern im Traum nicht drei völlig verschiedene Dinge seien. Wie lassen sich die Sterne oben und die Sternsymbolik in der Psyche miteinander verbinden? Wir nennen als erstes den außergewöhnlichen Eindruck und die Wirkung, die von den Sternen «außen und innen» ausgeht. Wir erinnern an das warme Gefühl der Liebe aus dem ersten Traum, das eine heilende Wirkung auf die Patientin ausübte. Eine Leser mit wenig Erfahrung in Traumpsychologie wird es sich vermutlich nur schwer vorstellen können, daß Traumsymbole eine derartige Wirkung haben. In unserer heutigen tiefenpsychologischen Begrifflichkeit sprechen wir von der Symbolfunktion der Psyche. Sie erschafft sich im Innen, was das Auge im Außen sieht. Wie für die Sternkundigen die Sterne eine wegweisende Funktion im Außen hatten, so können Sterne in den Träumen eine Symbolfunktion haben, die den Weg zur Mitte und zum Selbst weisen. Wir beschließen dieses Kapitel mit dem alchemistischen Wort[61]:

Himmel oben	–	Himmel unten
Sterne oben	–	Sterne unten
Alles was oben	–	Dies ist auch unten
Erfasse es	–	Und freue dich

Die wegweisende Funktion des Stern-Symbols fassen wir, wie folgt, zusammen:
- Wie die Sternkundigen die Bedeutung des neuentdeckten Sterns erkannten und sich auf den Weg machten zum neugeborenen König, so beachten wir die wegweisende Funktion der Symbole aus der eigenen Seelentiefe. Der gestirnte Himmel kann auch in uns erscheinen.
- Wie die Sternkundigen sich bei den Schriftgelehrten informieren, so erforschen wir die Symbolüberlieferungen, um den «Sitz im Leben» für das einzelne Symbol zu finden.

– Wie die Weisen in wortloser Gebärde dem Neugeborenen huldigen, so haben wir ehrfurchtsvoll das Heilige, das uns unbedingt angeht, zu verehren.

– Wie die Weisen aufgrund eines Traumes einen anderen Weg zurück in ihr Land geführt wurden, so führen Symbole und Träume nicht zur Weltflucht oder einseitigen Verinnerlichung, sondern wollen an einem konkreten Platz im Leben realisiert werden.

4. DIE TRAUMGESICHTE
VON KORNELIUS UND PETRUS

Die Ausgangslage der Traumgesichte

Wir betrachten jetzt eine Geschichte aus der Apostelgeschichte
(Kap. 10), die in der traditionellen Auslegung als Bekehrungs-
geschichte des heidnischen Hauptmanns Kornelius angesehen
wird. Diese kennzeichnet einen Wendepunkt in der frühen
Missionsgeschichte der Urgemeinde. Unser spezielles sym-
bolpsychologisches Interesse richtet sich wiederum auf die Psychoimaginationen* in den Tagtraumgesichten des Kornelius
und Petrus. Mit unserer Deutung möchten wir die hinlänglich
bekannte theologische Auslegung der Geschichte ergänzen.

Wir betrachten zunächst die Ausgangslage mit dem jeweiligen
Erfahrungshorizont bei Kornelius und Petrus. In diesen beiden
Gestalten stellt sich die Gegensatzproblematik dar von «Heide»
und «Christ», von «rein» und «unrein». Die Symbolfunktion
der Geschichte besteht darin, die tiefgreifenden Gegensätze zu
versöhnen.

In zahlreichen theologischen Auslegungen unserer Erzählung
wird auf die Einzigartigkeit ihrer literarischen Form hingewiesen. Offensichtlich ist der Verfasser unserer Geschichte ein
«Dichter» gewesen, der in einer sprachlich verdichteten Form
eine tiefgründige Erfahrung beschreibt. Damit ist angedeutet,
daß wir die vorliegende Geschichte nicht als ein Protokoll über
eine historische Begebenheit ansehen. Die Tiefendimension unserer Geschichte entschlüsselt sich, wenn wir sie durch unsere
symbol-psychologische Brille betrachten.

Von dem römischen Hauptmann Kornelius wird summarisch
gesagt, daß er mit seinem ganzen Hause fromm und gottesfürchtig war, dem Volk viel Gutes tat und regelmäßig zu Gott

betete. Die Eigenschaftswörter «fromm» und «gottesfürchtig» zeigen uns einen Menschen, der in einer ganzheitlichen Beziehung zu dem, was ihm wert und heilig ist, lebt. Die Glaubwürdigkeit seiner Weltanschauung wird durch seine guten Werke gezeigt. Die Diener des Kornelius betonen später im Hause des Petrus, vom ganzen jüdischen Volke könne bezeugt werden, daß er ein gerechter und gottesfürchtiger Mann sei (Vers 22). Dieser Mann mit den genannten Wesenseigenschaften erlebt nun in einem Traumgesicht die Begegnung mit der Transzendenz*, bei dem sogenannten Heiden tritt ein Engel des Herrn ein. Kornelius blickt wie gebannt zu ihm auf. Er stellt aus Furcht eine Frage an den himmlischen Boten. Diese wenigen Mitteilungen der Überlieferung lassen in ihrer Symbolik erkennen, daß Kornelius im Umgang mit Göttlichem Erfahrung hatte. Der ehrfurchtsvolle Anblick des Heiligen und die von Furcht erfüllte Frage sind zwei grundlegende Kommunikationsformen im Umgang mit dem Heiligen.

Die Botschaft des himmlischen Boten knüpft bei den religiösen Erfahrungen* des Kornelius an. «Deine Gebete und deine Liebeswerke sind als Opfergaben vor Gottes Angesicht gekommen» (10,4). Darin hat sich Kornelius vor Gott «dargebracht». Diese Darbringung steht in Korrelation* zu Gottes Gedenken. Das Gedenken Gottes an sein Volk oder an einen einzelnen ist in der Frömmigkeitsgeschichte Israels tief verankert. Unser Text bringt bereits in der Initialphase zum Ausdruck, daß auch ein außenstehender Heide in dieses Gedenken einbezogen ist. Symbolisch betrachtet beinhaltet dieses Gedenken bereits die Botschaft, die Petrus später in seiner Predigt darlegt.

Die Ausgangslage des Petrus läßt zwei Probleme erkennen. Einmal die menschliche Grunderfahrung, daß er zum Zeitpunkt seines Traumgesichtes Hunger hat. Dieser Leibreiz begleitet Petrus in seine ekstatische Erfahrung. Obgleich er hungrig geworden war und essen wollte, hielt er die Gebetszeit um die sechste Stunde. Petrus nagte nicht nur das Hungergefühl im Magen, sondern das seit Jahren aktuelle Problem der Tischgemeinschaft mit den Heiden lag ihm schwer im Magen und bedrückte seine

Seele. Ein Ausdruck dieses Gewissenskonfliktes ist die Auseinandersetzung des Petrus mit den anderen Aposteln und Brüdern in Jerusalem. Diese stritten mit Petrus und warfen ihm vor: «Du bist zu unbeschnittenen Männern hineingegangen und hast mit ihnen gegessen» (11,3). Petrus verteidigte sich und legt die Problematik differenziert dar und stützt sich vor allem auf die überzeugende Wirkung seiner Vision. Die Verteidigungsrede lautet (11,5–10, Luther):

Ich war in der Stadt Joppe im Gebet und war verzückt und sah ein Gesicht, nämlich ein Gefäß herniederfahren, wie ein großes leinenes Tuch mit vier Zipfeln, und niedergelassen vom Himmel, das kam bis zu mir. Darin sah ich und ward gewahr und sah vierfüßige Tiere der Erde und wilde Tiere und Gewürm und Vögel des Himmels. Ich hörte aber eine Stimme, die sprach zu mir: Steh auf, Petrus, schlachte und iß! Ich aber sprach: O nein, Herr; denn es ist nie etwas Gemeines oder Unreines in meinen Mund gegangen. Aber die Stimme antwortete mir zum andernmal vom Himmel: Was Gott gereinigt hat, das mache du nicht gemein. Das geschah aber dreimal; und alles ward wieder hinauf gen Himmel gezogen.

Die Gegensatzproblematik

Die Gegensatzproblematik wird «in» und «an» den Personen von Kornelius und Petrus dargestellt. Petrus ist ein maßgeblicher Apostel der jesuanischen Religion. Aus dem weiteren Kontext der Überlieferung erfahren wir von seinem Konflikt, ob er mit andersgläubigen Tischgemeinschaft haben könne. Der Streit wurde auf dem ersten Konzil in Jerusalem behandelt (Apostelgeschichte 15). Das Urchristentum wurde in seiner Auseinandersetzung mit dem Judentum zu der Erkenntnis geführt, daß eine Gemeinschaft mit Andersgläubigen von Gott akzeptiert wird. Diese Erfahrung wurde mit «Bekehrungsgeschichten» wie beispielsweise vom frommen Hauptmann Kornelius oder dem Kämmerer aus Äthiopien (8,26–40) belegt.
Zur stilistischen Gestaltung dieser Beispielgeschichten gehören unter anderem folgende Elemente: Der Betreffende ist fromm und gottesfürchtig und beweist dies mit seiner Liebestätigkeit.

Bei dem Kämmerer ist das Bibellesen ein hervorragendes Merkmal seines Weges zu religiöser Erfahrung. Bei den genannten Personen handelt es sich nicht um einfache Menschen aus dem Volk, sondern um höherstehende und einflußreiche Persönlichkeiten. Offenbar sah man auch gerne Gebildete unter den Mitgliedern der eigenen Religion.

In der nahezu zweitausendjährigen Geschichte des Christentums gibt es zahlreiche Beispielgeschichten von Gebildeten und Wissenschaftlern, die ihren entscheidenen Anstoß zur Gotteserfahrung weniger der Verkündigung eines überzeugenden Predigers verdanken als vielmehr dem Wirken des lebendigen Gottes in der eigenen Psyche. Kornelius wurde durch Petrus nicht bekehrt, sondern nur belehrt. Mit dieser Annahme zeigen wir einen mutmaßlichen Konflikt in der Überlieferung unserer Geschichte auf. Einige Vertreter der historisch-kritischen Forschung nehmen bei ihrem Bemühen, den ursprünglichen Kern der Geschichte herauszuarbeiten, an, daß nicht Petrus die zentrale Gestalt ist, sondern der gottesfürchtige Hauptmann. Dieser Sicht schließen wir uns in der symbolischen Deutung* an. Kornelius widerfährt im Traumgesicht der entscheidende Impuls, der den Fortgang der Handlung bestimmt. Weder der fromme Mann noch der Fels der Kirche sind die eigentlich Handelnden. Sie werden in der symbolischen Darstellung als Gefäße behandelt, in denen sich Gott zeigt und ein versöhnendes Wort verlauten läßt.

Für jeden Traum sind zahlreiche Beziehungen und Korrelationen aufzufinden, welche die Gegensätze bearbeiten oder überbrücken helfen. Wir haben bereits ausgeführt, daß die geschichtliche Wende zur Gemeinschaft mit Andersgläubigen durch überzeugende psychische Erfahrungen vorbereitet wurde. Bevor Petrus sich zum Predigen auf den Weg macht, hat sich der lebendige Gott in der Stimme und den Symbolen des Traumes kundgetan. Die Verkündigung kommt dann an, wenn dazu die Bereitschaftssysteme des Unbewußten in einer Wechselbeziehung stehen.

Der Traum zeigt einen Weg zur Versöhnung der Gegensätze.

Die aus der eigenen Psyche aufsteigenden Bilder und Symbole haben eine überzeugende Wirkung. Die individuelle Wandlung durch einen Traum steht in Korrelation zu einem kollektiven Bewußtwerdungsprozeß. Das psychische System* ist nicht im Individuum abgekapselt, sondern verarbeitet die geistigen Strömungen und Probleme der jeweiligen Epoche. So wie jeder Mensch in seinem bewußten Leben in vielschichtigen Beziehungen zu seiner Familie, zu seiner Berufswelt und anderen Gruppierungen steht, so bestehen Wechselbeziehungen zwischen unserem geistig-seelischen Wesen und der geistigen Situation der Zeit. Wir erwähnen diese Korrelationen zwischen den verschiedenen Systemen zu dem Zweck, das Traumgesicht des Kornelius und des Petrus in ein Bezugssystem einzufügen. Der Kontext und die Zeitgeschichte liefern uns zahlreiche Anhaltspunkte, um die damaligen Konflikte, die durch die Tischgemeinschaft der Christen mit Andersgläubigen entstanden, zu verstehen.

Der Verfasser der Apostelgeschichte, der die ursprünglich wohl disparaten Geschichten von Kornelius und Petrus in den jetzigen Zusammenhang einfügte, scheint dem Traum eine ähnliche Überzeugungskraft beizumessen wie wir. Wenn die Stimme im Traum eine überzeugende Wahrheit ausspricht, kann die bewußte Einstellung dieser inneren Überzeugung nicht mehr widersprechen. Der Traum arbeitet mit an der Überwindung von Gegensätzen.

Die Symbolfunktion

Kornelius und Petrus erfahren sich als «Gefäße» der Wandlung. Aus der Tiefe ihrer Person steigen höhere Wahrheiten auf. In ihren Traumgesichten dämmert die überzeugende Einsicht. In den zunächst merkwürdig erscheinenden Bildern und Symbolen ihrer Träume bildet sich das lösende Wort.

In den folgenden Ausführungen betrachten wir zunächst die Symbolgestalt und danach den Symbolgehalt. Die Stimme des Symbols spricht eine überzeugende Einsicht aus.

Petrus begreift die ihn angehende Wahrheit in dem Symbol des Gefäßes, das aussah wie ein großes Leintuch, das an den vier Zipfeln auf die Erde herabgelassen wurde. Der aufmerksame Leser wird bei der Beschreibung des Gefäßes gemerkt haben, daß das Tuch als Analogie herangezogen wird, um die offenbar schwer zu beschreibende Symbolgestalt zu benennen. Die Überlieferung ringt hier nach Bildern und Worten, um die archetypische* Bildgestalt zu erfassen. In großen Träumen und Visionen gibt es oft einmalige Bildgestalten, die der Autor nur annähernd wiedergeben kann.

Die Einmaligkeit unseres Materials wird durch das einmalige Vorkommen des Wortes Tuch (griech. othonä) unterstrichen. Da das Wort im außerbiblischen Schrifttum in der Bedeutung als Schiffssegel vorkommt (Isishymne; Schriftsteller Lucian), könnte unser Motiv auf eine lebensgeschichtliche Erfahrung von Petrus verweisen. Als Fischer dürfte Petrus oft in seinem Fischerkahn das vom Wind geblähte Segel gesehen haben. In der ekstatischen Vision des Petrus taucht dieses Motiv nun in gewandelter Gestalt wieder auf. Wir erklären damit nicht das Motiv ausschließlich als einen aktualisierten Reflex. Unsere Annahme möchte nur einen Zipfel der Herkunft des Bildes andeuten. In der Arbeit mit Träumen läßt sich in der Regel die Wurzel für die Herkunft eines Bildes in beeindruckenden lebensgeschichtlichen Erfahrungen finden. Zu diesen Erfahrungen gehört ferner, daß ein Bild aus der Lebensgeschichte gewandelt und erweitert wird zu einem Symbol.

Zu dem Symbolfeld des Tuches gehören im Leben des Petrus wohl auch bestimmte religiöse Eindrücke. Von Kindheit an dürfte er in der Synagoge seiner Heimatgemeinde die religiösen Geschichten von der Bundeslade und der Stiftshütte gehört haben. Das Allerheiligste wurde durch einen Vorhang verhüllt. Erfahrungsgemäß wird dadurch die Phantasietätigkeit zu Projektionen* angeregt. Auch bei dem Besuch des Tempels in Jerusalem erfuhr der ehemalige Jude Petrus die Verhüllung des Allerheiligsten durch den Vorhang. Trefflich beschreibt G. Schiller die symbolische Funktion des Vorhanges. «Der Vorhang, der im jüdischen Tempel das Allerheiligste verbarg und beim Tode Jesu zerriß, ist ein Symbol für die Verhüllung bzw. für das Offenbarwerden der Weisheit Gottes.»[62] Das im Zitat erwähnte Zerreißen des Vorhanges im Tempel beim Tode Jesu dürfte ebenfalls einen starken Eindruck in der Erinnerung des Petrus hinterlassen haben. Die genannten Beispiele könnten Erinnerungsspuren in Petrus hinterlassen haben, die in der Vision in gewandelter Gestalt wiederkehren.

Da das Tuch von Petrus nur zur näheren Beschreibung des merkwürdigen Gefäßes herangezogen wird, wollen wir der Symbolgestalt des Gefäßes nachgehen. Das in unserer Stelle verwendete Wort «skenos» kommt rund 320mal in der Bibel vor. Es bezeichnet Gefäße, Geräte, Gegenstände und Waffen. Über ein Drittel der Stellen handelt von heiligen Gerätschaften der Stiftshütte, des Tempels und dessen Altar. In anderen Stellen wird der Mensch mit einem Gefäß verglichen. Im Töpfergleichnis des Jeremias (18,1–11) wird des Töpfers Arbeit als Sinnbild des göttlichen Waltens über das Haus Israel verwendet. Wie der Ton in der Hand des Töpfers, so sind wir Menschen Gefäße in Gottes Hand. Im Spätjudentum wird die Symbolik des Gefäßes ebenfalls auf den Menschen übertragen und davon ausgegangen, «daß der Mensch wie ein Hohlgefäß einen Inhalt in sich birgt. Dabei ist er entweder in seiner Ganzheit das Gefäß für einen in ihm wohnenden Teufel oder Gott, oder der Leib des Menschen beherbergt die menschliche Seele. Das erstere ist in jüdischem, das zweite in griechischem Denken, wonach der Leib das Gefängnis der Seele ist, verwurzelt.»[63]

Nach biblischer Anschauung erwählt Gott Menschen, um sie zu «Gefäßen der Barmherzigkeit» (Römer 9,23) und zu Gefäßen seiner Sendung zu machen. Im Kontext der Petrusvision steht die Geschichte von der Bekehrung und Berufung des Paulus zum Heidenapostel. Dem Christen Ananias wird in einem Traumgesicht gezeigt, daß der ehemalige Christenverfolger Paulus zu einem auserwählten Werkzeug (Gefäß) gemacht wurde, der den Namen des Herrn vor Heidenvölker und Könige und vor die Kinder Israels tragen soll (Apostelgeschichte

9,15). Paulus soll das gleiche verwirklichen, was Petrus im Symbol des Gefäßes schaut. Beide Gestalten sind Gefäße für das Erscheinen des Gottesbildes und bringen dasselbe in ihrer Sendung den Menschen nahe.

In der Bildgestalt des «runden» Gefäßes, das wie ein großes Tuch aussah, das an den vier Zipfeln auf die Erde herabgelassen wurde, vereinigen sich das Ganzheitssymbol des Runden mit dem quaternaren Tuch. Diese archetypische Symbolik finden wir als Quadratur des Zirkels auch in der Alchemie. In dem alchemistischen Opus wird die anfängliche Einheit in die vier Elemente aufgelöst und dann wieder zu einer höheren Einheit zusammengesetzt. Der Weg zu dieser Einheit wird durch den Zirkel dargestellt, der die circambulatio abrundet und die vier Elemente, die das Quadrat* abbildet, zur Ganzheit erhebt. C. G. Jungs Forschungen haben von der Alchemie die Brücke geschlagen zu den Traumsymbolen des Individuationsprozesses.* In den Symbolen der Ganzheit öffnet sich uns, wie Petrus, einen Spalt weit der Himmel.

Die Symbolgestalt

Das Gefäß, das aussah wie ein Tuch, beinhaltet zahlreiche tierische Gestalten. Der jetzige Text hebt in seiner literarischen und symbolischen Gestaltung eindrucksvoll hervor, daß Petrus im Verlauf der Vision ganz genau hinsah und hineinschaute. Dieser Einblick eröffnet nicht den Anblick eines furchterregenden oder heiligen Gottesbildes, sondern tierische Gestalten. Der Kontext und die übliche theologische Auslegung verstehen die als «unrein» angesehenen Tiere von den jüdischen Speisegeboten und kultischen Opfervorschriften her. Die Aufforderung zum rituellen Schlachten scheint die genannte Auslegung zu bestätigen. Wir vermuten jedoch noch einen tieferen symbolpsychologischen Hintergrund des Motives.

In biblischen und anderen Traumvisionen kommen Tiergestalten als zentrale Symbole vor. Der Prophet Hesekiel sieht in seiner Berufungsvision (Ezechiel 1) furchterregende Symbole. Die vier lebenden Wesen stellen ein in Erscheinung tretendes symbolisches Gottesbild dar. In der Beschreibung der Symbolgestalt werden besonders die theriomorphen Züge hervorgehoben. Es ist für ein normales religiöses Bewußtsein vermutlich schwer vorstellbar, daß ein Gottesbild auch tierhafte Züge tragen kann. Lassen wir dazu den Propheten sagen, was ihm widerfuhr (1,4–12, Zürcher Bibel):

Ich sah aber, wie ein Sturmwind daherkam von Norden her und eine große Wolke, umgeben von strahlendem Glanz und einem unaufhörlichen Feuer, aus dessen Mitte es blinkte wie Glanzerz. Und mitten darin erschienen Gestalten wie von vier lebenden Wesen; die waren anzusehen wie Menschengestalten. Und ein jedes hatte vier Gesichter und ein jedes vier Flügel. Ihre Beine waren gerade, und ihre Fußsohle war die Fußsohle eines Kalbes, und sie funkelten wie blankes Erz. Unter ihren Flügeln an ihren vier Seiten hatten sie Menschenhände, und die Flügel von allen vieren berührten einander, und ihre Gesichter wandten sich nicht um, wenn sie gingen; ein jedes ging gerade vor sich hin. Ihre Gesichter aber sahen so aus: ein Menschengesicht nach vorn bei allen vieren, ein Löwengesicht auf der rechten Seite bei allen vieren, ein Stiergesicht auf der linken Seite bei allen vieren und ein Adlergesicht bei allen vieren nach innen. Und ihre Flügel waren nach oben hin ausgespannt bei allen vieren; bei einem jeden berührten sich zwei Flügel mit denen der anderen, während zwei ihre Leiber bedeckten. Ein jedes ging gerade vor sich hin; wohin sie der Geist zu gehen trieb, dahin gingen sie, ohne sich im Gehen zu wenden.

Die gleiche Symbolik wiederholt sich in der Traumvision des Johannes (Offenbarung 4,6ff.); deren Text lautet:

Und in der Mitte des Thrones und rings um den Thron sind vier Wesen voller Augen vorn und hinten. Und das erste Wesen ist gleich einem Löwen, und das zweite Wesen gleich einem jungen Stier, und das dritte Wesen hat ein Angesicht wie das eines Menschen, und das vierte Wesen ist gleich einem fliegenden Adler. Und die vier Wesen, von denen jedes einzelne sechs Flügel hat, sind ringsherum und auf der Innenseite voller Augen.

Die Hervorhebung des Augenmotives soll die Einsicht in ein geheimnisvolles Gottesbild darstellen. Zu Beginn der Vision wird gesagt, daß Johannes in seiner Verzückung durch eine geöffnete Tür den himmlischen Thron sah. Wir verweisen hier auf die an anderer Stelle behandelte Symbolik des Auges (s. u. Kapitel «Religiöse Symbole in Träumen»), das nach der sprichwörtlichen Weisheit der Spiegel der Seele ist und im Traum den Bilderfluß der Psyche schaut. Ferner reflektiert das Einsichtsvermögen des Menschen das Selbst-* und/oder Gottesbild. Wie wir an den Beispielen und der Traumvision des Petrus sahen, kann dieses Gottesbild auch in paradoxer Gestalt theriomorphe Züge tragen.

Wir stoßen hier auf ein äußerst schwieriges Problem des Gottesbildes. Außer in den genannten biblischen Traumvisionen findet sich auch in oft beeindruckenden Träumen heutiger Menschen ein Tiersymbol, das den Träumer unbedingt angeht. Diese Erfahrungen stehen im Gegensatz zu einem dogmatisch geläuterten eindeutigen Gottesbild. Doch wo bleibt der «dunkle Gott», von dem die Bibel auch spricht? Mancher ist vielleicht geneigt, im Anschluß an Römer 1 das dunkle Gottesbild als «heidnisch» abzutun. Paulus sagt nämlich über die Gottlosigkeit und den Bilderdienst der Heiden, daß sie die Erhabenheit des unvergänglichen Gottes mit Bild und Gestalt von vergänglichen Menschen und Vögeln und vierfüßigen und kriechenden Tieren vertauschten (Römer 1,23). Im griechischen Urtext steht für «vertauschen» das gleiche Wort, das in dem gewaltigen Kapitel über die Auferstehung mit «verwandeln» übersetzt wird (1 Korinther 15,51). Vom Prozeß einer steten Verwandlung scheint in den empirischen Erfahrungen der Psyche auch das Gottesbild nicht ausgenommen zu sein. Heidnische Gottesbilder haben nicht nur die Gottlosen, sondern gelegentlich werden auch Gläubige davon furchtbar erschreckt (vgl. im Kapitel «Gotteserfahrung in einer Traumserie» den Abschnitt «Die Geburt eines dunklen Gottesbildes»). Von unserer empirischen Betrachtung der Petrus-Vision her läßt sich sagen, daß sich in der Psyche des «Felsens» der Kirche ein Gottesbild mit paradoxen Symbolen zeigt.

Oberflächlich betrachtet ließe sich das von der Stimme angeordnete Schlachten und Essen wohl von dem oralen Bedürfnis des Petrus her interpretieren. Wir erinnern uns daran, daß Petrus mit dem Hungergefühl in die Gebetszeit ging, in der sich die ekstatische Traumvision einstellte. Doch diese konkretistische Auffassung wird der symbolischen Tiefenschicht des Textes kaum gerecht.

Wie symbolträchtig die einzelnen Worte ausgewählt sind, zeigt sich schon im ersten Wort der Stimme. «Steh auf, Petrus» (10,13; 11,7). Das griechische Wort des Urtextes (anhistamai) gehört zu dem Wortfeld, das die Auferstehung bezeugt; Petrus wird durch die Stimme des Traumes nicht nur zum konkreten Aufstehen aus dem Gebet aufgerufen, sondern zu einem weiteren Schritt in die Auferstehung. In der symbolischen Betrachtung ist die Auferstehung kein einmaliger Akt, der nur in der Auferstehung Christi geschah.

Die Stimme im Traum befiehlt: «Schlachte und iß!» Das Wort meint nicht ein Abschlachten von Tieren zum Zwecke des Verspeisens. Das verwendete griechische Wort «thüö» hat die Grundbedeutung «opfern». Petrus soll die rituelle Opferhandlung an den unreinen Tieren vollziehen. Das Wort opfern führt uns in einen umfangreichen kultischen und symbolischen Zusammenhang, auf den wir hier nur andeutungsweise eingehen können.[64]

In den meisten Religionen hat das Opfer eine zentrale Funktion. Das Alte Testament kennt ein sehr differenziertes Opferritual. Die im Judentum entfaltete Opferpraxis enthält einen Aspekt, der symbolpsychologisch besonders bedeutsam ist, die Darbringung des Opfers zum «Gedächtnis», das vor Gott angenehm ist. Im Opfer bringt der Mensch seine Existenz Gott nahe. Während die übliche Vorstellung von Opfern weitgehend negativ geprägt ist, ist der positive Sinn eine freudige Hingabe. Der neutestamentliche und kirchliche Opfergedanke ist ebenfalls bestimmt von der Selbsthingabe an Gott.

Ein wesentlicher Teil der Opferhandlung ist die Zerstückelung. In den verschiedensten Religionen findet sich das Zerstückelungsmotiv. Auch in Großen Träumen und Visionen taucht dieses Motiv als Initiationssymbol auf. Diese Funktion hat das Schlachten und Essen auch in der Traumvision des Petrus. Petrus soll in eine göttliche Wahrheit eingeweiht werden. Das Essen ist nicht konkretistisch zu verstehen, sondern ein Akt der Integration★. Petrus soll sich das Tierhafte einverleiben und verinnerlichen. Davor schreckt er zurück. Die Symbolerfahrung bleibt unvollständig. Die Überlieferung stellt mit der Vision die neue religiöse Überzeugung heraus, daß Gott den Zwiespalt von Rein und Unrein überwunden hat. Kornelius als Typus des frommen Heiden und Petrus können an einem Tisch sitzen.

Petrus verkündigt vor dem vollen Haus des Kornelius, Gott habe ihm in der Traumvision gezeigt, daß man keinen Menschen als unheilig oder unrein bezeichnen darf (10,28). Auch in der Apostelversammlung in Jerusalem legt Petrus überzeugend dar, daß Gott als Herzenskenner selber die Herzen der Heiden gereinigt und ihnen ebenfalls den heiligen Geist verliehen hat (15,6ff.). Als Beispielgeschichte war die Bekehrung des Kornelius in Umlauf. Ein zentraler Satz in dieser Geschichte ist die Botschaft des Engels: «Deine Gebete und deine Liebeswerke sind zu Gott emporgestiegen, und er *gedenkt* ihrer wohl» (10,5). Dieser Spruch verbindet das Emporsteigen der Gebete mit Gottes Gedenken. Die Darbringung und Selbsthingabe des Menschen steht in Korrelation zu Gottes Gedenken. Dabei handelt es sich nicht um einen blassen Gedanken, sondern um die religiöse Erfahrung des Angenommensein.

Das Traumgesicht des Kornelius ist das Erinnerungszeichen für Gottes Gedenken. Bevor Petrus in seinem Hause predigt, ist er Gottes eingedenk. In archetypischen Traumsymbolen kann sich der lebendige Gott in Erinnerung bringen. Jeder Mensch hat «Mneme» als Erinnerungszeichen. Gottes Gedenken und des Menschen Erinnerung stehen offenbar in einer Korrelation. Aus dieser Wechselwirkung erwächst die religiöse Symbolerfahrung. Zu dem umfangreichen Wortfeld des Gedenkens weist uns die griechische Sprachwurzel «men». Die Grundbedeutung ist das geistige Erregtsein, das schließlich im Denken einen klaren Ausdruck erhält. Die Begeisterung und Ekstase widerfährt dem Seher für seine Weissagung, wie Petrus in seiner Verzückung die göttliche Stimme hört. Die Mantik als Weissagekunst gehört in diesen Formenkreis. Merkwürdigerweise sind auch die Begriffe Mathematik und die Lehre der Wissenschaft von der erweiterten Sprachwurzel gebildet. Im neutestamentlichen Sprachgebrauch gehört zu obigem Wortfeld der Jünger und Schüler des Herrn. Auch der Missionsauftrag, Menschen zu Jüngern zu machen, verwendet im griechischen Urtext ein Wort aus dem genannten Zusammenhang.

Die Kornelius-Geschichte hat uns gezeigt, daß der lebendige Gott sich im Traumgesicht offenbart, bevor durch die Verkündigung des Petrus die Sinne auf die christliche Lehre gerichtet werden. Nicht Petrus als Fels der Kirche überzeugt durch seine Predigt den gebildeten Mann, sondern Gottes Selbstbezeugung im Traum geht dem voraus. Vielleicht ist die Verkündigung der Kirche in der Gegenwart deswegen so wenig überzeugend, weil wir die Korrelation von Gottes Gedenken und das symbolische Erinnerungsvermögen zu wenig beachten.

ANALYSE HEUTIGER RELIGIÖSER TRÄUME

1. RELIGIÖSE SYMBOLE IN TRÄUMEN

Zur Einführung

Nachdem in den vergangenen Kapiteln einige Träume aus der Bibel nach der Deutungsmethode der heutigen Tiefenpsychologie, insbesondere der analytischen Psychologie* C. G. Jungs, ausgelegt worden sind – ohne dabei die theologisch-exegetischen Fragen zu berühren –, sollen jetzt einige Träume mit religiösem Inhalt von gegenwärtig Lebenden berichtet werden, um für den Leser eine Brücke zu schlagen zwischen den überlieferten Träumen und den religiösen Erfahrungen* heutiger Träumer.

Eine meiner wichtigsten Erkenntnisse und Erfahrungen als evangelischer Theologe mit den biblischen Träumen und als analytischer Psychotherapeut im Umgang mit Träumen heutiger Träumer ist der gleiche oder zumindest sehr ähnliche Erfahrungsgehalt in den Träumen aus den beiden Bereichen. Der zeitliche Abstand zwischen uns und den Gestalten der Bibel ist in der Traumzeit nahezu aufgehoben. Ähnlich wie der Glaube die Begrenzungen von Raum und Zeit transzendieren kann, so kann ein religiöser Traum aus den Quellen der Tiefenperson uns in die Nähe der biblischen Träumer bringen. Die Menschen sind sich in ihrem tiefsten Wesen, speziell was die Gotteserfahrungen in Träumen anbelangt, recht ähnlich geblieben.

Wie sich mir persönlich durch den Umgang mit Träumen auch die biblische Überlieferung neu erschloß, möchte ich mit folgender Erfahrung kurz erläutern. Durch die tiefenpsychologische und psychotherapeutische Ausbildung bin ich in das Verständnis der Traumsprache eingeführt worden. Der meditative Umgang mit den Träumen erschloß mir den Zugang zu dem Bilderreichtum unserer Muttersprache und eröffnete mir zugleich das symbolische Verständnis der Bibel. Die Abfolge der Erfahrung ist von grundlegender Bedeutung. Nachdem ich von der Symbolsprache meiner Träume ergriffen worden war, konnte ich die Symbole der Sprache und der Bibel neu begreifen. Durch die Beachtung der aus der Psyche aufsteigenden Bilder wurde mir die erlernte Sprache lebendiger und farbiger.

Diese persönliche Erfahrung deckt sich mit dem Symboldenken, das M. Eliade als grundlegende Funktion und Strukturform des menschlichen Lebens darstellt. «Das Symboldenken ist kein ausschließlicher Besitz des Kindes, des Dichters oder der Primitiven: es gehört wesentlich zum Menschsein: es ist der Vorläufer der Sprache und des diskursiven Denkens. Das Symbol enthüllt ganz bestimmte Ansichten der Wirklichkeit; es sind jene, die die größte Tiefe ausloten – und zugleich jene, die sich allen anderen Hilfsmitteln des Erkennens widersetzen. Die Bilder, die Symbole, die Mythen sind keineswegs ‹nicht verantwortete› Schöpfungen der Psyche; nein, sie entsprechen einer Notwendigkeit, und sie erfüllen eine Funktion: nämlich die geheimsten Strukturformen des Daseins bloßzulegen. Deren Studium gestattet uns deshalb, den Menschen besser kennenzulernen: den Menschen schlechthin, den noch nicht in die Bedingtheit der Geschichte verstrickten Menschen.»[65]

Durch die Träume lernen wir den Menschen besser und tiefer kennen als durch das, was er bewußt denkt und sagt. Ursprünglich ist der Mensch im Bild und kleidet diese Erfahrungen schließlich in Worte. Bei diesem Übersetzungsprozeß vom Bild in Worte geschieht eine erste Bearbeitung der ursprünglichen Erfahrungen. Insbesondere kommt durch die vielfältige redaktionelle Bearbeitung der biblischen Geschichten und Träume und durch die Einfügung in andere religiöse Zusammenhänge eine zu beachtende Abwandlung des ursprünglichen Erlebnisses zustande. Etwas Ähnliches wie in der traditionsgeschichtlichen Bearbeitung des Stoffes geschieht auch in gegenwärtigen Träumen. Wie dort ein Symbol mit anderen geschichtlichen Überlieferungen kombiniert werden kann, verbindet hier die Psyche im Traum jüngste Erfahrungen oder sogenannte Tagesreste mit lebensgeschichtlich wichtigen oder gar religiösen Erfahrungen, die den Träumer «unbedingt angehen» (Tillich). Wie einem Menschen ein Wort der Bibel beim Lesen oder durch die Predigt zu einem «Wort Gottes» werden kann, so kann auch ein Traumsymbol zu einem religiösen Anruf werden.

Der Traum mit seinen unzähligen Symbolen und Sinnbildern ist eines der größten Geheimnisse des Lebens. Die Psyche inszeniert Nacht für Nacht die beeindruckendsten «Lustspiele» oder führt uns auf der inneren Bühne die Tragik unseres Lebens vor Augen. In der Bildersprache bringt der Traum die noch unbekannte Wahrheit ins Licht unseres Ich-Bewußtseins. Schonungslos hält uns der Traum den Spiegel unseres wahren Selbst vor. Während viele Menschen bei der Selbstbespiegelung sich ins rechte Licht rücken, sieht das «Auge» als uraltes Symbol für den Traum und die Selbsterkenntnis uns im Schlafe so, wie wir sind.

Aus den bisherigen Ausführungen fasse ich im Hinblick auf das Verständnis der nachfolgend referierten Träume zusammen:

- Wie die meisten Träume keine eindeutigen Produkte der Psyche sind, sondern die vielschichtigen Beziehungen des Lebens und Er-lebens des Träumers spiegeln, so sind auch die religiösen Träume hineingewoben in die Farbigkeit des Lebens.

- Bei der religiösen Traumsymbolik handelt es sich nicht um eine abgeklärte Offenbarung, die vom Himmel gefallen ist, sondern um eine Botschaft, die dem Träumer im Schlafe eingefallen ist.

- Die Gotteserfahrung in den religiösen Träumen ist geprägt oder gar entstellt von der individuellen Persönlichkeitsstruktur. So wird beispielsweise ein depressiver Mensch das, was ihm heilig ist, anders träumen als jemand mit zwangsneurotischer Struktur.

- Trotz der vielfältigen Entstellungen der Gotteserfahrung durch das subjektive Material der Psyche zeigt sich darin nicht selten etwas von dem Heiligen, das den einzelnen «unbedingt angeht».

Die Evangelistensymbole und das Christusbild

Der nun folgende Traum stammt von einem Theologen (Jahrgang 1927), der mich wegen seiner existentiellen Krise in der Lebensmitte zur psychotherapeutischen Behandlung aufsuchte. Einleitend sei vermerkt, daß der Analysand mit der Veröffentlichung einverstanden ist.

Der Analysand kam durch seine Träume zunehmend in die Beziehung zur Bilderwelt der Psyche. Diese Erfahrung löste gleichzeitig kritische Reflexionen über seine Predigttätigkeit aus. Zunehmend konstellierte sich die Gegensatzproblematik, wie die christliche Verkündigung mit den Symbolerfahrungen der Psyche zu verbinden seien. Diese berufliche und persönliche Problematik bewegte den Analysanden zum Zeitpunkt des folgenden Traumes.

«Neben der Kanzel meiner Kirche besteht ein tiefer Schacht, wie ein Brunnen, der in die Tiefe führt. In Erdhöhe ist der Brunnen zugefroren. Mein Sohn wirft von der Kanzel aus einen mannshohen Pfahl in den Schacht, um das Eis zu durchbrechen. Dumpf erschallt das Echo, als der Pfahl schließlich die tieferliegenden Wasser erreicht. Es bröckelt immer mehr Eis an dem durchstoßenen Loch ab. Mein Sohn betritt die Eisfläche am Rande des Brunnens. Ich habe Angst, daß er in das Loch fällt.

Auf dem Kanzelrand finde ich einen goldenen Ring. Neugierig entziffere ich die Inschrift: Christian Lohse, 00 1927. Während ich die Innenseite weiter betrachte, vergrößert sich die Innenfläche des Ringes zu einer Art kupferüberzogener Wand mit den Evangelistensymbolen. Die geprägten Symbole waren im Halbdunkel zu sehen und wurden von irgendwoher angestrahlt… Klar erkannte ich auf der Symbolwand den Christuscorpus.»

Assoziationen des Träumers

Der Träumer assoziiert zu dem Brunnen neben der Kanzel die Geschichte von der Heilquelle, in deren Nähe diese Kirche vor 700 Jahren errichtet wurde. Darüber berichtet eine Chronik, daß die «Heiden» jener Gegend das Wasser der Heilquelle gegen

Gebrechen aller Art verwendeten. Die Kunde darüber wurde auch dem Bischof überbracht. Der berief einen Klosterbruder, daß dieser an jener Stätte predigen sollte und als Zeichen bei der Heilquelle ein Kreuz aufrichten sollte. Daher erhielt diese Kirche den Namen «Zum heiligen Kreuz». Im Mittelalter wurde diese Kirche vom Papst mit Ablaß versehen.

Zu dem Brunnen im Traum werden einige bekannte Geschichten aus der biblischen Überlieferung assoziiert. So das Gespräch der Samaritanerin mit Jesus am Jakobsbrunnen und die Geschichte der Hagar, der ein Engel des Herrn an einer Wasserquelle in der Wüste begegnet.

Den im Traum erscheinenden fünfjährigen Sohn bezieht der Träumer auf seinen fünfjährigen Dienst auf der Kanzel. Zu dem Predigtamt wurde der Analysand von dem Bischof seiner Landeskirche ordiniert, der einer der Vorgänger von Bischof Lohse war. Dieser wurde zu dem Namen im Ring auf der Kanzel assoziiert.

Die Evangelisten mit ihren Symbolen zieren in geschnitzter Gestalt die Kanzel der Kirche. Zu der durch den Traum gewandelten Symbolwand mit den Christussymbolen wird die Sphinx assoziiert, deren Nachbildung der Analysand vor kurzem in einer Kunstzeitschrift gesehen hatte. Den Menschenkopf der Sphinx bringt der Träumer mit der Evangelistensymbolik des Matthäus in Verbindung, den Löwenleib mit der Symbolik bei Markus, die Flügel mit dem Adler bei Johannes, und in dem Schwanz der Sphinx sieht er die Stiersymbolik des Evangelisten Lukas aufgehoben.

Amplifikationen* und Deutungen des Analytikers
In der Traumsymbolik wird mit dem Brunnen der Zugang zum Unbewußten angezeigt. Während sich das Ich-Bewußtsein dieses Träumers durch die Predigttätigkeit stark mit der Kanzel identifizierte, kompensiert die Psyche des Träumers diese Haltung mit der Symbolik des Brunnens. Dazu werden einige Märchenmotive amplifiziert, in denen ein Brunnen der Eingang zur «anderen Welt» ist. Zahlreiche Mythen künden davon, daß an

einem Quell oder Brunnen Weissagung ausgeübt wurde. Ferner hat C. G. Jung in seinen Forschungen über die Alchemie nachgewiesen, daß der Brunnen mit seinen reichhaltigen Symbolbezügen für das Opus des Alchemisten von besonderer Bedeutung ist.

Der im Traum erscheinende Sohn wird subjektstufig* als ein bewußtwerdender Persönlichkeitsanteil im Träumer gedeutet. Mit dem Motiv des zugefrorenen Brunnens wird die starre Bewußtseinshaltung des Träumers angezeigt, die von der inspirierenden Seelentiefe abgetrennt war.

Den goldenen Ring mit dem Geburtsjahr des Analysanden deuteten wir in der Analyse auf die Ich-Entwicklung und die Individuation*. Durch die leibliche Geburt kam der Analysand in den Lebenskreis seiner Familie. Die Ordination durch den Bischof versetzte ihn in den geistlichen Stand der mater ecclesia. Der Träumer identifizierte sich stark mit der Kirche und speziell mit der Kanzel als dem Ort seiner Predigttätigkeit. Diese Identifikation* verdeutlicht der Traum damit, daß der Ring auf dem Kanzelrand gefunden wird.

Von der Kanzel aus wirft der Sohn den mannshohen Pfahl in den Brunnenschacht. In dieser phallischen Symbolik zeigt sich das Eindringen in die Seelentiefe. Die analytische Arbeit am Unbewußten wurde am entscheidendsten durch den Symbolbildungsprozeß in der Psyche des Analysanden gefördert. Wie dieser Prozeß verläuft, läßt die Weitung des Ringes zu einer Wand mit den Evangelistensymbolen erkennen. Die Evangelistensymbole bilden eine Quaternität*. Diese ist eine Spiegelung des Selbst im Ich des Träumers. Das Selbst ist die imago Dei im Menschen.

Evidenzerfahrung und Individuation
Für die Evidenzerfahrung und die Individuation sind folgende vier Wesensmerkmale des Traumes von grundlegender Bedeutung: die Geschichtlichkeit, die Gegensatzproblematik, der Symbolbildungsprozeß* und das Gottesbild als eine ganzheitliche Beziehung zum Ganzen. Von dem bearbeiteten Traum her

zeigen sich folgende Beziehungen zu den genannten Kategorien:

Die Geschichtlichkeit wird deutlich in der vielschichtigen Beziehung des Traumes zum Leben des Träumers. Der Ort des Traumes ist die Kirche, in der der Analysand seinen Dienst als Pfarrer ausübt. Ein anderer Aspekt der Geschichtlichkeit des Traumes zeigt sich in dem Ring mit dem Geburtsjahr. In dem Symbolbildungsprozeß des Traumes weitet sich der im Ring dargestellte Arbeitsbereich des Träumers, die Kanzel, zu einer Symbolwand mit den Evangelistensymbolen.

Die Gegensatzproblematik zeigt sich in den Bildgestalten von Kanzel und Brunnen. Ferner zeigt sich diese Problematik in dem Sohn, der den Persönlichkeitsanteil darstellt, der sich in den Abstieg zur Seelentiefe wagt, während das Ich-Bewußtsein des Träumers mit Angst reagiert. Der goldene Ring mit dem Geburtsjahr des Träumers weitet sich zu einer Symbolwand. Durch die Symbole führt der Traum die bewußte und meist einseitige Lebenseinstellung zu einer Ganzheit.

Die Symbolik der vier Evangelisten hat als individuelles Traumsymbol seinen «Sitz im Leben» an der Kanzel des Träumers. Doch der Traum bildet nicht einfach die geschnitzten Evangelistensymbole nach, sondern wandelt diese zu einer kupferüberzogenen Symbolwand. In diesem Prozeß wird durch den Traum die individuelle Symbolbildung in ein archetypisches* Symbolfeld aufgehoben. Die lebensgeschichtlich geprägte Symbolik kann im Traum mit einer kollektiven Symbolik verbunden werden und ermöglicht damit eine Ganzheitserfahrung. Die Lebendigkeit des Symbols wird durch das von «irgendwoher» kommende Licht betont.

Die angestrahlten Evangelistensymbole lenken die Aufmerksamkeit des Betrachters auf sich. Die vier Evangelistensymbole bilden eine Quaternität. Diese ist eine Spiegelung des Selbst*. Das Selbst ist eine Erscheinungsweise der imago Dei im Menschen. Das Selbst erscheint auf der Symbolwand des Traumes als Christuscorpus. Das quaternare Gottesbild in den Evangelistensymbolen zentriert sich in dem Christusbild. Der Träumer, der von der Kanzel den Christus predigte, erfährt im Traum den Christus in sich. Auf diese Weise werden das Wort Gottes und das geträumte Gottesbild zu einer ganzheitlichen Erfahrung.

In der analytischen Praxis habe ich bei der Bearbeitung von Träumen häufig Symbole der Kirche und andere religiöse Bildgestalten gesehen, die dem Träumer eine religiöse Erfahrung ermöglichten.

Eine gewisse Ähnlichkeit mit dem religiösen Traum aus meiner psychotherapeutischen Praxis hat der Traum eines protestantischen Theologen, den C. G. Jung veröffentlicht hat[66]:

«Ein protestantischer Theologe träumte öfters denselben Traum, *er stehe an einem Abhang, unten liegt ein tiefes Tal und darin ein dunkler See. Er weiß im Traum, daß ihn bisher immer etwas abgehalten hatte, sich dem See zu nähern. Dieses Mal beschließt er nun, zum Wasser zu gehen. Wie er sich dem Ufer nähert, wird es dunkel und unheimlich, und plötzlich huscht ein Windstoß über die Fläche des Wassers. Da packt ihn eine panische Angst, und er erwacht.*

Dieser Traum zeigt die natürliche Symbolik. Der Träumer steigt in seine eigene Tiefe hinunter, und der Weg führt ihn zum geheimnisvollen Wasser. Und hier geschieht das Wunder des Teiches von Bethesda: ein Engel kommt herunter und berührt das Wasser, welches dadurch Heilkraft erlangt. Im Traume ist es der Wind, das Pneuma, das weht, wo es will. Es bedarf des Hinuntersteigens des Menschen zum Wasser, um das Wunder der Wasserbelebung hervorzurufen. Der Geisteshauch, der über das dunkle Wasser huscht, ist aber unheimlich, wie alles, dessen Ursache man nicht ist oder nicht kennt. Es wird damit unsichtbare Präsenz angedeutet, ein Numen, dem weder menschliche Erwartung noch willkürliche Machenschaft Leben verliehen hat. Es lebt aus sich, und ein Schauer überfällt den Menschen, dem Geist stets nur das war, was man glaubt, was man selber macht, was in Büchern steht oder wovon die Leute reden. Wenn es aber spontan geschieht, dann ist es ein Spuk, und primitive Angst erfaßt den naiven Verstand. Ebenso haben mir die Alten der Elgonyi in Kenia das Wirken des nächtlichen

Gottes beschrieben, den sie den Macher der Angst nennen. Er kommt an dich, sagten sie, wie ein kalter Windstoß, und du schauerst, oder er geht pfeifend rundherum im hohen Gras; ein afrikanischer Pan, der in der gespenstischen Mittagsstunde im Schilfe flötenblasend umgeht und die Hirten erschreckt. So hat jener Pneumahauch im Traume wieder einen Pastor, einen Hirten der Herde, erschreckt, der zu nachtdunkler Zeit das Schilfufer des Wassers im tiefen Tale der Seele betrat.»

Die Traumstimme spricht die Wahrheit

Ebenfalls von C. G. Jung stammt der nächste Traum aus einer 400 Träume umfassenden Serie eines Individuationsprozesses, von denen Jung 47 Träume veröffentlicht hat.[67] Im Mittelpunkt des Traumes spricht die Traumstimme die tiefe Wahrheit aus, daß die Religion kein Ersatz für das ungelebte und unbewältigte Leben sein kann, sondern daß man aus der Fülle des Lebens die Religion gebären soll.

Der Traum lautet:
«Ich komme in ein besonders weihevolles Haus, das ‹Haus der Sammlung›. Im Hintergrund sind viele Kerzen, die in einer besonderen Form mit vier nach oben zulaufenden Spitzen angeordnet sind. Außen an der Türe des Hauses steht ein alter Mann. Es gehen Leute hinein. Sie sprechen nichts und stehen regungslos, um sich innerlich zu sammeln. Der Mann an der Türe sagt von den Besuchern des Hauses: ‹Sobald sie wieder heraustreten, sind sie rein.› Nun gehe ich selbst in das Haus hinein und kann mich ganz konzentrieren. Da spricht eine Stimme: ‹Was du tust, ist gefährlich. Die Religion ist nicht die Steuer, die du bezahlen sollst, um das Bild der Frau entbehren zu können, denn dieses Bild ist unentbehrlich. Wehe denen, welche die Religion als Ersatz für eine andere Seite des Lebens der Seele gebrauchen; sie sind im Irrtum und werden verflucht sein. Kein Ersatz ist die Religion, sondern sie soll als letzte Vollendung zur anderen Tätigkeit der Seele hinzukommen. Aus der Fülle des Lebens sollst

du deine Religion gebären, nur dann wirst du selig sein!» Bei dem besonders laut gesprochenen letzten Satz höre ich ferne Musik, einfache Akkorde auf einer Orgel. Etwas daran erinnert an das Feuerzaubermotiv von Wagner. Als ich nun aus dem Hause trete, da sehe ich einen brennenden Berg, und ich fühle, «ein Feuer, das nicht gelöscht werden kann, ist ein heiliges Feuer».»

Der Patient ist tief beeindruckt von diesem Traum. Er ist für ihn ein feierliches und bedeutsames Erlebnis, eines von mehreren, die eine tiefgreifende Veränderung in seiner Einstellung zum Leben und den Menschen gegenüber zustande brachten.

Dazu eine Zusammenfassung des Kommentars von C. G. Jung, der hervorhebt, daß die Vierheits-Symbolik 71 × in den 400 Träumen vorkommt. «Die Vier symbolisiert die Teile, Qualitäten und Aspekte des Einen.»[68] Das Symbol erscheint in anderen Träumen gewöhnlich in der Form eines Kreises, der in vier Teile geteilt ist oder vier Hauptteile enthält. In weiteren Träumen derselben Serie nimmt es auch die Form eines ungeteilten Kreises an, einer Blume, eines quadratischen Platzes oder Raumes, eines Vierecks, einer Kugel, einer Uhr, eines symmetrischen Gartens, mit einem Springbrunnen in der Mitte, von vier Leuten in einem Boot, in einem Flugzeug oder an einem Tische, vier Stühlen um einen Tisch herum, vier Farben, eines Rades mit acht Speichen, eines achtstrahligen Sternes oder einer Sonne, eines runden Hutes, der in acht Teile geteilt ist, eines Bären mit vier Augen, einer quadratischen Gefängniszelle, der vier Jahreszeiten, einer Schale mit vier Nüssen darin, der Weltuhr mit einem Zifferblatt, das in $4 \times 8 = 32$ Teile geteilt ist, und so fort.

Die Quaternität ist nach C. G. Jung eine Darstellung des in seiner Schöpfung sich manifestierenden Gottes. Es ist der innere Gott im Menschen.

Der andere gewichtige religiöse Gehalt des Traumes kommt in der Stimme zur Sprache. Die Stimme im Traum bringt eine wichtige Einsicht aus dem Unbewußten zur Sprache. Danach ist Religion nicht Lebensersatz, sondern vervollständigt und vollendet das Leben. «Aus der Fülle des Lebens sollst du deine Religion gebären, nur dann wirst du selig sein.»

Jung hat sich in seinen Werken zunehmend mit dem Erscheinen des Gottesbildes in der Psyche beschäftigt und die Erkenntnis gewonnen, daß in den religiösen Erfahrungen der Menschen das Gottesbild und die archetypischen Bilder des Selbst einander sehr ähnlich oder gar identisch sein können. Er schreibt dazu: «Daß die Gottheit auf uns wirkt, können wir nur mittels der Psyche feststellen, wobei wir aber nicht zu unterscheiden vermögen, ob diese Wirkungen von Gott oder vom Unbewußten kommen, d. h. es kann nicht ausgemacht werden, ob die Gottheit und das Unbewußte zwei verschiedene Größen seien. Beide sind Grenzbegriffe für transzendentale Inhalte. Es läßt sich aber empirisch mit hinreichender Wahrscheinlichkeit feststellen, daß im Unbewußten ein Archetypus der Ganzheit vorkommt, welcher sich spontan in Träumen etc. manifestiert, und daß eine vom bewußten Willen unabhängige Tendenz besteht, andere Archetypen auf dieses Zentrum zu beziehen. Es erscheint daher nicht unwahrscheinlich, daß ersterer auch an sich eine gewisse zentrale Position besitzt, welche ihn dem Gottesbild annähert. Die Ähnlichkeit wird insbesondere noch dadurch unterstützt, daß der Archetypus eine Symbolik hervorbringt, welche von jeher schon die Gottheit charakterisierte und versinnbildlichte… Das Gottesbild koinzidiert, genau gesprochen, nicht mit dem Unbewußten schlechthin, sondern mit einem besonderen Inhalt desselben, nämlich mit dem Archetypus des Selbst. Dieser ist es, von dem wir empirisch das Gottesbild nicht mehr zu trennen vermögen.»[69]

Um Mißverständnissen zu begegnen, heben wir ausdrücklich hervor, daß wir nicht Aussagen über den heiligen und unbegreiflichen Gott an sich machen, sondern die Wirkungen dieses Gottes in der Psyche beschreiben. In der Psyche, im Traum, erfahren wir die Existenz von Gottesbildern. Diese Erfahrung beschreiben wir mit einem Zitat von Jung, das folgendermaßen lautet: «Das Gottesbild ist Ausdruck einer zugrunde liegenden Erfahrung von Etwas, das ich auf intellektuellem Wege, d. h.

durch wissenschaftliche Erkenntnis, nicht fassen kann, es sei denn, ich begehe einen unverantwortlichen Übergriff. Wenn ich sage, ich brauche nicht an Gott zu glauben, da ich ‹wisse›, so meine ich damit, daß ich von der Existenz der Gottesbilder im allgemeinen und im besonderen weiß. Ich weiß, daß es um eine universale Erfahrung geht, und da ich keine Ausnahme bin, weiß ich, daß auch ich eine solche Erfahrung besitze, die ich Gott nenne; es ist die Erfahrung meines eigenen Willens gegenüber einem anderen und meist stärkeren Willen, der meinen Weg oft mit scheinbar verheerenden Folgen kreuzt, der seltsame Ideen in meinen Kopf setzt und gelegentlich mein Schicksal in eine höchst unerwünschte Richtung drängt oder ihm eine unerwartet günstige Wendung gibt, unabhängig von meinem Wissen und meiner Intention. Die seltsame, gegen meine bewußten Tendenzen gerichtete oder sie begleitende Macht ist mir wohlbekannt. So sage ich: ‹Ich kenne Ihn.›»[70]

Das Zitat läßt die persönliche Überzeugung von Jung in einem Brief deutlich werden. Die Aussage «Ich kenne ihn» hatte Jung in einem Interview gemacht und das «Kennen» vom bloßen «Glauben» abgehoben. In christlichen Kreisen hatte das persönliche Bekenntnis von Jung «Ich glaube nicht! Ich kenne ihn!» zahlreiche kritische Fragen aufgeworfen. Jung hatte damit zum Ausdruck bringen wollen, daß er durch das Material des Unbewußten (er analysierte im Verlaufe seines Lebens ca. 80 000 Träume) so viele Hinweise empfangen hatte, daß ihn die Kenntnis zur Erkenntnis führte: «Ich kenne ihn!»

Für den sogenannten modernen Menschen hat die persönliche Erfahrung, besonders auch die religiöse Erfahrung, einen wichtigen Stellenwert. Zu Recht kritisiert C. G. Jung wiederholt, daß im Christentum der Weg zur Erfahrung weitgehend fehlt. Diese Problematik bringt das folgende Zitat aus einem Brief Jungs zum Ausdruck: «Ich habe es unter den heutigen Gebildeten in der Regel mit Leuten zu tun, die glaubensunfähig sind und die ich deshalb nicht verdammen kann. Sie sind der Kirche sowohl wie der Religion aufs tiefste entfremdet, weil von dort her immer nur ein Soll tönt, wo man doch nicht weiß, wie man es erfüllen könnte. Was dem modernen Menschen aber not tut und was die einzige Möglichkeit zu einer religiösen Einstellung ist, ist eben gerade nicht eine Willensanstrengung und moralisches Zwängen, sondern die Erfahrung, daß sein Weltbild, das einer Bewußtseinshybris entspricht, effektiv ungenügend ist. Diese Erfahrung ist nur dann möglich, wenn etwas geschieht, was ohne das Zutun seines Bewußtseins im Persönlichen passiert. Es ist nur die Erfahrung der Eigentätigkeit der Seele, unabhängig von Willen und Bewußtsein, welche diese überzeugende Kraft hat. Mir scheint, die wichtigste Aufgabe des Seelenerziehers der Gegenwart wäre es, den Menschen einen Weg zu zeigen, wie sie zu der Urerfahrung gelangen, welche z.B. Paulus auf dem Weg nach Damaskus am deutlichsten gegenübergetreten ist. Nach meiner Erfahrung eröffnet sich dieser Weg nur im seelischen Entwicklungsprozeß des einzelnen.»[71]

Ein grundlegender Weg zur Selbst-Erfahrung und zur Glaubens-Erfahrung eröffnet sich durch die Beachtung unserer Träume mit religiöser Symbolik. Dazu gehören ferner Träume, die uns erschüttern, die uns wie eine «Gottesfurcht» berühren. Ferner gibt es Träume, die uns trösten können oder Hoffnung erwecken.

Die Gotteserfahrung im Traum-Gesang

Die Vereinigung des Gottesbildes mit dem Traumbild einer «Gottesfigur» oder eines Heiligen läßt der folgende Traum eines jungen Mädchens erkennen:
«Ich bin in einer Kirche. Ein Chor hat sich versammelt, um einen auf ein Glasbild geschriebenen Lobgesang zu singen. Das Glasfenster befindet sich oben im Turm. Ich steige hinauf, um während des Gesanges ganz bei dem Bild zu sein. Das Fenster ist sehr einfach. Es zeigt eine Gottesfigur oder einen Heiligen. Er trägt ein goldgelbes Kleid und darüber einen dunkelroten Mantel. Der Chor setzt ein. Wunderschöne Klänge steigen auf und scheinen sich mit dem Bild zu vereinigen. Mir ist, als singe der

Chor in den Farben der Kleider, die die Figur trägt. Unwillkür-
lich singe ich mit, immer inniger, immer voller. Plötzlich höre
ich nur noch mich singen. Scheinbar bin ich die Solistin dieses
Konzertes. Ich schaudere über die Schönheit meiner Stimme. Sie
tönt gar nicht mehr menschlich, sie scheint von unglaublicher
Fülle zu sein. Jetzt setzt der Chor wieder ein. Es tönt, als klinge
die ganze Materie. Ich habe während des Gesanges langsam, der
Musik entsprechend, die farbigen Kleider der Heiligenfigur angezogen. Singend und ganz erfüllt steige ich im Schlußteil des
Liedes die steile Turmtreppe zum Chor hinunter.»[72]
Wer mit diesem Traum meditativ umgeht und sich von der
Psychodynamik des Geschehens ergreifen läßt, ahnt etwas von
der Gotteserfahrung dieser Träumerin. Aus der Fülle der Bilder
und aus der Dynamik in der Handlung hebe ich einige Aspekte
hervor. Das Ich der Träumerin ist der Angelpunkt, um den sich
das ganze Traumgeschehen dreht. Unser Traumbeispiel läßt
aber erkennen, daß es zwar zum «mystischen Einheitserlebnis»
kommt, indem die Träumerin während des Gesanges langsam
der Musik entsprechend die farbigen Kleider der Heiligenfigur
anzieht, aber trotzdem nicht in eine Psychose verfällt, sondern
im Schlußteil des Liedes wieder die Turmtreppe hinuntersteigt
und beim Chor ist und sich damit in die Gemeinschaft der Mit-
menschen eingliedert.
Die Intensität des religiösen Erlebens im Traum wird dadurch
gesteigert, daß die Musikklänge des Chores sich mit dem Gottesbild im Fenster der Kirche zu vereinigen scheinen. Der Träumerin erscheint es so, «als singe der Chor in den Farben der
Kleider, die die Figur trägt». Nachdem sich beim Chor die Annäherung und schließlich die Verbindung der Musik mit dem
Bild vollzogen hat, wird auch die Träumerin zunehmend in-
tensiver in das Geschehen hineingezogen. Sie singt immer inniger mit und ist schließlich die Solistin dieses Konzertes. War sie
zunächst Zuhörerin beim Chor, so ist sie bald aktiv handelnd
tätig und zieht schließlich die farbigen Kleider der Heiligenfigur
an. In diesem Vorgang geschieht das, was die Tiefenpsychologie
als Identifikation bezeichnet. In den Erläuterungen der Fachbe-

griffe heißt es dazu, daß es bei diesem Akt der Einfühlung um die Übernahme von Verhaltens- und Denkweisen anderer Personen geht. Was bei der Identifikation im religiösen Erfahrungshorizont geschieht, schildert dieser Traum. Indem die Träumerin unter der Begleitung der Musik die farbigen Kleider der Heiligenfigur anzieht, schlüpft sie in diese Gestalt und integriert damit etwas von der Heiligkeit dieses Heiligen. Die Begegnung mit dem Heiligen macht sie zwar nicht zu einer Heiligen, aber diese Erfahrung macht sie heiliger und in ihrer ganzen Person etwas heiler.

Wie lange diese Gotteserfahrung angehalten hat, entzieht sich unserer Kenntnis und ist auch nicht Gegenstand dieser Arbeit. Soviel kann jedoch aus meiner Kenntnis zahlreicher religiöser Träume gesagt werden, daß diese in der Regel zu einer unvergeßlichen Gotteserfahrung werden. Was einst durch die religiöse Unterweisung in Elternhaus, Schule und Kirche erworben wurde, kann durch die Träume zur innersten Erfahrung werden. Was man vom Hörensagen von Gott wußte, sieht man durch religiöse Träume ein. Diesem Eindruck des Heiligen hat Chagall in vielen Bildern Ausdruck verliehen. Für diesen großen Seher und Künder des göttlichen Geheimnisses eröffnete sich in seinen jungen Jahren ebenfalls in einem Traum der Blick in den Bildersaal des Himmels.

Der Engeltraum von Marc Chagall

A. Rosenberg[73] deutet in seiner Einführung zu «Chagall träumt Gott» trefflich die innere geistige Situation der Zeit mit den Worten: «Inmitten der großen Unruhe unserer Zeit steigt in vielen Menschen ein neues Fragen nach Gott auf. Auf oft seltsam verschlungenen, abseitigen und nicht immer sogleich durchschaubaren Wegen ist der heutige Mensch zur Suche nach Gott aufgebrochen. Allerdings sind diese Gottsucher häufig nicht in der Kirche beheimatet; sie hausen in ihrem Untergrund oder auch mitten in der Welt unter glaubenslosen Mitbrüdern.

Es sind jene, meist zu Unrecht als ‹Randgänger› abgestempelten ‹Kinder des Lichts›, die Gott nicht nur aus alten, ehrwürdigen Glaubensformeln mühsam erhorchen, sondern ihn wie Moses am brennenden Busch mit eigenen Augen erschauen, die ihn wie Elias auf dem Horeb mit eigenen Ohren zu vernehmen trachten: jenen Gott, der zu allen Zeiten neue Wirklichkeit stiftet.»

Chagall ist einer in der Schar derjenigen Menschen, die Einblick hatten in den himmlischen Bildersaal. Davon kündet einer seiner Initialträume aus der Petersburger Zeit um 1910. Es heißt in den Lebenserinnerungen von Chagall:

«Es ist dunkel, plötzlich öffnet sich die Zimmerdecke, und ein geflügeltes Wesen steigt mit Getöse herunter und erfüllt das Zimmer mit Bewegungen und Wolken. Ein Rauschen von schwingenden Flügeln. Ich denke: ein Engel. Ich kann die Augen nicht öffnen, es ist zu hell, zu leuchtend. Nachdem es das ganze Zimmer durchschritten hat, erhebt sich das Wesen und verschwindet durch die Spalte in der Decke. Es wird wieder dunkel. Ich erwache. Mein Bild ‹Die Erscheinung› beschwört diesen Traum herauf.»

Wer sich ein wenig in den Bildern von Chagall auskennt, der weiß um die Bedeutungsfülle der Engelgestalten, die Rosenberg so zusammenfaßt: «So ist die Spannweite dessen, was bei Chagall der Engel bedeutet, ungemein groß. Oft sind es die Gestalten biblischer Boten, dann wieder Geister der Liebe, zuweilen auch geflügelte Elementargeister. Und schließlich dient die Beflügelung von Tieren und Dingen dazu, um das Wehen des Geistes in allen Dingen auszudrücken. Denn die Dinge und Lebewesen sind für Chagall nicht so fixiert, wie dies unsere eingeschränkte Logik wahrhaben will. Für ihn ist die ganze Schöpfung noch in Bewegung und im Werden, weshalb jederzeit in ihr das Unausdenkbare und Unvorhersehbare Ereignis werden kann. Die Symbole für die Bewegtheit der Schöpfung durch Liebe und Geist sind für Chagall die Engel.»

Tiefenpsychologisch und symbolpsychologisch betrachtet sind Engel archetypische Gestalten der transzendenten Funktion* der

Psyche. Wie die Engel im genannten Jakobstraum als Boten der himmlischen Welt auf der «Himmelsleiter» hinauf- und herabsteigen, so vermag die Psyche im Traum die Räumlichkeit und Zeitlichkeit zu überschreiten.

Der «ICH-BIN»-Traum einer Christin

Zur Person der Träumerin[74]:
Die etwa 32 Jahre alte Kranke stammte aus pietistischen Kreisen und hatte mit 18 Jahren eine Bibelstunde besucht (vorher hatte sie die Bibel schon fünfmal von Anfang bis zu Ende durchgelesen und steckte mit ihrer Kenntnis von Bibelstellen und theologischem Wissen wohl manchen Pfarrer in die Tasche). Im Verlauf der weiteren Arbeit und Entwicklung hatte sie sich mehr dem Luthertum und der dialektischen Theologie des frühen Karl Barth zugewandt. Sie war von bemerkenswerter Intelligenz, wachen und lebhaften Geistes und hatte in den letzten vier Jahren, ehe sie zu mir kam, als Wanderlehrerin der evangelischen Frauenhilfe in den verschiedensten Orten Bibelkurse abgehalten, wobei sie etwa jede Woche in einem anderen Pfarrhause zu Gaste war.
Als die Patientin zur Behandlung kam, befand sie sich in einem Zustand völliger Arbeitsunfähigkeit: schwere Depressionen hatten schon zu einem ernsthaften Selbstmordversuch geführt. Heftige Gallenkoliken hatten weder durch wiederholte Kuren noch auch durch eine dann durchgeführte Operation behoben werden können. Sehr unangenehm und störend waren die häufigen heftigen Migräneanfälle, die besonders während der sonntäglichen Gottesdienste auftraten und gelegentlich mit Bewußtseinstrübungen, sogenannten Dämmerzuständen, einhergingen. Da für sie selbst die immer wieder andrängenden Selbstmordzwänge im Vordergrund standen, hatte sie gehofft, durch Stärkung ihres Glaubens Heilung zu finden. Aber seelsorgerliche Hilfe war umsonst gewesen – sie geriet nur immer tiefer hinein in ihre Verzweiflung.

In ihrer äußeren Aufmachung war betont alles vermieden, was ihre natürlichen weiblichen Vorzüge hätte hervortreten lassen können: sie war nicht nur schlicht, sondern eigentlich nachlässig angezogen. Dabei hätte sie mit ihrem gut geschnittenen Gesicht, den großen lebhaften braunen Augen, dem schönen vollen Haar, den besonders schönen weißen Händen gut aussehen können. Aber all dies wurde – offenbar unbewußt – verdeckt, denn es galt, schon im Äußeren die Verachtung der Dinge dieser Welt auszudrücken, vor allem die Ablehnung jeder Art von Erotik – hatte sie doch schon mit 18 Jahren sich selber Ehelosigkeit und Verzicht auf Liebe gelobt. Aber gerade infolge dieser Verdrängung «passierte» es ihr nicht selten, daß dieser oder jener Pfarrer sich für sie als Frau mehr interessierte, als ihr zulässig schien.

Die Traumvision lautet:
Der mich anrührte, sprach zu mir: «Steh auf und komm, wir müssen jetzt gehen.» Und er führte mich hinab an das Ufer des großen Stromes. Und ich sah – und siehe, eine große Gestalt stieg empor aus den Wassern, der Leib war der Leib einer Frau und das Haupt eines Mannes Haupt, die Arme waren ausgebreitet wie der Querbalken eines Kreuzes. Um das Haupt kreisten die Gestirne, die Arme umspannten nicht nur die Roßtreppe und den Hexentanzplatz, sie umfaßten die ganze Erde, ja das All.
Und ich sah etwas wie eine kreisrunde Scheibe auf dem Frauenleib der Gestalt, es hing aber ein Schleier vor meinen Augen, daß ich nicht erkennen konnte, was es sei. War es nicht jetzt die Sonne und jetzt das Meer? Ich mühte mich lang, und dann fiel der Schleier, daß ich sah, und siehe, es war der kreisrunde Ausschnitt eines Mutterleibes. Doch so viel ich mich auch mühte, erkannte ich nichts in dieser Öffnung. Da wußte ich: «Meine Anatomie reicht hier nicht aus.» Und ich verwunderte mich sehr alles dessen, das ich sah, und ich fragte den Boten, der mich hergeführt: «Wer ist dies?» Der Bote antwortete: «Das ist der ICH BIN. Der Leib ist die große Mutter, die ausgebreiteten Arme sind der Vater, das Haupt ist der Sohn.» – «Und der Heilige

Geist?» fragte ich. Er aber antwortete mir: «Gott ist der ICH und der Heilige Geist ist der BIN!» Und da mich nun alle Kraft verließ, neigte er sich zu mir und rührte mich an und stärkte mich. Sein Gewand aber war wie das Silber des Mondlichts. Und da er mich aufgerichtet hatte, fragte ich ihn: «Und wer bist du?» – «Dein Engel und dein Dämon», antwortete er mir – «da du liefest auf der Teufelsmauer, war ich die höhnische Stimme. Ihr törichten Menschen wißt nur nicht, daß wir beides sind, Wasserquelle und Feuerflamme. Du aber mußt nun eingehen in den Schoß der großen Mutter. Dort lernst du die rechte Anatomie, dort sind auch deine Kindlein.»

Aus der ausführlichen Bearbeitung dieses Traumes geben wir folgende zusammenfassende Deutung der Therapeutin wieder: «Es handelt sich bei dieser Vision offenbar um eine lebendige Bewegung des religiösen Seelengrundes als Reaktion gegen die Erstarrung, die sich in dem kalten, leeren Metallkreuz darstellte. Das Bild entspricht nicht der dogmatischen Anschauung, wonach der Heilige Geist der Atem ist, der von Vater und Sohn zugleich ausgeht, und wonach die Trinität rein männlicher Natur ist. In dem BIN und ICH BIN klingt die Idee einer Quaternität an als Symbol der inkarnierten Gottheit: Gott ist Mensch geworden und hat damit die Qualität des Irdischen, der Vier, angenommen. Die enge Beziehung, die Partnerschaft der menschlichen Seele zu Gott ist damit angedeutet, die Angelus Silesius in die Worte kleidet: ‹Ohn' mich Gott nicht ein Nu könnt leben.› In unserer Vision steckt offenbar das Mysterium der Menschwerdung Gottes, des Sohnes, der als Gottessohn und Menschensohn die über alles Begreifen erhabene Verwandtschaft von Gott und Mensch darstellt. Christus ist der Erstgeborene, und wir sind alle die Nachgeborenen, seine Brüder und Schwestern. Davon klingt auch etwas an im Schluß der Vision, wo der Schauenden geboten wird, in den Leib der großen Mutter hineinzuspringen. Denn das Kind dieser Gottmutter mit dem Christushaupt und den Schöpferarmen kann offensichtlich nicht Christus sein. Der Leib ist leer, und sie selbst soll als Kind da hineingehen. Wem fällt dabei nicht das Nikodemus-Gespräch ein (Joh 3,3–5):

‹Wahrlich, wahrlich, ich sage dir: Es sei denn, daß jemand von neuem geboren werde, so kann er das Reich Gottes nicht sehen.› Nikodemus spricht zu ihm: ‹Wie kann ein Mensch geboren werden, wenn er alt ist? Kann er auch wiederum in seiner Mutter Leib gehen und geboren werden?› Jesus antwortete: ‹Wahrlich, wahrlich, ich sage dir: es sei denn, daß jemand geboren werde aus Wasser und Geist, so kann er nicht in das Reich Gottes kommen.›

Das Besondere an diesem ‹Material aus dem Unbewußten›, an den Bildern und Symbolen ist das Erscheinen des Mutter-Archetypus. Der Träumerin geht es ähnlich wie dem Nikodemus. Die Wiedergeburt, die Erneuerung geschieht in dem Eingehen in die Mutter. Doch die Träumerin wie auch Nikodemus verstehen diese ‹konkretistisch›, als ob sie in ihre Mutter eingehen sollten. Die Mutter ist hier ein archetypisches Symbol für die Materie, für alles Welthafte und Leibhafte, in/durch/an dem wir das Göttliche ‹sehen› und erfahren können. Dazu muß man die Anatomie kennen, heißt es im Traum. Wir würden sagen, dazu muß man die Symbolik kennen und die Sprache des Traumes verstehen. Der lebendige Gott verleiblicht sich in seinem Sohn, in der Kirche, im Kosmos und gewiß auch in den Bildgestalten des Traumes.»

Zusammenfassung

Der Traum ist für viele Menschen, speziell für Christen und Theologen, noch immer «Gottes vergessene Sprache» (Sanford). Erst wenn ein überwältigender Traum einen Menschen heimsucht, wird man aufmerksam auf die Stimme aus der eigenen Seelentiefe. Für die meisten Menschen ist die Traumsprache so unbekannt wie eine ungelernte Fremdsprache. Doch mit etwas Einfühlung ist es möglich, auch ohne Psychologiestudium den Sinn und die Bedeutung unserer Träume zu erfassen. Die Art und Weise, wie Kinder die Welt betrachten oder ihre Träume und die Märchen verstehen, zeigt uns eine Richtung des Verstehens. Wenn die Bibel bezeugt, daß wir Menschen in dem lebendigen Gott «leben, weben und sind», ist es dann nicht folgerichtig, daß wir auch im Träumen in Gott sind und daß uns die religiösen Symbole der Träume mit ihm in Beziehung bringen? Nach meiner Erfahrung ist der Traum eine wichtige Quelle zur Selbst- und Glaubenserfahrung.

2. DIE GOTTESERFAHRUNG
IN EINER TRAUMSERIE

Zur Einführung

Bei dem folgenden Fallbeispiel handelt es sich um Träume und Selbstzeugnisse einer Frau in der Lebensmitte, der wir zum Schutz der Person das Pseudonym Frau Sappho geben. Während des Abschlusses des Manuskriptes über die «Träume als Gottes vergessene Sprache» lernte ich Frau Sappho auf einer Tagung der Evangelischen Akademie Bad Boll kennen. Bei dem Gespräch über das Thema Träume erzählte sie mir, daß sie seit 1970 ein Traumtagebuch führe und darin alle ihr eindrucksvoll und wesentlich erscheinenden Träume aufschreibe. Sie sei von sich aus auf diese Idee gekommen und betrachtete das Unternehmen zunächst als ein gewisses Kreativitätstraining. In den folgenden Jahren erfuhr sie dann, daß sie in der beginnenden Identitätskrise* war und später bei der religiösen Auseinandersetzung mit dem veraltenden und sterbenden Gottesbild durch die Träume Rat und Wegweisung erfuhr. Wörtlich notierte Frau Sappho dazu: «Mir ist, als ob meine Traumbilder, meine gemalten Bilder und meine Meditationen nicht nur mein individuelles, subjektives Frausein in seiner religiösen Entwicklung spiegeln, sondern zugleich auch ein Stück weit die kollektive Entwicklung der abendländisch-christlichen Kultur aufzeigen. Mir als Frau ist eine intuitive Schau gegeben, und ich erlebe und erleide in meiner Person die Wandlung des Gottesbildes, wie es wohl viele Menschen erleben.»
Das Eindrucksvolle an dem Umgang mit den Träumen und Imaginationen von Frau Sappho ist für mich, daß sie ohne die Hilfe eines Traumdeuters und ohne die Anleitung eines Psychotherapeuten selber einen meditativen Zugang entdeckte und

entwickelte. In den folgenden Jahren ergänzte Frau Sappho ihre Einsichten durch die Schriften von C. G. Jung und seiner Schüler, mit denen sie auf Tagungen in verschiedenen Akademien bekannt wurde. Unser Fallbeispiel will keineswegs demonstrieren, daß diese Selbst- und Gotteserfahrung mit Träumen eine Möglichkeit für jedermann sei; dennoch illustrieren die Erfahrungen von Frau Sappho zugleich unsere Fragen und Anregungen im letzten Kapitel, wie man Träume selber deuten kann.

Abschließend sei noch vermerkt, daß meine Aufgabe bei den folgenden Abschnitten lediglich darin bestand, das umfangreiche Traummaterial und die mir überlassenen Aufzeichnungen über die Meditationen für diese Veröffentlichung auszuwählen und mit einem verobjektivierenden Kommentar zu versehen, der die Zusammenhänge mit den allgemeinen Erkenntnissen der Traum- und Symbolpsychologie aufzeigt. Nur mit einer gewissen Scheu ist die Träumerin bereit, ihr Material zu veröffentlichen. Sie tat dies schließlich in der Hoffnung, den unzähligen Träumern mit ähnlichen Erfahrungen Mut zu machen, auf die oft leise Stimme in der eigenen Psyche zu hören und insbesondere in den Lebens- und Glaubenskrisen eine Wegweisung durch Träume zu erfahren.

Autobiographie der Träumerin

Der folgende Lebenslauf ist eine Auswahl von den Ereignissen, die mein Leben besonders geprägt haben. Durch die Niederschrift wurden mir meine Probleme aus unserer Familiengeschichte verständlicher. Ich wurde vor 52 Jahren vier Wochen früher als erwartet gerade zu Weihnachten als «Christkind» geboren. Mir wurde später erzählt, daß ich mich die kalte Winterzeit hindurch warm geschrieen hätte. Von klein an soll ich einen starken Lebenswillen gezeigt haben. Als Kind bin ich sehr hellhäutig gewesen, mit leuchtendweißen Haaren und blauen Augen. Ich erinnere mich, daß ich deswegen «Schimmelchen» genannt wurde.

Mein Vater war dreimal verheiratet. Die beiden ersten Frauen starben am Kindbettfieber. Mit Schaudern denke ich noch heute daran, wie der Vater mit mir in die Totenkammer ging, wo meine Mutter aufgebahrt lag. Trotz meines Bittens und Weinens nahm mein Vater der verstorbenen Mutter das Gebiß aus dem Mund, weil er etwas Wertvolles retten wollte. Bald darauf heiratete Vater eine wesentlich jüngere Frau aus dem EC («Entschiedenes Christentum»). Meine frommen Eltern gingen jeden Sonntag in die Kirche. Das Tisch- und Abendgebet gehörte bei uns zum Leben wie das tägliche Brot. Mein Vater war ein vielseitiger und energischer Mann. Wenn er seine Zornausbrüche bekam, schlug er unbarmherzig zu. Ich liebte und fürchtete ihn. Mein Vater war Stallmeister auf einem großen Gutshof, wo Obstanbau und Viehzucht betrieben wurden. Meine Mutter war die Cousine der zweiten Frau meines Vaters. Ihre Vorfahren waren Protestanten österreichischer Abstammung. Es wird erzählt, daß von Mutters Vorfahren mehrere unverheiratete Frauen Diakonissen geworden sind. Ich wuchs zusammen mit zwei jüngeren Brüdern und einem sechs Jahre älteren Bruder aus der zweiten Ehe meines Vaters auf. Dieser dunkelhaarige ältere Bruder war das «schwarze Schaf» in unserer Familie. Er wurde vom Vater viel geschlagen, weil er sich nicht in das Erziehungskonzept einfügte. Mit ihm habe ich mich besonders verbunden gefühlt.

Meine späteren Freundschaften zu Männern waren stets harmlos und verliefen immer wieder im Sande. Mir ging auf, daß ich vielleicht meine Weiblichkeit zu wenig ins Spiel brachte. Als ich mit 32 Jahren meinte, daß ich den Mann meines Herzens kennengelernt hätte, scheiterte unsere Beziehung, weil ich nicht konvertieren wollte. So blieb ich ledig und allein und wollte in einem Beruf der tätigen Nächstenliebe aufgehen. Ich entschloß mich für die Arbeit der Rehabilitation im Bereich der evangelischen Diakonie. Mein theologischer Vorgesetzter hatte für mich eine überzeugende Autorität. Im Verlaufe der Jahre nahm ich immer mehr seelsorgerlich-therapeutische Aufgaben wahr, die mich bis an den Rand meiner Existenz erschöpften. Diese Erfahrung veranlaßte mich zunehmend, kritisch über meine weitere aufopfernde Tätigkeit und über meine Rolle als Frau nachzudenken. Als ich eines Tages an einem längeren Seelsorgeseminar teilnehmen wollte, sagte mir der neue theologische Leiter: «Ihre Seelsorge ist Privatsache, dazu müssen Sie Ihren Urlaub verwenden!» Das tat ich denn auch. Doch zugleich begann hier ein Riß in meinem christlichen Glauben, der sich zu einer kritischen Auseinandersetzung mit der Kirche ausdehnte. Bald wechselte ich meinen Arbeitsplatz. Als ich später von der Krise in der Lebensmitte heimgesucht wurde, drohte meine christliche Weltanschauung vollends zu zerbrechen. In dieser schwierigen Zeit begann ich meine Träume aufzuschreiben und hielt mich an die Bilder, wie ein Ertrinkender sich an einen Strohhalm klammert. Ich ging nicht unter. Zunehmend machte ich die Erfahrung, daß sich durch meinen Umgang mit den Träumen und durch meine Meditation so etwas wie ein zweites Leben in mir entwickelte.

Aus meinen umfangreichen Tagebuchaufzeichnungen habe ich Träume ausgewählt, die das Zerbrechen meines christlichen Glaubens zeigen und etwas von der Erneuerung des Gottesbildes in der Seele deutlich werden lassen.

Der Initialtraum vom Ei und vom Kind

Ich gehe spazieren und finde am Wegrand ein Ei. Wie ich genauer hinschaue, ist es ein ganzes Nest voller Eier. Voller Verwunderung nehme ich zwei Stück mit. Vor meinen Augen zerspringen die Eier. Anstatt der erwarteten Küken kommt aus dem einen Ei ein Baby heraus und aus dem anderen Ei ein Funkgerät. Ich bin sprachlos! Mit diesen «Findlingen» gehe ich in das Wartezimmer eines Arztes und will den anwesenden Leuten diese ungeheure Geschichte erzählen. Niemand nimmt Notiz davon, jedermann unterhält sich über seine Privatsachen. Das Baby wächst zusehends. Schon ist es 5–6 Jahre alt, und ich verliere das Kind aus meinen Augen. Das Funkgerät nehme ich mit und bediene es richtig. Ich entschlüßle Funksignale aus anderen Welten.

Mit diesem Traum beginne ich mein Traumtagebuch. Ich bin zu dieser Zeit 42 Jahre alt. Bei der Besinnung des Traumes fällt mir das Ostereiersuchen auf dem Gutshof in meiner Kindheit ein. Alle Kinder unseres Dorfes haben sich auf dieses Ereignis gefreut. Zum Zeitpunkt des Traumes fehlt mir jegliche Lebensfreude. Ich habe große Sehnsucht nach Nestwärme, die ich später durch die Freundschaft mit einem Mann erlebe. Dadurch komme ich in eine intensive Auseinandersetzung zwischen meinen sexuellen Wünschen und meinem stark religiös geprägten Gewissen.

In den folgenden Monaten taucht immer wieder das Motiv des Babys in meinen Träumen auf. So stelle ich z.B. erstaunt fest, daß ich im vierten Monat schwanger bin. Da ich wohl Männer kenne, aber keinen Freund in diesem Sinne habe, ist es mir ein Rätsel. Überall wohin ich komme und wo man mich kennt, nimmt man diese Veränderung wie selbstverständlich auf. Das versetzt mich wieder in Staunen.

In einem Zimmer, das voller Babywäsche ist, habe ich die Aufgabe, einen Kinderwagen auszustatten, ebenso ein Kinderbett zu richten. Dann soll ich versuchen, ein Baby zu wickeln. Etwas später stellt man mir Fragen über die Taufe, die ich beantworten soll. Bei beiden Anlässen bin ich völlig unvorbereitet, und ich kann mir nicht erklären, wieso ich solche ausgefallenen Sachen, die in gar keinem Zusammenhang stehen mit der Realität meines Lebens, tun soll.

Zu dem Funkgerät kann ich nichts sagen, da ich noch nie so ein Gerät bedient habe. Meine technischen Kenntnisse sind gering. Ich bin sehr verwundert darüber, daß ich im Traum die Funksignale aus anderen Welten entschlüsseln kann. Später habe ich dieses Bild auf meinen Umgang mit den Träumen bezogen. Besonders meine religiösen Träume erschienen mir wie Funksignale aus einer anderen Welt.

Kommentar

In diesem Initialtraum unserer Traumserie sind die entscheidenden Wandlungen im Leben von Frau Sappho enthalten. Wie in dem Traumtagebuch vermerkt wurde, beginnt die bisher verborgene und unbewußte andere Seite des Lebens offenbar zu werden. Die Wandlung vollzieht sich mit dem Symbol des Eies, aus dem schließlich ein Baby herauskommt. Versetzen wir uns in die Abfolge der Traumbilder, so vollzieht sich zusehends eine Steigerung in der Handlung. Der Bildprozeß in der Psyche der Träumerin ist zu vergleichen mit der Arbeit eines guten Filmregisseurs. Die einzelnen Verben des Traumberichtes bringen die aktive Seite in der Träumerin zu Ausdruck. «Ich gehe spazieren und finde am Wegrand ein Ei. Voller Verwunderung nehme ich zwei Stück mit.» Der Traum spiegelt die Tatsache wider, daß Frau Sappho sich auch in der Realität auf einen für sie neuen Weg begibt. Zugleich zeigt der Traum mit den verheißungsvollen Symbolen an, daß aus den gefundenen Eiern neues Leben entsteht. Aus der tiefenpsychologisch orientierten Traum- und Symbolpsychologie ist bekannt, daß das Sinnbild des Eies fast immer eine positive Bedeutung hat. Wie allgemein im Leben die Eizelle oder das Ei der Ursprung des werdenden Lebens ist, so deutet dieses Symbol in Träumen an, daß die Zeit seelischer Bedrängnis vorübergeht und neue Lebensmöglichkeiten entstehen.

Diesem Wandlungsprozeß widmet die Träumerin ihre Aufmerksamkeit, indem sie sich auf den Weg macht, genau hinschaut und das Geschenk des neuen Lebens in der Gestalt der zwei Eier annimmt. Neben diesem notwendigen aktiven Handeln schildert der Traum in seinem weiteren Verlauf, daß die Geburt des neuen Lebens ein passives Widerfahrnis ist. Aus den zerspringenden Eiern kommen anstatt der erwarteten Küken ein Baby und ein Funkgerät heraus. Das Motiv der Geburt eines Kindes taucht in den Träumen der folgenden Monate und Jahre immer wieder auf. In diesem Kind personifiziert sich das neue Selbstbewußtsein der Träumerin und ihre neuen Lebensmöglichkeiten und Erlebnisfähigkeit als Frau. Trefflich faßt Aeppli seine Erfahrungen mit diesem Symbol und C. G. Jungs Erkenntnisse wie folgt zusammen[75]: «Wenn im Traume des Erwachsenen das unbekannte, das göttliche Kind auftaucht, dann steigt aus dem Schoß des Unbewußten eine neue Lebensmöglichkeit in das konfliktschwere Bewußtsein. Deshalb kann Jung feststellen: ‹Indem das Symbol des ‚Kindes‘ das Bewußtsein fasziniert und ergreift, tritt die erlösende Wirkung ins Bewußtsein über und vollführt jene Abtrennung von der Konfliktsituation, deren das Bewußtsein nicht fähig war. Das Symbol ist die Antizipation einer erst werdenden Bewußtseinslage.›»

Abschließend bleibt noch die richtige Bedienung des Funkgerätes zu deuten. Mit diesem Gerät entschlüsselt die Träumerin Funksignale aus anderen Welten. In diesem Motiv zeigt die Psyche in weiser Voraussicht den intuitiv richtigen Umgang mit den Träumen an. Ohne Hilfe eines Psychotherapeuten oder Traumdeuters entschlüsselt Frau Sappho die Traumsymbole und Chiffren der Transzendenz*. Die Meditation, die aktive Imagination[76] und das kreative Malen sind die neuentdeckten Möglichkeiten im Leben der Träumerin, «die Funksignale aus anderen Welten zu entschlüsseln». Dies alles geschieht nicht zum Zweck einer Weltflucht, sondern um in der Identitäts- und Glaubenskrise einen neuen Weg zu finden.

Der Kirchentraum von den verstorbenen Heiligen

Ich befinde mich in der Krypta einer alten Kirche, ganz tief unten in der Erde. Die Tür zu den verstorbenen Heiligen geht auf, und sie rufen mich hinein. Hier sind sie also beieinander, vom Urbeginn an. Jeder will mich für sich in Anspruch nehmen bzw. auf seine Seite bringen. Die Heiligen sind sich gar nicht einig und scheinen öfter Streit zu haben. Es sind nur Männer. Der Kapuzinermönch, eine unheimliche Gestalt, will mich gleich in seine Gewalt bringen, aber da wehren die anderen ab. Jeder der Heiligen will mir eine schriftliche Botschaft geben, und jeder beteuert, daß sein Wort das alleinseligmachende ist.

Scheinbar ist dies auch die Ursache des ständigen Streites. Sie wollen mir die schriftliche Botschaft, die ich mitbringe, wegnehmen und sie gegen die ihrige austauschen. Ich wehre mich energisch gegen ihre Anmaßung. Im Grunde bin ich erstaunt, daß es unter den Heiligen solche Gegensatztypen gibt. Der Mönch mit dem spitzen Gesicht erscheint mir unheimlich. Soviel ich mich entsinne, hat er im Namen Gottes unter den Menschen hart gewütet. Aber da ist auch einer, der aussieht wie die personifizierte Liebe. Ihn entdecke ich erst jetzt. Und ihm vertraue ich mich an. Seine Botschaft nehme ich mit. Dann wache ich auf.

Diesen Traum hatte ich zu Beginn des Jahres, nachdem ich die Weihnachtszeit und die Neujahrstage in einem ökumenischen Zentrum verlebt hatte. Bereits in den Vorjahren hatte ich auf Empfehlung eines befreundeten Ehepaares einen dreiwöchigen Urlaub in einer ökumenischen Begegnungsstätte gemacht. Neben meiner vertrauten evangelischen Konfession komme ich dort in Berührung mit dem katholischen Lebensstil und den Glaubensformen der Franziskaner. Es hat mich sehr beeindruckt, wie meine Seele auf die katholische Frömmigkeit ansprach. Bei diesen Freizeiten empfing ich Speise für Leib und Seele.

Bei diesen ökumenischen Tagungen machte ich mir Gedanken darüber, daß die Konfessionen wohl ein Ausdruck der verschiedenen seelischen und religiösen Empfindungen sind und diese in den unterschiedlichen Glaubenslehren ausgestaltet haben. Dabei beteuert nach meinen Erfahrungen jede Konfession, die alleinseligmachende zu sein, so wie ich es auch geträumt habe.

In meinem Traum symbolisiert der Kapuzinermönch einen auf mich stark autoritär wirkenden Mönch in der katholischen Begegnungsstätte. Ich habe das Empfinden, daß die anderen Heiligen im Traum, die den Zugriff und Anspruch des Mönchs abwehren, wohl die protestantische Seite in mir ist. Bei der Besinnung dieses Traumes kam mir die Idee, ob es unter den «männlichen Heiligen» vielleicht weniger Streit gäbe, wenn eine «heilige Schwester» unter ihnen lebte. Um das Problem des Streites geht es auch bei der Botschaft, die ich mitbringe. Bei meiner Botschaft geht es darum, daß der Streit begraben ist. Dieses Empfinden im Traum bestimmt immer stärker mein reales Lebensgefühl.

Trotz der positiven Eindrücke in der ökumenischen Begegnungsstätte spiegelt der Traum auch die mir unheimlichen Empfindungen, die ich bewußt so nicht wahrgenommen habe. Diese Ängste und Zweifel sehe ich darin ausgedrückt, daß mich «jeder für sich in Anspruch nehmen will». Auch der Mönch mit dem spitzen Gesicht, der im Namen Gottes hart unter den Menschen gewütet hat, ist mir unheimlich. Durch diesen Traum und die Erfahrungen während der ökumenischen Tagung werde ich dazu angeregt, über die Schattenseiten bei den verschiedenen Konfessionen und in mir nachzudenken. Sollten gar die zwei Seiten in mir, die gute und die dunkle Seite, auch mein Gottesbild bestimmen? Durch die späteren Träume ist mir aufgegangen, daß in den tieferen Schichten meines Glaubenslebens sowohl die Liebe als auch dunkle Gestalten herrschen.

Kommentar

Durch die neuen religiösen Erfahrungen in der ökumenischen Begegnungsstätte vertieft sich das bisher durch die evangelische Konfession geprägte religiöse Bewußtsein zu ökumenischer Weite. Welche Konflikte und Ängste damit verbunden sind, zeigt dieser Kirchentraum. Von den verschiedenen religiösen Motivationen, die dieser Traum ins Bild setzt, hebe ich die folgenden Aspekte hervor:

– Die Beziehungen zur unbewußten Kirchlichkeit.
– Die Heiligen und das Heilige enthalten Gegensätze.
– Die Träumerin läßt sich die neue Botschaft nicht nehmen.
– Die Begegnung mit der personifizierten Liebe.

Wir beginnen unseren Kommentar zu dem Traum mit Reflexionen über die bisher unbewußte Kirchlichkeit, die in dem Motiv von der Krypta in der alten Kirche dargestellt wird. Die

Begegnung mit den verstorbenen Heiligen zeigt eine Belebung im Unbewußten der Träumerin an. Nach den jahrelangen Auseinandersetzungen mit der religiösen Problematik verhilft die eindrucksvolle Meditationstagung dazu, daß sich in der Krypta der alten Kirche die Türe zu den verstorbenen Heiligen auftut.

Am Beispiel von C. G. Jungs Selbsterfahrungen und Träumen möchte ich verdeutlichen, daß in den Traumbildern von den Toten und in der Begegnung mit den verstorbenen Heiligen die religiöse und numinose Dimension des Unbewußten offenbar wird. Jung berichtet in seinen «Erinnerungen, Träume, Gedanken»[77] aus der Phase seines Lebens, als er sich in der Lebensmitte besonders intensiv um den Zugang zum Unbewußten bemühte, einen Traum von der Begegnung mit Toten aus verschiedenen Jahrhunderten, die nacheinander unter seinem Anblick lebendig wurden.

«Ich war in einer Gegend, die mich an die Alyscamps bei Arles erinnerte. Dort befindet sich eine Allee von Sarkophagen, die bis auf die Merowingerzeit zurückgehen. Im Traum kam ich von der Stadt her und sah vor mir eine ähnliche Allee mit einer langen Reihe von Gräbern. Es waren Postamente mit Steinplatten, auf denen die Toten aufgebahrt waren. Dort lagen sie in ihren altertümlichen Kleidern und mit gefalteten Händen wie in alten Grabkapellen die Ritter in ihren Rüstungen, nur mit dem Unterschied, daß die Toten in meinem Traum nicht in Stein gehauen, sondern auf eine merkwürdige Weise mumifiziert waren. Vor dem ersten Grab blieb ich stehen und betrachtete den Toten. Es war ein Mann aus den dreißiger Jahren des 19. Jahrhunderts. Interessiert schaute ich mir seine Kleider an. Plötzlich bewegte er sich und wurde lebendig. Er nahm die Hände auseinander, und ich wußte, daß das nur geschah, weil ich ihn anschaute. Mit einem unangenehmen Gefühl ging ich weiter und kam zu einem anderen Toten, der in das 18. Jahrhundert gehörte. Da geschah das gleiche: als ich ihn anschaute, wurde er lebendig und bewegte die Hände. So ging ich die ganze Reihe entlang, bis ich sozusagen in das 12. Jahrhundert kam, zu einem Kreuzfahrer im Kettenpanzer, der ebenfalls mit gefalteten Hän-

den dalag. Seine Gestalt schien wie aus Holz geschnitzt. Lange
schaute ich ihn an, überzeugt, daß er wirklich tot sei. Aber
plötzlich sah ich, daß sich ein Finger der linken Hand leise zu
regen begann.»

Im Verlaufe der nächsten Jahre erlebte Jung weitere Visionen,
die ihn ins «Totenreich» führten. Später bedrängten ihn die Toten derart, daß sie als Spukphänomene auch von den Familienmitgliedern wahrgenommen wurden. Zur Auseinandersetzung
und Gestaltung dieser Phänomene schrieb er sich schließlich den
ganzen Spuk mit den «Sieben Reden an die Toten» von der
Seele.[78] Jung versteht und deutet das Erscheinen der Toten im
psychischen Erfahrungsbereich «als Stimmen des Unbeantwor-
teten, des Nicht-Gelösten und Nicht-Erlösten».[79] Mit dieser
Deutung können wir auch den Traum von Frau Sappho verstehen. Eine verschlossene Dimension in der Tiefenperson tut sich
auf, ähnlich wie in zahlreichen Mythen und Märchen, wenn
eine bisher unbekannte Kammer betreten wird oder eine ge-
heimnisvolle Höhle entdeckt wird.

Unser Traum offenbart im einzelnen, welche unerlösten Heiligen in der Krypta hausen und wie es unter ihnen zugeht. «Jeder
will mich für sich in Anspruch nehmen. Jeder der Heiligen will
mir eine schriftliche Botschaft geben, und jeder beteuert, daß
sein Wort das alleinseligmachende ist.» Diese Aussagen sprechen
für sich und bedürfen keiner weiteren Deutung. In jenem unheimlich erscheinenden Mönch scheint die Psyche der Träumerin wie in einer Art Reflex bestimmte Eindrücke von Mönchen
bei der genannten Tagung widerzuspiegeln.

Betrachten wir diese Gestalt jedoch auf der Subjektstufe*, so erkennen wir darin jene Stimme des Animus (des Männlichen in
der Frau) in der Träumerin, die die Stimmung gerade nach
einer ökumenischen Tagung wiedergibt. Bei der Vielfalt der religiösen Meinungen und bei dem Wahrheitsanspruch der dort
vertretenen Konfessionen ergeht es so manchen Teilnehmern
wie Frau Sappho. Wie im Traum kann man mit einem gewissen Einfühlungsvermögen gerade bei ökumenischen Begegnungen wahrnehmen, daß es auch unter den Heiligen Gegensätz-

lichkeiten gibt. Diese Gegensatzproblematik erstreckt sich auch auf das Gottesbild, wie wir in dem Traum von der Geburt des Teufels sehen werden. Unser Traum reflektiert ferner den religiösen Anspruch mancher Konfessionen, das alleinseligmachende Wort zu verwalten. Mit ein wenig Phantasie dürfte es nicht schwerfallen, in dem Traum ein Abbild der realen religiösen Szene zu sehen, wie ein religiös suchender Mensch zwischen den Wahrheitsansprüchen der verschiedenen Religionen (siehe Traum vom Zen-Priester) und Konfessionen in Konflikte gerät. Unsere Träumerin fürchtet sogar, daß ihr die Botschaft, die sie mitbringt, weggenommen und gegen die Botschaft der fragwürdigen Heiligen ausgetauscht werden soll. Leider verschweigt der Traum genauere Angaben über den Inhalt der Botschaft. Doch aus der bewußten religiösen Entwicklung von Frau Sappho kann gesagt werden, daß sie zu dieser Zeit beginnt, ihren Glauben neu zu formulieren, ohne daß dieser jedoch schon in bestimmte Worte gekleidet werden könnte. Es geschieht zunächst im Erfahrungsbereich des Ahnens und Fühlens, daß Gott Liebe ist. Erst gegen Ende des Traumes wird entdeckt, daß da einer ist, «der aussieht wie die personifizierte Liebe». Dieser Gestalt vertraut sie sich an. Seine Botschaft nimmt sie auf.

Der Traum vom Zen-Priester

An meinem Bett steht eine Gestalt. Zuerst verschwommen, dann immer deutlicher und größer werdend. Sie ist mit einem hellen Schein umgeben. Groß und schlank in einem hellen Gewand, den Kopf kahl geschoren. Das Alter ist unbestimmt. Es könnte «der ewige Mensch» sein. Auf einmal weiß ich, daß es der Zen-Priester ist. Etwas Unerklärliches geht von ihm aus. Seine Erscheinung ist so einmalig, daß ich vor Furcht oder vor Staunen mich nicht mehr rühren kann. Davon wache ich auf.
Der Eindruck dieses Traumes ist derart stark gewesen, daß ich erst zwei Tage später wie unter einem inneren Zwang mit Fin-

gerfarbe bis spät in die Nacht hinein einige Bilder male. Ich habe nicht bewußt bestimmte Motive ausgewählt, sondern meinen Fingern mit den Farben freien Lauf gelassen. In vier Bildern konnte ich etwas von dem erschütternden Traumerlebnis gestalten. Über drei Jahre lang hingen die Bilder in meinem Zimmer. In meinen Meditationen entdeckte ich in den Bildgestalten die verschiedensten Sinnbilder. Den Männerkopf auf dem einen Bild bezeichnete ich als meinen Guru und Wegbegleiter. In die untere Bildhälfte malte ich einen Stierkopf. Später sah ich darin etwas von meiner vitalen Kraft abgebildet. Zu den geschwungenen Hörnern des Stierkopfes kam mir später die Idee, daß es mir langsam besser gelang, meine Gegner auf die Hörner zu nehmen und mich aggressiv durchzusetzen. In einem anderen Motiv malte ich die Fratze eines Dämons, der mir Angst machte. Später erkannte ich eine Verbindung zwischen diesem Bild, das meine Finger gestaltet hatten, zu der Geburt des dunklen Gottesbildes mit dem Pferdefuß in einem folgenden Traum. Nachdem meine Emotionen im Verlaufe der Tage abgeklungen waren und ich in den nächsten Wochen mehr Abstand gewann, gab ich den Bildern folgende Titel:

1. Bild: Das geschlachtete und verblutende Lamm.
2. Bild: Kollektive Bilder meiner Seele (ohne bestimmtes Thema, nur in Farbe).
3. Bild: Die übriggebliebene Wurzel (von einem gefällten Baum) mit der aufgehenden Sonne.
4. Bild: Kreise und Spirale. Auf diesem Bild sind verschiedenfarbige Kreise geometrisch angeordnet und bilden in der Mitte des Bildes eine Spirale.

Bei einer späteren Betrachtung der Bilder kam mir spontan die Idee, als Thema in mein Tagebuch einzutragen: «Mein Leben in Vergangenheit, Gegenwart und Zukunft.» Nachdem ich von dem Traum und den Bildern weiteren Abstand gewonnen hatte, konnte ich in meiner Besinnung Verbindungen zu meinem Leben und meinem Glauben herstellen. In dem geschlachteten

Lamm sah ich den Teil meines Lebens, der sich in christlicher Nächstenliebe in der evangelischen Diakonie aufopfert. In meiner Berufs- und Lebenskrise begann ich, meinen Dienst auf ein vernünftiges Maß zu reduzieren. Ich wollte nicht verbluten, wie jenes Lamm, sondern menschlich leben. In einer Meditation während der Passionszeit fiel es mir wie Schuppen von den Augen, daß ich mich in meiner Aufopferung im Dienst der Nächstenliebe und mit dem Bild von dem geschlachteten Lamm stark mit Christus als dem Opferlamm Gottes identifizierte. Dieser Hochmut, der unbewußt in dem «Dienemut» enthalten war, erschreckte mich sehr.

Zu dem dritten Bild mit dem gefällten Baum und der übriggebliebenen Wurzel kam mir in dieser Krisenzeit meines Lebens in den Sinn, daß zwar vieles von dem, was ich bisher aufgebaut und geleistet habe, abgebrochen wurde. Doch letztlich konnten mich die Schwierigkeiten nicht mehr so umhauen, daß ich ganz entwurzelt wurde. Bei dem Aufschreiben meines Lebenslaufes ging mir ferner auf, daß die Opferbereitschaft in der Nächstenliebe seit Generationen bei den Vorfahren mütterlicherseits in unserer Familie ihre Wurzeln hat. Da ich selber nicht verheiratet bin und keine Kinder habe, hört mit meiner Person dieser Stammbaum der Nächstenliebe auf. Dieses Aufhören verbreitet in mir jedoch keine resignative Stimmung. Mit dem Motiv der aufgehenden Sonne (Bild 3) wurde in mir die Hoffnung geweckt, daß es in meinem Leben einen neuen geistigen Aufbruch geben würde. Das geschah mit Hilfe dieser Bilder, die durch den Traum vom Zen-Priester ausgelöst wurden.

Mit einem realen Zen-Priester habe ich bisher nichts zu tun gehabt. Erst Jahre später kam ich dazu, mich mit der Zen-Meditation und dem Buddhismus zu beschäftigen. Einen Zugang zu dieser geistigen Welt, die im Traum aufscheint, fand ich durch die Yoga-Übung des sogenannten Sonnengebetes, die ich bei einem Kuraufenthalt kennengelernt hatte. Die Gestalt des Zen-Priesters deutete ich mir später als «Rückseite» meines Christusbildes. In meinen Versuchen, diese beiden Seiten eines Gottesbildes zu umschreiben, trug ich folgendes in mein Tagebuch ein:

«Die christliche Botschaft betont das Wort, das Geistige, das Aktive. Dieser östliche Priester dagegen ist in seine Imaginationen versunken und ruht ganz in seinem Leibe. Er ist passiv und läßt die Dinge geschehen.»

Kommentar

Der Zen-Priester zeigt nicht eine Konversion zur östlichen Religion an, sondern ist eine Personifikation eines neuen allgemeinen Priestertums, das in der Psyche zunächst in dieser Gestalt erscheint. In den Träumen wird häufig ein geistiges Problem oder die Bewußtwerdung einer neuen religiösen Orientierung in der Gestalt eines Priesters, Gurus oder einer anderen spirituellen Führergestalt dargestellt. Auch Zen-Priester tauchen zunehmend in Träumen von Christen auf. Dies ist zum einen dadurch zu erklären, daß in Filmen und anderen Massenmedien uns diese Gestalten nahegebracht werden und wegen ihrer Fremdheit wohl für viele etwas Beeindruckendes ausstrahlen. Darüber hinaus nehme ich an, daß die Psyche unserer Träumerin mit dem Zen-Priester noch etwas ausdrücken will, was der beginnenden neuen religiösen Orientierung gemäß ist. Während das dogmatisch fixierte Christentum der Intuition und Imagination wenig Spielraum läßt, eröffnet Zen wegen des Fehlens einer rational-begrifflich festgelegten Form eine Glaubenshaltung, die der Psyche gemäß ist.

Der helle Schein, der den Zen-Priester im Traum umgibt, ist ein typisches Phänomen für das Erscheinen des Heiligen in Traum-Visionen. So wurde Paulus bei seiner Bekehrung vor Damaskus von einem Licht vom Himmel her umstrahlt (Apostelgeschichte 9,3), so daß er zu Boden stürzte. Ähnlich erlebt die Träumerin die Erscheinung des Zen-Priesters als etwas so Einmaliges und Beeindruckendes, daß sie sich vor Furcht und vor Staunen nicht mehr rühren kann. Mit Hilfe des kreativen-bildhaften Gestaltens versucht Frau Sappho die Erschütterung zu bearbeiten. Das erste Bild mit einem geschlachteten und verblutenden Lamm, das der Träumerin aus der christlichen Symbolik zutiefst vertraut ist, zeigt uns subjektstufig betrachtet die lebensbedrohliche Selbstaufopferung im Dienste der Nächstenliebe. Wie Christus als das geschlachtete Opferlamm verblutete, so wurde das innere Leben von Frau Sappho durch die Identifikation* mit dem Opferlamm zutiefst bedroht. Die Zuordnung der vier Bilder zur lebensgeschichtlichen Vergangenheit, Gegenwart und Zukunft zeigt uns in der Symbolik der übriggebliebenen Wurzel und vor allem mit der aufgehenden Sonne eine hoffnungsvolle Zukunftsperspektive. In dem letzten Bild mit den verschiedenfarbigen geometrisch angeordneten Kreisen scheint sich die Strukturierung der Persönlichkeit nach der erschütternden Begegnung mit dem in der Gestalt des im Zen-Priester erscheinenden Heiligen wieder gefestigt und geordnet zu haben.

Die Gestalt des Zen-Priesters scheint subjektiv betrachtet die Funktion des Animus in der Seele von Frau Sappho zum Ausdruck zu bringen. Nach den bisherigen Ausführungen ist anzunehmen, daß der Leser eine gewisse Vorstellung von diesen inneren Seelenbildern in der Frau (Animus) und im Mann (Anima) erhalten hat, so daß wir uns hier auf den religiösen Aspekt begrenzen können. Die geistigen und religiösen Probleme werden von der Psyche einer Frau vor allem in männlichen Gestalten abgebildet. Die psychische Projektion* bringt «Das Unerklärliche», wie die Träumerin diese bisher unbekannte religiöse Erfahrung nennt, in der Gestalt des Zen-Priesters zum Ausdruck. Das, was einem Menschen heilig ist, läßt sich zwar in der bewußten religiösen Orientierung ganz auf das Christusbild lenken, doch die unbewußte religiöse Motivation zeigt in den Träumen weitere Aspekte, die auch zum Gottesbild gehören.

Der Tanz mit dem lebendigen Stein

Es war beim Aufstieg auf einen Berg. Etwas unterhalb des Gipfels führte ein gut begehbarer Weg in einer Serpentine nach oben. Bäume wuchsen hier nicht mehr. Es war eine Art Graslandschaft. Am Rand des Weges auf der Abhangseite lagen große Steinblöcke. Einige Kindergärtnerinnen, junge Mädchen, ritzten ein Muster auf den schönsten Felsblock. Seine Gestalt war infolge der Rundungen außerordentlich harmonisch. Und siehe da, wir trauten unseren Augen nicht: der Stein wurde lebendig, erhob sich und stellte sich auf den Weg. Er sah aus wie ein ungeheures, lebendiges Tier, das sich auf den Hinterfüßen erhoben hatte. War es ein Bär? Unsere Faszination war so groß, daß wir Auge in Auge mit dem «lebendigen Stein» verharrten. Er kam auf mich zu und bat mich, mit ihm zu tanzen. Obwohl ich das für unmöglich hielt, hatte ich doch Vertrauen zu dem eigenartigen Tanzpartner. Und je länger wir tanzten, um so mehr verwandelte sich seine Gestalt in eine männliche, zugleich überdimensionale. Auf einmal wünschte ich mir, daß er seinen Arm fester um mich legen und mich an sich ziehen möchte. Der harmonischste Teil des Tanzes fand auf einer grünen Wiese statt. Der Mann erzählte mir nun, daß er einen Sohn hätte mit einem traurigen Schicksal. In der Schule hätte er besonders gern geturnt und seine Spezialität sei die Kletterleiter gewesen, die bis unters Dach der Turnhalle reichte. Eines Tages sei er einfach oben sitzen geblieben (ich konnte das sehen) und nicht wieder heruntergekommen. Die Leute hätten ihn für verrückt erklärt und ihn in eine psychiatrische Anstalt gesteckt, wo er nun in einem Arbeitssaal mit Nähen von zerrissener Kleidung beschäftigt sei. Welche Gewalt ihm die Menschen damit antäten, sein Leben so einzuengen und zu begrenzen, sei unglaublich, aber er könne nichts machen. Plötzlich kam mir die Hand der lebendigen Steingestalt ins Blickfeld. Es war eine schöne, schmale, feingliedrige Frauenhand mit sehr gepflegten Fingernägeln. Ich konnte mir den Zusammenhang nicht erklären.

Der Berg und die Landschaft in diesem Traum sind mir völlig fremd. Ich erinnere mich nicht, daß ich bei meinen vielen Reisen jemals in einer ähnlichen Gegend gewesen bin. Ich habe von diesem Traum den Eindruck, daß er wenig mit meinem realen Leben zu tun hat, sondern mir in seinen Bildern eine Botschaft vom inneren Leben vermitteln will. Nach dem Aufschreiben des Traumes in mein Tagebuch blieb er zunächst einige Tage stumm. Dennoch verspürte ich etwas von Faszination, die von diesem Traumbild ausging. Ich wollte unbedingt hinter das Geheimnis des Steines kommen. So begann ich, auf meine meditative Weise mit ihm zu «reden» und beachtete meine Einfälle, die mir kamen.

Zu den Kindergärtnerinnen im Traum konnte ich als erstes eine Verbindung herstellen. Sie erinnern mich an mein 20. Lebensjahr. Damals wurde mein jüngster Stiefbruder geboren, den ich viele Jahre wie eine Mutter versorgt habe, weil die Mutter gestorben war. Ich erinnere mich an das schreckliche Erlebnis, wie der Vater mit mir damals in die Totenkammer ging, wo Mutter aufgebahrt war und er ihr das Gebiß aus dem Munde nahm. Rückblickend kommt es mir so vor, daß damals etwas in mir versteinert ist. Vielleicht knüpft dieser Traum bei jener Erstarrung in meiner Seele wieder an. Die Belebung des Steines im Traum geschieht durch das Einritzen eines schönen Musters. Dazu fällt mir meine Kreativität ein, wie ich sie bei der Gestaltung der Bilder mit Fingerfarben bei dem vorigen Traum beschrieben habe. Ich bin sehr beeindruckt, wie sich die Verhärtung meiner Seele durch das Malen löst. Das Einritzen des Musters in den Stein zeigt mir, wieviel geduldige Arbeit ich noch leisten muß, bis in den «Versteinerungen» meiner Seele ein Zeichen der Hoffnung zu erkennen ist. Dennoch habe ich auch in den härtesten Zeiten meines Lebens den Eindruck gehabt, daß ich ein Zeichen trage. Heute deute ich es als ein Schutzzeichen, das mich wie das «Kainszeichen» in Schwierigkeiten bewahrte.

Der Tanz im Traum wird mir durch meine Freude am Tanzen verständlich. In meiner Arbeit mit Behinderten im Bereich der Rehabilitation «tanzen» wir, soweit es die körperlichen Möglichkeiten zulassen. Wenn nach der Musiktherapie alle den Raum verlassen haben, lege ich manchmal eine Schallplatte für mich alleine auf und gebe mich im Tanz ganz dem Rhythmus hin. So manches Mal habe ich erfahren, daß diese Hingabe an die Musik mich löst und freier macht. Von dieser Erfahrung her kann ich den Traum verstehen, wie sich der Stein im Tanz wandelt und zu einem Mann wird. Mich erinnert das Motiv an

Märchen, in denen sich ein Tier verwandelt und zu einem Prinzen wird.

Das traurige Schicksal des Sohnes, von dem mir der Tanzpartner erzählt, macht mir angst. Wer ist dieser Sohn, der oben auf der Leiter sitzen geblieben ist, und den die Leute für «verrückt» erklärt haben? Bei dem Aufschreiben meiner Träume und bei den Meditationen schoß es mir gelegentlich durch den Kopf, ob ich selbst nicht etwas Verrücktes treibe. Der Weg, den ich gehe, erscheint mir wie eine gefährliche Gratwanderung. Manchmal habe ich Angst, von den Bildern meiner Seele überflutet zu werden. Zunehmend merke ich, daß ich einen starken Persönlichkeitskern habe. Ich kann es aushalten, wenn in meinen Träumen die dunklen Zeichen aus der Tiefe erscheinen. Besonders bei der Überarbeitung meiner Aufzeichnungen für diese Veröffentlichung erkannte ich weitere Zusammenhänge. Ich begreife, daß die Traumbilder Hand und Fuß haben. So entdecke ich an der Steingestalt die schöne Frauenhand. Ist es meine Hand? Will mir diese Hand, die ich sonst zum Greifen und Anpacken verwende, im Traum andeuten, daß ich die Botschaft des Steins be-greifen soll?

Kommentar

Dieser Traum zeigt verschiedene Aspekte der Wandlung in der Träumerin auf. Die sogenannte Versteinerung des inneren Wesens, der Psyche, wandelt sich über das Tier zum Menschen. Die Verwandlung beginnt, indem die jungen Mädchen ein bestimmtes Muster auf den Felsblock ritzen. Durch diese Bearbeitung kommen die Mädchen in eine lebendige Beziehung zu dem Stein. Wenn wir diese Szene des Traumes auf den Lebenslauf von Frau Sappho beziehen, dann ist in der Mädchenzeit ein wichtiger Einschnitt geschehen. Statt sich dem Leben oder den Freunden zuzuwenden, widmen sich diese Mädchen einem Stein. Positiver betrachtet könnte in dieser Lebensphase die bewußte Arbeit an der Individuation* ihren Anfang genommen haben. Unter den Händen der Mädchen wird der Stein lebendig und richtet sich auf, so daß er wie ein Bär erscheint.

Die Bilder und Handlungen des Traumes zeigen Aspekte des psychischen Prozesses der Selbstverwirklichung. Neben der manuellen Bearbeitung des Steines ist es im zweiten Teil des Traumes der Tanz, der die Wandlung zur männlichen Gestalt fördert und schließlich den Mann zum Sprechen bringt. Die Einzelheiten der Beziehung zwischen der Träumerin und dem Stein-Mann schildert der Text, wenn zum Beispiel gewünscht wird, daß er seinen Arm fester um sie legen möge. In diesem Vorgang zeigt sich eine zunehmende Nähe, ja geradezu eine innige Beziehung der Träumerin zu ihrem Animus als einer Personifikation der «männlichen Natur» im Unbewußten der Frau. Zu der vielschichtigen Funktion des Animus gehört, eine Beziehung zwischen dem individuellen Bewußtsein und der von C. G. Jung als kollektives Unbewußtes bezeichneten Tiefenperson herzustellen. Der Animus in der Frau ist eine geistige Funktion, die erkennen, unterscheiden und begreifen will. Insbesondere ist der Animus auch eine Mittlergestalt zum Erlebnis des Religiösen. Diese Aspekte des Animus werden häufig auf geistig-geistliche Autoritäten projiziert, wie beispielsweise im Traum vom Zen-Priester oder in dem späteren Traum vom evangelischen Landesbischof.

Die religiöse Dimension des Animus verdeutlicht der letzte Traumteil. Das traurige Schicksal des Sohnes hat die Träumerin in ihrer Meditation mit Christus in Verbindung gebracht. Durch die «Himmelfahrt» ist er «oben geblieben... und nicht wieder heruntergekommen», wie es im Traum heißt. Wie damals Christus aus der Lebens- und Glaubenswelt herausgedrängt wurde und am Kreuz endete, so würde er wohl in unserer Zeit «für verrückt erklärt werden und in eine psychiatrische Anstalt gesteckt». Abgesehen von den psychisch Erkrankten, die tatsächlich in eine Psychose verfallen, sind mir Menschen bekannt, die wegen ihres neuen religiösen Sohnes-Bewußtseins von anderen für «verrückt» erklärt werden. Wie Frau Sappho in ihrer Deutung des Traumes annimmt, wird der lebendige Christus, der in der Seele der Menschen auferstehen möchte – ähnlich wie die Frauen in der Gruft Jesu eine Erscheinung von

Engeln hatten, die sagten, daß ER lebe (Lukas 24,39) –, von vielen in eine fragwürdige religiöse Vorstellungswelt eingesperrt. Aus dieser religiösen Befangenheit, die manchmal wie ein Gefängnis empfunden wird, befreit sich Frau Sappho mit Hilfe ihrer Träume.

In diesen inneren Erfahrungen walten keineswegs nur Zufälle oder Willkür, sondern Grundmuster, die uns bei diesem Traum mit Hilfe der religiösen und philosophischen Anschauungen der Alchemie deutlicher werden können. Wie C. G. Jung in seinen umfangreichen Arbeiten über die Alchemie nachgewiesen hat[80], ist diese geistesgeschichtlich betrachtet eine das Christentum kompensierende Bewegung gewesen. Die psychischen und religiösen Inhalte, für die es in der Religion keinen Raum gab, wurden in die Materie und in bestimmte chemische Stoffe projiziert. In den uns Heutigen seltsam erscheinenden alchemistischen Prozessen erkannte Jung Analogien zu dem von ihm beschriebenen Weg der Individuation. In den zahlreichen alchemistischen Texten lassen sich drei Grundmotive herausarbeiten, die der Herstellung des sogenannten philosophischen Steines der Weisen dienen sollten.

In der ersten Phase der «Nigredo» (= Schwärze) geht es um die Bearbeitung der dunklen Ausgangsmaterie. In dem vorliegenden Traum wird dies mit der Arbeit der jungen Mädchen an dem Felsblock dargestellt. Diese Steinzeichnung ist durch dunkelgraugrundige Linien gekennzeichnet, wie es bei besonderen Exemplaren einer Mineraliensammlung zu sehen ist. Das zweite Stadium bei der Herstellung des philosophischen Steins wird die «Albedo» genannt (die sogenannte Weißung). Dieser entspricht im Individuationsprozeß die Integration* der gegengeschlechtlichen Komponenten in der Person, der sogenannten Anima beim Manne und des Animus in der Frau. Wie der zweite Teil des vorliegenden Traumes in dem Bild des Tanzes mit dem Stein-Mann zeigt, wird in der liebevollen Umarmung etwas von der leidenschaftlichen Liebe und der Verlebendigung der Psyche erlebt. In der alchemistischen Prozedur folgt nach der Stufe der Albedo die «Rubedo» oder Citrinitas (= Rötung oder Goldfärbung). Für die philosophisch und religiös orientierten Alchemisten ging es bei dem Gold oder dem Stein der Weisen nicht um konkrete materielle Objekte, sondern um die Begegnung mit dem Selbst*. Die Arbeit an dem sogenannten Anthropos, dem ganzen Menschen, war verbunden mit Leiden, ähnlich wie sich in der heutigen Psychotherapie die Heilung durch die Leiden vollzieht. Das Motiv der Qual, das sich in vielen alchemistischen Texten finden läßt, wird in der letzten Szene des Traumes in dem traurigen Schicksal und den Leiden des Sohnes dargestellt.

Auf der Subjektstufe gedeutet finden hierin die religiösen Leiden der Träumerin ihren Ausdruck. Wie der Sohn im Traum oben sitzen geblieben ist, so war das Christusbild von Frau Sappho in dem bisherigen Leben in himmlischen Höhen festgemacht. Infolge dieser Distanz gab es keine befriedigenden Beziehungen zwischen IHM und ihr. Seitdem sie jedoch die numinosen Erfahrungen aus der eigenen Psyche beachtete, kam ihr gelegentlich die Befürchtung, von anderen für «verrückt erklärt zu werden», ähnlich wie die Leute im Traum den Sohn in eine psychiatrische Anstalt steckten. Hinter diesem Motiv vermutet der psychiatrisch informierte Leser vielleicht die Gefährdung der Träumerin durch eine Psychose. Rückblickend kann festgestellt werden, daß kein psychotischer Schub zu verzeichnen war und keine Anzeichen für einen solchen vorliegen. Nach den Gesprächen mit der Träumerin nehme ich an, daß die Psyche mit dem Motiv aus der Arbeit mit geistig Behinderten die bisherige begrenzte Weltanschauung von Frau Sappho darstellt. Die neue und erweiterte Gotteserfahrung ist noch etwas befremdlich, so daß sich im Motiv der psychiatrischen Anstalt die Befürchtung ins Bild setzt, von den Leuten für verrückt erklärt zu werden.

Einen engen Zusammenhang mit der genannten alchemistischen Nigredo hat der folgende Traum mit dem Motiv des dunklen Gottesbildes.

Der folgende Traum hat mich sehr erschreckt. In einem Zimmer ist ein Vogelkäfig. Das Vögelchen liegt im Sterben, das sich so äußert: Es hat am hinteren Ausgang eine Art Kropf, das Verstopfung höchsten Grades anzeigt. Sofort fällt mir ein, so ergeht es ja auch dir seit deinem Umzug in die neue Stadt. Der Vogel läßt nun Tropfen ab, sein Leben ist am Ende. Ich habe solches Mitleiden mit dem armen Geschöpf, das ich sehr liebte.

Im zweiten Akt sehe ich einer Geburt zu. Zuerst war es wohl eine Kuh. Dann war es eine Frau, deren Stunde der Geburt mit den Wehen begann. Komisch, daß da als erstes aus der Scheide ein Tierfuß mit Huf herausragte. Ich dachte, das paßt gar nicht zur Szene. Nachher war es ein schöner, wohlgeformter, gesunder Knabe, nicht mehr als Säugling, sondern schon zwei Jahre alt.

Beim Erwachen fällt mir zu dem Tierfuß sofort der Teufel ein. Ein großes Erschrecken überfällt mich. Der Vogel stirbt und der Teufel wird geboren. Er stirbt im Käfig an seiner Unfreiheit. Die Verstopfung des Vogels möchte ich mit meiner seelischen Verdrängung vergleichen. Noch immer neige ich dazu, meine Phantasien zu verdrängen. Das Verdrängte sammelt sich in meiner Seele wie die Verstopfung beim Vogel. Langsam dämmert mir, daß alles Verdrängte einen «Pferdefuß» hat und in entstellter Form ins Licht des Bewußtseins drängt. Den Pferdefuß kenne ich als Sinnbild des Teufels. Bereits in meinen früheren Träumen waren Bilder aufgetaucht, die mir aus dem Aberglauben als Attribute des Teufels bekannt sind. So träumte ich einmal von einer häßlichen alten Frau, die mir des Teufels Großmutter zu sein schien. Von großer Angst getrieben habe ich dieses Schreckgespenst zur Türe hinausgeschoben. In dem gleichen Traum trat später der Teufel selber in mein Zimmer. In meiner Angst hatte ich die größte Mühe, ihn wieder rauszuschaffen. Beim Verschwinden sagte er: «Ich komme wieder!» Diese früheren Träume bringe ich in Zusammenhang mit meinem Einfall, daß hinter dem Tierfuß der «dunkle Bruder» steck. Besonders überrascht mich, daß sich später das Attribut des Teufels als ein schöner Knabe von zwei Jahren entpuppt.

Wenn ich es recht sehe, wird in diesem Kind meine zwei Jahre während Beschäftigung mit der Seele ins Bild gesetzt. Durch die zahlreichen weiteren Träume, die ich meinem Tagebuch anvertraute, habe ich gemerkt, wie Helles und Dunkles, Göttliches und Teuflisches in meiner Seele verborgen ist. In den Träumen werden diese verborgenen Bilder geboren.

Kommentar

Bei diesem Traum gehe ich nur auf die Geburt des dunklen Gottesbildes ein, weil dies für viele Menschen ein brennendes Problem ist. Wie es für die Träumerin zunächst nicht auszudenken ist und es ihr dann langsam dämmert, daß Licht und Schatten, Gutes und Böses, Göttliches und Teuflisches nebeneinander existieren oder gar in einer Person vereinigt sind, so wie das bekannte chinesische Symbol von Yang und Yin stets den Gegenpol in sich enthält.

C. G. Jung gibt in seinem religionspsychologisch bedeutenden Werk AION folgende Beschreibung des «Schattens»,* die uns zugleich eine Hinführung zum Verständnis des Dunklen im Gottesbild sein soll.[81] «Der Schatten ist... jene verhüllte, verdrängte, meist minderwertige und schuldhafte Persönlichkeit, welche mit ihren letzten Ausläufern bis ins Reich der tierischen Ahnen hinaufreicht und so den ganzen historischen Aspekt des Unbewußten umfaßt... Wenn man bis dahin der Meinung war, daß der menschliche Schatten die Quelle allen Übels sei, so kann man nunmehr bei genauerer Untersuchung entdecken, daß der unbewußte Mensch, eben der Schatten, nicht nur aus moralisch verwerflichen Tendenzen besteht, sondern auch eine Reihe guter Qualitäten aufweist, nämlich normale Instinkte, zweckmäßige Reaktionen, wirklichkeitsgetreue Wahrnehmungen, schöpferische Impulse u. a. m.»

Diese hier genannten Polaritäten in einer Person finden sich auch als Antinomien im Gottesbild, das die Psyche des einzelnen projiziert oder die sogenannte Kollektivpsyche einer bestimmten Gruppe entwirft. Obgleich Jung oftmals darauf hingewiesen hat, daß er mit diesen religiösen Erfahrungen*, die er bei gesunden und kranken Analysanden gesammelt hat, keine Aussagen wie Theologen über das Wesen Gottes an sich machen wolle, ist er immer wieder mißverstanden worden. Jung und die Psychotherapeuten, die sich dieser Schule verbunden fühlen, geht es um eine empirische Beschreibung von Erfahrungen, «die einen Menschen unbedingt angehen» (Tillich). Welche Gedanken sich die Träumerin dazu macht, insbesondere zur Geburt des Teufels, haben wir in den Assoziationen gelesen.

Diese Erfahrungen finden durch die von Jolande Jacobi veröffentlichten religiösen Malereien von seelisch Leidenden[82] eine sehr eindrucksvolle Illustration. Offensichtlich wiederholt sich im Individuationsprozeß des einzelnen auch im religiösen Bereich eine Kompensation des Lichten durch das Dunkle, wie wir es zu dem vorigen Traum aus der Alchemie beschrieben haben. Nach meinem Verständnis ist das angedeutete Problem der Antinomien im Gottesbild durch die theologische Inkarnationslehre aufgehoben, nämlich daß Gott Mensch wurde und daß in Christus die menschliche und die göttliche Natur vereint und damit versöhnt sind. Doch in der Praxis wurden weiterhin bestimmte Lebensbereiche «verteufelt», und die Materie wurde im Gegensatz zum Geist gesehen. Nach den Erkenntnissen der neueren Physik, die in ihren Modellvorstellungen annimmt, daß Geist und Materie als die zwei Erscheinungsformen der Einheitswirklichkeit anzusehen sind, wird zunehmend einsichtig, was Menschen in ihren religiösen Träumen und Visionen erfahren, daß nämlich ein dunkles Gottesbild in unserer Seele die Kehrseite ist von unserem lichten Gottesbewußtsein.

Die traditionelle Religiosität zerbricht

Im Traum bin ich in meiner Heimatstadt. Ich befinde mich in der Stuttgarterstraße in Höhe der Grund- und Realschule, die ich neun Jahre besuchte. Die Schule ist anders, mehrgeschossiger als zu meiner Zeit, und es scheint, als ob soeben ein weiterer Bauabschnitt oder eine Renovierung fertig wäre. Unzählige Menschen sind im Schulhof versammelt. Der obere Schulhof, der wie eine Terrasse angelegt ist, ist für die Ehrengäste vorbehalten. Es interessiert mich, und ich gehe den Treppenpfad, der am Schulgelände links außen vor der Einfassung zum oberen seitlichen Eingang führt, hinauf. Die Pforte ist verschlossen oder wegen der vielen Menschen abgeschlossen worden. Wie selbstverständlich ziehe ich einen Schlüsselbund aus der Tasche und schließe auf. Mich interessieren die Ehrengäste. Es sind ältere, grauhaarige, schwarz gekleidete, meist bekannte Frauen und Männer, die irgendwie in der Kirche einen Namen und Rang haben. Vom Typ her würde ich sie zu den «Pietisten» zählen. Eigentlich wundert es mich, daß die Ehrentribüne noch so wenig besetzt ist und was die Schule wohl mit einem kirchlichen Fest beziehungsweise einer kirchlichen Einweihung zu tun hat. Ich gehe wieder zurück und schließe die Türe ab, ohne andere Leute hereinzulassen.

Die oberen Treppenstufen springt ein fröhliches, leichtgekleidetes Mädchen mit rotblonden, langen Haaren herunter. Plötzlich sehe ich vor mir eine ausgebrannte Schloßfassade. Nur die Giebelseite steht noch mit den stufenförmig zur Spitze ansteigenden Seiten. Es sagt mir jemand, die Kirche gegenüber der Schule sei ausgebrannt. Als ich hinüberschaue, ist es die Kirche im gotischen Stil, von der die Giebelwand mit den hohen Bogenfenstern, ganz geschwärzt vom Rauch, noch stehen geblieben ist. Ich gehe nun mit meinem schönen Schäferhund die Treppe hinunter. Unten, am ersten Treppenansatz, wo der kleine Brunnen ist, möchte ich mich auf die alte Steinbank setzen. Die Bank ist alt, moosbewachsen und auch etwas dreckig. Es liegen noch Blumensträuße dort, die eine Frau wegnimmt. Ich setze mich hin, auch wenn ich schmutzig werde. Den Hund habe ich an der Leine. Er legt seine Vorderbeine auf meinen Schoß, so, als ob er mir ganz nahe sein und mir etwas sagen wollte. Es ist ein schönes Tier, mit seinen lauschenden Ohren und der lang heraushängenden roten Zunge. Auf einmal gehen zwei oder drei

Frauen zum unteren Haupteingang, der nicht verschlossen ist, hinein. Sie sind schwarz gekleidet und zeigen sich irgendeinen Gegenstand aus ihren Handtaschen, der einen Bezug zu dem Fest haben muß.

Danach tritt ein Mann aus dem Tor, es ist unser evangelischer Landesbischof Class. Eigenartig, wie er aussieht, wie wenn sein Alter immer zu allen Zeiten dasselbe wäre. Eigenartig auch, wie er gekleidet ist. Ein grauer Anzug, dessen Hosenbeine noch Aufschläge haben und die ihm zu kurz sind, nur knöchellang. Darunter hat er grobe, handgestrickte Socken an. Sie sind schwarzgelb meliert oder geringelt. Seine Füße stecken in derben, dunklen Halbschuhen, die aber nicht geputzt aussehen. Darüber hat er einen alten Umhang geworfen, der dunkelrot ist. Der Bischof wirkt noch kleiner, als er ist. Komisch, denke ich, warum geht er jetzt so allein weg, wo doch gleich sein großer Auftritt auf der Tribüne ist, und warum ist er so wenig zeitgemäß bischöflich gekleidet? Das Kreuz, das er sonst mit der großen Kette um den Hals trägt, fehlt auch. Ich warte, ob er wieder zurückkommt, aber er kommt nicht.

Nun will ich weggehen und bin die 5-m-Treppe vollends hinuntergegangen zur Hauptstraße hin. Wie ich meinen Blick noch einmal zur Schule wende, sehe ich etwas sehr Erschreckendes. Zwei Kirchen brennen lichterloh und dahinter stürzt der Schulkomplex lautlos auf die vielen Menschen. Es gibt keine Explosion, kein Getöse, kein Krachen. Nur der, der in diesem Moment hinschaut, nimmt die Katastrophe wahr.

Ich bin erstaunt, im Traum nochmals meinen Schulweg zu gehen. Viele Details dieses langen Traumes empfinde ich als Rückblende in mein vergangenes Leben. Ich möchte hier zusammenfassen, was ich als roten Faden erkannt habe. Meine Schulzeit habe ich in guter Erinnerung behalten. Das Lernen hat mir Spaß gemacht. Weil ich aus einem frommen Elternhaus stamme, wurde mir der Religionsunterricht und später der Konfirmandenunterricht als besonders wichtig hingestellt. Wenn ich sonntags in die Kirche ging, machte ich mir oft Gedanken darüber, warum so viele Leute schwarz gekleidet waren. Einige besonders vornehm aussehende Leute hatten ihre Stammplätze in den mit reichem Schnitzwerk versehenen Bänken rechts und links vom Altar. Eine andere Gruppe von frommen Leuten wurden «Pietisten» genannt (von lateinisch pietas = Frömmigkeit; Anm. v. Verf.). Zu den Leuten, die in der Kirche Rang und Namen haben, fällt mir mein Konfirmator ein. Ich erlebte diesen Pfarrer als einen strengen und ernsten Mann, der uns viel christliches Wissen vermittelte, aber nicht zu einem lebendigen Glaubensleben verhalf. Das wurde uns bei christlichen Jugendfreizeiten und in der Zeltmission der kirchlichen Volksmission vermittelt. Bei den jährlich wiederkehrenden Veranstaltungen wurden wir eindringlich zur sogenannten Bekehrung aufgerufen. Manchmal fiel es mir auf die Nerven, daß ich mich immer erneut bekehren sollte. Bei der Rückschau auf mein Leben gewinne ich den Eindruck, daß meine Kindheit und Schulzeit zu stark von einer übertriebenen Frömmigkeit überlagert war. Vielleicht findet deswegen auch im Traum die kirchliche Renovierungsfeier im Bereich der Schulgebäude statt. Ich nehme an, daß der Schlüssel in der ersten Traumszene etwas damit zu tun hat, daß ich infolge meiner kritischen Auseinandersetzung mit der Religion den Glauben meiner Kindheit in einem anderen Licht sehe. Ich ahne, daß der Schlüssel für mich das wichtigste Sinnbild in der ersten Traumszene ist. Mit ihm kann ich selber aufschließen und abschließen. Dieser Schlüssel hat für mich die gleiche Bedeutung wie meine Träume. In ihren Bildern erschließt sich meine Vergangenheit.

In der zweiten Traumszene ist der Schäferhund für mich die Schlüsselfigur. Er erinnert mich an den Schäferhund Rolf aus meiner Kindheit. Während die anderen Haustiere alle in der Obhut der anderen Geschwister waren, gehörte Rolf mir ganz alleine. Er war mein bester Freund. Oft habe ich mich über seine Spürnase gewundert. Er fand stets wieder, was ich verloren hatte. Ich frage mich, ob meine Kindheitserfahrungen mit dem Schäferhund ein Sinnbild sind für meine gegenwärtige Lebenskrise und meine Glaubenszweifel. Mir fällt die Redensart ein: «Ich bin auf den Hund gekommen». So fühle ich mich in der letzten Zeit. Mein Herz ist so leer und mein Leben erscheint mir wie ausgebrannt. Auch im Glauben und in der Kirche finde ich keinen Trost. Obgleich mein Leben nach außen hin in Ordnung scheint, fühle ich mich innerlich wie die ausgebrannte Kirche im Traum.

Über die Kleidung und den Aufzug des Bischofs in der dritten Traumszene kann ich mich amüsieren. Die kurzen Hosenbeine und die handgestrickten Socken passen nicht zu meinem realen Bild von Landesbischof Class. Ich habe ihn seinerzeit bei einer Bibelwoche persönlicher kennengelernt. Ich habe den Eindruck gewonnen, daß er ein echter Seelsorger und ein guter Hirte ist. Indem ich an ihn denke, fällt mir ein Gerücht oder ein Witz von seiner Bischofswahl ein. Bei der Ausschreibung des Bischofsstuhles soll ein anderer Bewerber nicht in die nähere Wahl gekommen sein, weil er eine recht attraktive Frau hat. Besonders in frommen kirchlichen Kreisen befürchtete man, daß diese schöne Frau zu viel Sinnenlust mit ihrer Weiblichkeit neben dem Bischofsstuhl erwecken könne.

Den im Traum weggehenden Bischof bringe ich in Verbindung mit Jesus, dem «Hirten und Bischof meiner Seele», der mich nach meinem Gefühl verlassen hat. Bereits nach dem Aufwachen aus diesem Traum schoß mir der Gedanke durch den Kopf, daß der seltsame Bischof in seinem veralteten Anzug etwas mit Jesus zu tun habe. Wenn ER sich in dem veralteten Gewand eines Bischofs verkleidet zeigen würde, ob er dann wohl der Feier anläßlich einer Kirchenrenovierung beiwohnen würde? Ich kann es mir nicht denken, daß Jesus auf einer Tribüne unter den Ehrengästen Platz nehmen würde. Durch meinen Traum und meine religiöse Krise dämmert mir etwas von der Tragik unserer Kirche, wenn der Hirte und Bischof unserer Seelen sie verläßt. Wenn ER geht, werde ich ihm folgen. Vielleicht begegne ich ihm außerhalb der Stadt am Brunnen, wie einst die Samariterin.

Kommentar

Dieser Traum wird in der Lebensphase geträumt, als die Auseinandersetzung mit der kirchlichen Bindung einen gewissen Höhepunkt erreicht hat. In der Schule des Lebens ist «ein weiterer Bauabschnitt oder eine Renovierung fertig», wie es im Traum heißt. Doch es findet keine Einweihungsfeierlichkeit statt; sondern beim Weggehen sieht die Träumerin zwei Kirchen brennen und dahinter die Schule auf die Menschen stürzen. War es im ersten Traumteil eine ausgebrannte Schloßfassade als Bild für die Auseinandersetzung der Träumerin mit der Machtproblematik und hört sie in der gleichen Szene von jemandem, daß die Kirche gegenüber ausgebrannt sei, so sieht sie schließlich am Ende des Traumes die schreckliche Katastrophe. Das Bild der Fassade, die schließlich zusammenstürzt, zeigt den Zusammenbruch der traditionellen Kirchlichkeit von Frau Sappho an. Dazu gehört auch die kritische Auseinandersetzung mit bestimmten Personen, die in der Kirche Rang und Namen haben.

Zu der kritischen Auseinandersetzung mit der traditionellen Religiosität erfindet der Traumautor einen merkwürdigen Aufzug des Bischofs. Es kommt in Träumen gelegentlich so ein komischer und zugleich witziger Auftritt eines hohen Würdenträgers vor. In solchen Bildern stellt die Psyche die übertriebene Würde in Frage und arbeitet damit zugleich an einer gewissen Auflockerung der Persönlichkeit. Wir erwähnten bereits bei unseren Ausführungen über den Animus in der Frau, daß dieser mit Vorliebe auf geistige und geistliche Autoritäten projiziert wird. War in der Schulzeit der Träumerin ein ganz bestimmtes Bild von Autoritäten geprägt worden, so sehen wir in der jetzigen Lebensphase einen Hirten und Bischof der Seele, der fast wie ein Clown gekleidet die Traumbühne verläßt. Da der Animus in der Psyche einer Frau gelegentlich auch die Funktion eines «Meinungsmachers» haben kann, der die Ansichten eines bestimmten Kollektivs vertritt, so tritt mit dem Bischof im Traum die bisher gültige religiöse Überzeugung von der inneren Bühne ab. Nach den wiederholten Aussagen über das subjektive

Verständnis eines Traumes versteht es sich von selber, daß damit keine Aussage über Person und Würde des realen Bischofs getroffen wurde.

Bleibt zum Schluß noch die vertrauliche Beziehung zum Schäferhund zu bedenken. Ist die Träumerin im Sinne der Redensart mit ihrer Religion «auf den Hund gekommen»? Zunächst ist es wichtig, daß wir uns an die Erinnerungen und Begegnungen von Frau Sappho mit Hunden in ihrem Leben erinnern. Im Zusammenhang eines hier nicht wiedergegebenen Traumes berichtete Frau Sappho einmal: «In meiner Kindheit bestand eine gute Beziehung zu Tieren. Ich hatte viele schöne Tiererlebnisse und Freude an der Kreatur. Ich begegnete den Tieren ohne Angst. Es waren meine Freunde und Spielkameraden.» Durch die christliche Erziehung wurde sie der Tierwelt und vor allem der damit verbundenen Seite der Natur und der eigenen Triebhaftigkeit entfremdet. Wie in den Träumen zahlreicher Frauen, in denen ein Hund beispielsweise seinen Kopf bittend in den Schoß legt, so legt in unserem Traum der Schäferhund seine Pfoten auf den Schoß, als ob er ganz nahe sein und etwas sagen wollte. Der Hund ist wegen seiner bekannten Spürnase und seiner Triebhaftigkeit ein Sinnbild für das instinktive Gespür der Träumerin für den einzuschlagenden Weg und zeigt die wachsende Instinktsicherheit an sowie eine günstige Beziehung zu den Triebkräften des Unbewußten. Da der Hund in der Antike der Nachtgöttin Hekate geweiht war, der Göttin, der das Öffnen und Schließen dieses dunklen Bereiches oblag, so besagt diese alte Symbolik, daß der Hund der Hüter der Schwelle zum Unbewußten ist. Ferner ist der Hund das Begleittier des Heilgottes Asklepios. Diese mythologischen Bilder lassen eine günstige psychische Entwicklung erhoffen, indem zum Beispiel der verhängnisvolle Zwiespalt zwischen einer zu strengen moralisch-religiösen Einstellung und der verdrängten naturhaften Seite überbrückt wird und die Gegensätzlichkeiten von Natur und Geist zunehmend versöhnt werden. Da wir uns in den letzten Träumen insbesondere mit der religiösen Orientierung der Träumerin beschäftigen, zeigt der letzte Traum, den wir mitteilen, wie auch das traditionelle Gottesbild durch die persönliche Erfahrung zu einer ganzheitlichen Gotteserfahrung wird.

Die Entstehung des neuen Gottesbildes

In meinem letzten Traum war ich in einer schönen Kirche. Ich saß in der vordersten Reihe gegenüber der Altarwand. An der Rückfront (Eingangsseite) war ein die ganze Wand ausfüllendes, herrliches Mosaik, das GOTT darstellte. Mir war, als ob ich es schon oft eingehend betrachtet hätte. Ungeachtet der Menschen, die um mich herumsaßen, stand ich auf und entnahm dem Bild etliche Steine, die in Form von langen, schmalen Streifen ablösbar waren. Vorne an meinem Platz, da wo man oben auf der Bankbrüstung das Gesangbuch ablegt, formte ich aus den abgelösten Mosaiksteinen ein Bild. Und siehe, vor meinen Augen entstand ein ebenso schönes, leuchtendes Gottesantlitz.

Der Pastor kam herzu und tadelte mich wegen meines eigenmächtigen Tuns. Wie ich mich nach hinten umwandte, sah ich, daß sich die leeren Stellen des Bildes wieder geschlossen hatten. Auch der Pastor nahm dies wahr, und er blickte hernach wohlwollend zu mir her. Eigentlich wußte ich selbst nicht, wie ich dazukam, das «heilige Bild» anzutasten und mein eigenes Bild davon zu gestalten. Es war wie eine heilige Handlung.

Wenn ich diese Kirche näher beschreiben sollte, müßte ich als erstes sagen, daß es keine stilreine Kirche war, so daß ich sie nicht einer bestimmten Epoche zuordnen könnte. Ich habe den Eindruck, daß die Kirche im Traum Bauelemente von all den Kirchen enthielt, die ich im Verlaufe meines Lebens gesehen habe und in denen ich mich geborgen fühlte. Das Mosaik-Gottesbild stellte ein leuchtendes Gottes-Antlitz dar. Durch seine Farbigkeit (es waren alle Farben darin enthalten) und seine Leuchtkraft hat es mich sehr beeindruckt. Es leuchtete ganz aus sich heraus und strahlte für mich etwas Heiliges und Ergreifendes aus. Zur Beschreibung dieser Erfahrung fallen mir ähnliche

Erlebnisse im Straßburger Münster ein. Wenn ich in Andacht die herrliche Rosette betrachtete, wirkten ihre Farben noch stärker, wenn die Sonne sie durchstrahlte. Für mich sind die Betrachtung der Rosette im Münster und die Begegnung mit dem großen runden Angesicht Gottes im Traum zu unvergeßlichen Gotteserfahrungen geworden. Besonders beeindruckt hat mich, daß unter meinen Händen aus den Mosaiksteinen, die ich dem großen Runden entnommen hatte, so ein leuchtendes Gottes-Antlitz entstand. Meine «Werkbank» war die Gesangbuch-Ablage der Kirchenbank. Vielleicht spielt das Motiv darauf an, daß für mich in dieser Lebensphase das bildhafte Gestalten und die Arbeit mit Fingerfarben, wie ich es beim Traum vom Zen-Priester beschrieben habe, hilfreicher ist als das Singen von Kirchenliedern. Nachdem mein religiöses Leben bisher auf das *Wort* Gottes ausgerichtet war, entdecke ich durch die Träume das *Bild* Gottes.

Der Pastor im Traum war mir fremd. Obwohl er mich wegen der Tat tadelte, wurde er hernach wohlwollend zu mir. Auch er hatte wahrgenommen, daß trotz meiner Entnahme der Mosaiksteine das Angesicht Gottes wieder ganz geworden war. Ich habe die Vermutung, daß das Tadeln des Pastors etwas mit meinem Gewissensproblem zu tun hat. Das Abweichen vom traditionellen Gottesbild bereitet mir manchmal Schuldgefühle. Darf ich es als sündiger Mensch wagen, das heilige Bild anzutasten und mein persönliches Gottesbild aus dem Material der Seele zu gestalten? Zweierlei macht mich gewiß, trotz Zweifel auf dem rechten Weg zu sein. Zum einen, daß das herrliche Mosaik trotz der Entnahme von Steinen wieder ganz wird. Ich habe den Eindruck, daß es mir im Traum so ähnlich geht, wie es im Evangelium heißt: «Von seiner Fülle haben wir alle genommen Gnade um Gnade.» Zum anderen fühlte ich mich nach diesem Traum körperlich und seelisch wohler. Irgendwie habe ich den Eindruck, daß dieser Traum eine besonders gute Wirkung auf mein Leben hatte.

Kommentar

Das Wohlbefinden der Träumerin hat gute Gründe. Ich habe im Verlaufe meiner psychotherapeutischen Arbeit die Erfahrung gemacht, daß die Erscheinung eines Selbst-Symbols oder eines Gottesbildes einen therapeutischen Effekt auf das Leben des Träumers haben kann. Bei meinen Studien über die Wechselwirkungen zwischen Gottesbild und Heilung bin ich auf das Psalm-Gebet (80,4.8.20) aufmerksam geworden: «Herr, Gott Zebaoth, tröste uns, laß dein Antlitz leuchten; so genesen wir» (nach M. Luther). Andere übersetzen: «so wird uns geholfen» (Zürcher) oder «damit uns Rettung widerfährt» (Menge). M. Buber übersetzt in der ihm eigenen Sprache: «Gott, laß es uns wiederkehren! lichte dein Antlitz, und wir sind befreit!» Das hebräische Verb des Urtextes (jescha) gehört zu derselben Wortfamilie, dessen Substantive «Rettung, Hilfe und Heil» bedeutet. Auch die Namen Josua und Jesus = Retter und/oder Heiland gehören in diesen Zusammenhang. Ich habe den Eindruck, daß M. Luther mit seiner Übersetzung «laß dein Antlitz leuchten; so genesen wir» das ursprünglich Gemeinte gut getroffen hat. Wenn das Gottesbild einleuchtet, wird der ganze Mensch heil. Diese Erfahrung des Psalm-Beters wird auch in Gebetstexten der Babylonier bezeugt.[83]

Dieser Traum bringt die aktive Auseinandersetzung mit den Fragen des persönlichen Gottesbildes zu einem vorläufigen Abschluß. Die Anordnung des herrlichen Mosaik-Gottesbildes im Traum an der Rückfront der Kirche bringt zum Ausdruck, daß sich die Wandlungen des Gottesbildes bisher hinter dem Rücken von Frau Sappho, also weitgehend unbewußt, vollzogen haben. Andererseits heißt es im Traum, daß die Träumerin das Mosaik schon oft eingehend betrachtet habe. Doch aus der betrachtenden Haltung wird im Traum ein aktives Zugreifen und Gestalten des persönlichen Gottesbildes. Eindrucksvoll schildert der Traum, daß dieses dem kirchlichen Gottesbild entnommen ist. Die Psyche der Träumerin schafft sich also kein völlig neues Bild, sondern nimmt sich aus dem tradierten Gottesbild ihren Anteil und gestaltet es zu einem leuchtenden religiösen Symbol.

Es ist eindrucksvoll zu verfolgen, wie sich im Traum die leere Stelle des Mosaiks wieder geschlossen hat. Dieser Vorgang sollte die theologischen Kritiker darauf aufmerksam machen, daß im kirchlichen Gottesbild keineswegs eine «Lücke» entsteht, wenn einzelne Menschen an ihrem ureigenen Gottesbild arbeiten. Aus Erfahrung nehme ich im Gegenteil an, daß das von der Kirche tradierte und bewahrte Gottesbild mit neuem Leben und Glanz erfüllt würde, wenn mehr Menschen, so ähnlich wie unsere Träumerin, es in sich und aus sich heraus entfalteten. Wer die dogmengeschichtliche Lehrentwicklung kennt und zugleich Einblicke in Symbolbildungsprozesse* in Träumen hat, gewinnt den Eindruck, daß es in diesen Prozessen unzählige Analogien gibt. Ich werde durch das Archetypen*-Konzept von C. G. Jung davon überzeugt, daß sich bestimmte Grundmuster sowohl im Mikrokosmos der Psyche als auch im geistigen Makrokosmos durchsetzen.

Der Pastor im Traum, der das Tun der Träumerin tadelt und später wohlwollend zu ihr herblickt, ist eine Personifikation der religiösen Gewissensinstanz. Die Tiefenpsychologie hat diesen Prozeß der Verinnerlichung von moralisch-ethischen und religiösen Instanzen, die man in seiner Sozialisation und religiösen Erziehung von Kindheit an in der Realität erlebt hat, in aller Breite beschrieben. Aus dem Lebenslauf von Frau Sappho und ihrer aufopferungsvollen Tätigkeit im kirchlichen Arbeitsbereich wird verständlich, welch breiten Raum die religiösen Bindungen einnahmen. Auch die oft mit Gewissensbissen und religiösen Schuldgefühlen durchgehaltene Selbstverwirklichung läßt uns den tadelnden Pastor als innere Instanz deutlich werden. Doch auch er muß schließlich schweigen, weil er wahrnimmt, daß sich das Gottesbild wieder schließt und ganz bleibt. Aus der unerschöpflichen Fülle des lebendigen Gottesbildes können wir alle schöpfen wie aus einem unversieglichen Quell.

TRÄUME SELBER VERSTEHEN

In diesem abschließenden Kapitel möchte ich für diejenigen Träumer, die am Verständnis ihrer Träume interessiert sind und Verstehenshilfen suchen, einige Anregungen geben. Ich gehe dabei von der Annahme aus, daß jeder Träumer ein «Urheberrecht» hat, seine Träume selber zu verstehen. Wie jeder Bürger in unserem Land bestimmte Grundrechte für sein Leben hat, die durch das Grundgesetz garantiert werden, so stehen auch die psychischen Erfahrungen und insbesondere das Verständnis der Träume jedem Träumer zu. Er kann diese geheimnisvollen «Naturprodukte» seiner Psyche entweder wieder in das Meer des Vergessens zurücksinken lassen oder die Botschaften der besonders eindrucksvollen Träume, die er einfach nicht vergessen kann, zu entziffern und zu verstehen suchen.

Bei zahlreichen Traumseminaren habe ich nun erlebt, daß es vielen Träumern so geht, wie den meisten Touristen einer Studienreise bei der Besichtigung von Hieroglyphen in ägyptischen Pyramiden. Man steht fasziniert einer geheimnisvollen Bilderschrift gegenüber und versteht nicht deren Sinn. Wenn dann schließlich ein kundiger Reiseführer oder gar ein Ägyptologe Verstehenshilfen zur Übersetzung der Hieroglyphen gibt, so entschlüsselt sich das Geheimnis der Bilderschrift. Auch wenn dieser Vergleich im Hinblick auf die Deutung der eigenen Träume für manchen Leser hinken mag, so gibt er Äußerungen wieder, die ich bei Einführungen über den Umgang mit Träumen gehört habe.

Warum und wozu sollte man sich mit der Welt seiner Träume befreunden? Ich werde einige Gründe nennen, die aus dem praktischen Umgang mit Träumen erwachsen sind, und zwar:

– die kommunikative Funktion der Träume,
– die imaginative Funktion der Träume,
– die therapeutische Funktion der Träume und
– die informative Funktion der Träume.

Zunächst möchte ich den kommunikativen Aspekt hervorheben. Mit Hilfe der Träume kommen wir in eine vertiefte Beziehung zu uns selber. Der Traum ist der Zugang zur inneren Welt und schlägt zugleich eine Brücke zur Außenwelt. Im Traum spiegelt sich, was wir in der Realität erlebt haben. Dieser Verarbeitungsprozeß in den Träumen kann zugleich eine Hilfe sein, das reale Leben zu strukturieren. Die Vielzahl der Beziehungen und Begegnungen, die unseren Lebensprozeß ausmachen, stehen zugleich in einer Wechselbeziehung mit unseren Träumen, die auf ihre Weise unsere Stimmungen und unser Selbstwertgefühl am Tage bestimmen können. Besonders für die große Zahl der Menschen, die durch den Streß in oft sehr einseitigen Arbeitsprozessen der Industriegesellschaft zunehmend unter einer Selbstentfremdung leiden, kann der Umgang mit Träumen zu einer bereichernden Begegnung mit sich selbst führen.

Zu den vielschichtigen Erfahrungen der genannten Selbstentfremdung des Menschen von seinem eigenen Wesen gehört auch das Überhandnehmen des rationalen Denkens und Planens an den von Computern beherrschten Arbeitsplätzen. Da für das bildhafte Denken in der zu immer mehr Abstraktionen neigenden Realität wenig Raum bleibt, erhalten die Träume für die Psychohygiene und das seelische Gleichgewicht des Menschen eine stets aktuellere Bedeutung. Gerade wer tagsüber mit großer Konzentration nach den Bedienungsanweisungen der Maschinen arbeiten muß, sollte sich in seiner Freizeit nach kreativen Beschäftigungen umsehen, um den Streß zu verkraften. Neben der Vielzahl von Angeboten auf dem Markt der Freizeitbeschäftigungen, die nicht selten wiederum in Arbeit und Streß ausarten, empfehle ich besonders den imaginativen und meditativen Umgang mit den eigenen Träumen (siehe dazu Einführung 1).

Wer durch die Träume zu sich selber kommt und damit die bedrohliche Selbstentfremdung überwindet, der erfährt etwas von der therapeutischen Funktion seiner Träume. In den Träumen kommt die Selbstheilungstendenz der Psyche zum Ausdruck.[84] Wenn man sich tiefer auf die Psychodynamik der Träume einläßt, kann es sein, daß wir manchmal beunruhigt oder aufgewühlt und ein andermal mit orgiastischer Lebensfreude durchströmt werden. Durch die Vertiefung in unsere Träume tauchen wir ein in den verborgenen Lebensstrom unserer Seele. Mit diesem Bildwort ist zugleich auch eine Gefahr und ein Problem angedeutet. Wer in der beschriebenen und empfohlenen Weise mit und aus seinen Träumen leben möchte, der muß psychisch relativ gesund und stabil sein. Wer dagegen von seinem Nervenarzt oder Psychiater die Diagnose erhalten hat, daß er psychotisch gefährdet sei, oder wer gar an einer Psychose erkrankt ist, darf nur mit dem Beistand seines Arztes auf die Träume eingehen.

Abschließend nenne ich noch für die große Zahl der relativ gesunden Träumer die informative Funktion der Träume. Die Träume informieren uns über die verborgenen Motivationen unseres Lebens. Mit Hilfe der Traumbilder sehen wir etwas vom Lebensstrom in der Tiefenperson. Träume offenbaren etwas von der verborgenen Wahrheit unseres Lebens. Dabei geht es nicht um einen allgemeinen Wahrheitsbegriff, sondern um das Ergriffenwerden von der persönlichen Wahrheit, die aus der eigenen Psyche stammt. Die Träume zeigen uns: Das und das geht in dir vor! So bist du! So kannst du werden! Wie bei einem Mosaik die Vielzahl der zusammengefügten Steinchen ein Bild ergibt, so entwerfen die Träume in ihren Sinnbildern das wahre Selbstbild.

Wenn Sie mit Hilfe der Träume an Ihrer Selbstverwirklichung arbeiten wollen, empfehle ich Ihnen, damit zu beginnen, die Sie beeindruckendsten und als wichtig empfundenen Träume in ein Traumtagebuch aufzuschreiben. Das In-Worte-Kleiden der Traumbilder ist bereits ein wichtiger Schritt zur bewußten Gestaltung und Auseinandersetzung mit dem Traum. Der nächste Schritt ist, Fragen an den Traum zu stellen, die diesem gemäß sind.

Aus der Erfahrung meiner Arbeit mit Träumen von Gesunden und Patienten möchte ich vier Aspekte nennen, die das Geheimnis eines Traumes entschlüsseln helfen, wenn man nach dem folgendem Frageschema vorangeht.

- Jeder Traum hat eine geschichtliche Dimension, die durch Eindrücke aus den letzten Tagen oder durch prägende Erfahrungen aus der Lebensgeschichte gekennzeichnet wird.
- Durch die kompensatorische Funktion der Träume gelangen die dunklen Motive aus dem Unbewußten, die bisher weder Zeit noch Raum hatten, in das Licht des Bewußtseins.
- In diesem Prozeß haben die Traumsymbole eine verbindende Funktion, indem sie wie eine Brücke eine Verbindung schaffen zwischen getrennten Bereichen.
- In den Symbolbildungsprozessen* der Träume arbeitet die Psyche an der Ganzwerdung der Person.

Die folgenden Fragen mit kurzen erläuternden Kommentaren wollen dazu anregen, die Bildersprache der Träume zu verstehen und deren Botschaft im Leben zu realisieren.

1. DIE GESCHICHTLICHE DIMENSION DES TRAUMES

Frage 1
Welcher «Tagesrest» wird in meinem Traum verarbeitet?

Kommentar: Diese Frage lenkt Ihre Aufmerksamkeit auf Erfahrungen der letzten Tage, die Sie vielleicht noch nicht hinreichend «verdaut» haben. Auch wenn wir rational die Lösung eines Konfliktes gefunden haben, bleibt im allgemeinen in der Psyche ein Rest des Konfliktes lebendig, der im Traum bearbeitet wird.

Frage 2
Welchen aktuellen Lebenskonflikt spiegelt der Traum wider?

Kommentar: Da die Thematik eines Traumes im allgemeinen nicht aus der Luft gegriffen ist, sondern mit dem Leben des Träumers verwoben ist, so ist die konkrete Lebensschwierigkeit auszumachen, auf die der Traum anspielt. Nicht selten ergänzt ein Traum in seiner Sichtweise unsere bewußten Ansichten zu einem Lebenskonflikt.

Frage 3
Was fällt mir zu den im Traum erscheinenden Personen und Objekten ein?

Kommentar: Diese Frage zielt darauf, die im Traum erscheinenden Gestalten mit Realerfahrungen zu verbinden. Nachdem Sie einige Einfälle aufgeschrieben haben, mögen Sie diese auf sich beziehen und überlegen, welche Charaktereigenschaften oder Persönlichkeitsanteile von Ihnen darin enthalten sind.

Frage 4
Welches menschliche Reifungsproblem behandelt der vorliegende Traum?

Kommentar: Mit dieser Frage werden die zuvor ermittelten Antworten in einen größeren Zusammenhang mit allgemein menschlichen Entwicklungsprozessen gestellt. Je nach Lebensalter und Erfahrung zeigt der Traum eine gehemmte Entwicklung auf und enthält Anregungen für den notwendigen nächsten Schritt, den Sie in der Realität erproben sollten.

2. DIE KOMPENSATORISCHE FUNKTION
DES TRAUMES

Frage 5
Welche zu einseitige Lebenseinstellung wird durch den Traum kompensiert?

Kommentar: Die folgenden vier Fragen betreffen die ausgleichenden Wirkungen des Traumes bzw. des Unbewußten auf die Bewußtseinseinstellungen. Sind Sie in der Realität zum Beispiel ein zu geiziger, pedantischer oder eigensinniger Mensch, so können Sie vielleicht im Traum eine gelassenere Haltung einnehmen.

Frage 6
Welche Schattenseiten von mir rückt der Traum ins rechte Licht?

Kommentar: So wie die Rückseite zu einer Medaille gehört, so haben die an den Tag gelegten Haltungen und Einstellungen auch ihre Kehrseite. Diese wird in der analytischen Psychologie* C. G. Jungs als der «Schatten»* bezeichnet. Diese psychische Disposition ergänzt die bewußt gewählte Lebensform durch ein Gegenbild, damit Licht- und Schattenseiten relativ ausgewogen nebeneinander existieren können.

Frage 7
Welche Überzeugung wird im Traum in Zweifel gezogen?

Kommentar: Wenn Sie im bewußten Leben zu einseitigen Überzeugungen anhängen und Ihnen eine gewisse Ausgewogenheit in Ihrem Urteil fehlt, so werden Sie wohl nicht selten von unbewußten Zweifeln geplagt. Ihre Seele will Sie damit motivieren, auch andere Gesichtspunkte zu berücksichtigen.

Frage 8
Welche religiöse Erfahrung tönt in den Traumsymbolen an?

Kommentar: Da wir uns in dem vorliegenden Buch vor allem mit religiösen Träumen der Bibel und heute lebender Menschen beschäftigt haben, sind die folgenden Fragen darauf ausgerichtet. Religiös* heißen wir jene Erfahrungen, die einen Menschen «unbedingt angehen» (Tillich). In bestimmten beeindruckenden Symbolen widerfährt einem das Heilige.

3. DIE VERBINDENDE FUNKTION
DER TRAUMSYMBOLE

Frage 9
Welches Traumbild empfinde ich als Symbol?

Kommentar: Diese Frage will Sie dazu anregen, aus dem Bilderstrom des Traumes das eine oder andere Sinnbild zu einem Symbol zu erheben. Wie Brückenpfeiler aus dem Fluß herausragen und die Brücke tragen, so verbinden uns die Symbole mit der anderen Seite unseres Wesens, die uns ohne den Traum unbekannt bliebe. Zu einem Symbol können alle Bilder werden, die uns stark beeindrucken und etwas zu sagen haben.

Frage 10
Welches archetypische Symbol taucht in meinen Träumen auf?

Kommentar: Archetypische* Symbole sind die grundlegenden Sinnbilder des Lebens, die allen Menschen gemeinsam sind. Eine Grundstruktur solcher Träume kann zum Beispiel das «Mandala»* sein. Die väterlichen, mütterlichen und/oder kindlichen Erlebensweisen können in entsprechenden Sinnbildern erscheinen. Ferner beschreibt C. G. Jung den Archetypus des Alten Weisen, der Aspekte der Weisheit und der Sinnfindung darstellt.[85]

Frage 11
In welchem Symbol erkenne ich mein Selbst?

Kommentar: Die Psyche verwendet als Selbst*-Symbole besondere Objekte oder kostbare Gegenstände, die in der Realität des Träumers einen besonderen Stellenwert haben, wie Gold, Edelsteine oder eine Lotosblüte. Aus der Vielzahl solcher vorhandenen Sinnbilder wird im allgemeinen dasjenige ausgewählt, das dem persönlichen Selbstwertgefühl am nächsten ist.

Frage 12
Entdecke ich zu meinem Traum eine Parallele in der Bibel?

Kommentar: In der Bibel sind grundlegende Lebens- und Glaubenserfahrungen aufgezeichnet. Daher ist es möglich, die Bibel zum Verständnis der eigenen Träume wie ein Symbollexikon zu benutzen. So kann es zum Beispiel sein, daß wir zu dem eindrucksvollen Traum von einem Stein die Jakobsgeschichte heranziehen und daraus entnehmen, daß er den Stein als Symbol für seine Gotteserfahrung im Traum aufrichtete.

4. DIE RELIGIÖSE FUNKTION
DER TRAUMSYMBOLE

Frage 13
Fördert ein bestimmtes Traumsymbol meinen Glauben?

Kommentar: Die abschließenden Fragen legen die Gotteserfahrung in Träumen mit den bekannten Grundbegriffen Glaube, Liebe und Hoffnung aus. Es gibt vielschichtige Beziehungen zwischen religiösen Träumen und dem Glauben als Ausdruck der Gottesbeziehung. In den Ausführungen zur Jakobsgeschichte wurden solche Wechselbeziehungen aufgezeigt. Dem Jakob wird durch den Traum Gottes Gegenwart in Bethel deutlich («Fürwahr, der Herr ist an dieser Stätte, und ich wußte es nicht», 1 Mose 28,16). Im Traum erfährt er die Zusage von Gottes Geleit auf dem eingeschlagenen Weg («Siehe, ich bin mit dir und will dich behüten allenthalben, wo du hinziehst», 28,15).

Frage 14
Belebt oder erneuert eine Traumerfahrung meine Gottes- und Nächstenliebe?

Kommentar: In dem Bibelwort «Du sollst Gott deinen Herrn lieben von ganzem Herzen, von ganzer Seele und von ganzem Gemüte und deinen Nächsten wie dich selbst!» sind die verschiedenen Dimensionen der Liebe miteinander verbunden. Die Selbstliebe, die nicht mit narzißtischer Eigenliebe verwechselt werden sollte, ist die Basiserfahrung für die Nächsten- und Gottesliebe. Diese Liebe zu sich selbst kann durch Träume verlebendigt und erneuert werden.

Frage 15
Welche Hoffnung erweckt der Traum in mir?

Kommentar: In den Träumen finden wir manchmal Reaktionen auf die weitverbreitete Hoffnungslosigkeit und die Depressionen vieler Menschen. Die mutmachenden Impulse eines Traumes sollten daher beachtet werden. Wir erwähnten zu diesen Erfahrungen die Träume und Visionen einer Christin mit schweren Depressionen (der ICH-BIN-Traum einer Christin).

Frage 16
Wie sind die religiösen Impulse meines Traumes im Leben zu realisieren?

Kommentar: Jeder Träumer wird dazu die ihm gemäßen Möglichkeiten zu entdecken haben. Die in der Bibel überlieferten Träume und die religiösen Träume von Menschen aus unserer Zeit zeigen etwas von der Möglichkeit, durch Träume heiler und manchmal auch heiliger zu werden. Wie Jakob zunächst nicht wußte, daß Gott am Ort seines Traumes anwesend war, so kann heutigen Träumern der lebendige Gott in religiösen Symbolen erscheinen. Beispielhaft für die Vielfalt der Verwirklichung der Traumerfahrungen ist die geniale Idee des Joseph in Ägypten, für die im Traum vorausgesagte Hungersnot die notwendigen Kornspeicher zu bauen.

ANHANG

ERLÄUTERUNG VON FACHBEGRIFFEN

(im Text jeweils beim ersten Vorkommen in jedem Kapitel mit * versehen)

Amplifikation
Die A. als Methode der analytischen Psychologie C.G. Jungs ist eine spezielle Form der Assoziation und dient dem vertieften Verständnis eines Traumbildes, indem zu diesem die entsprechenden Parallelen aus der menschlichen Symbol- und Geistesgeschichte aufgefunden werden, um den Sinn und die Bedeutung des Traumes zu erschließen.

Analytische Psychologie
Mit dem Begriff a. P. wird das Gesamtgebiet der Jung'schen Psychologie bezeichnet. Der Begriff umfaßt sowohl die theoretischen Grundlagen dieser tiefenpsychologischen Schulrichtung als auch deren psychotherapeutische Verfahren. Im Unterschied zur Bewußtseins- und Ich-Psychologie nimmt die a. P. komplexe und psychodynamische Prozesse in der Tiefenperson an. Diese unbewußten Inhalte der Psyche werden durch die → Archetypen angeordnet und durch das → Selbst strukturiert.

Archetypus
Für das Verständnis der Archetypen ist die Unterscheidung zwischen archetypischen Vorstellungen und Symbolen einerseits und andererseits dem Archetypus an sich wichtig. Die Archetypen sind eine unanschauliche Grundform des Lebens, die das psychische Erleben strukturieren und anordnen. C.G. Jung vergleicht den Archetypus gelegentlich mit dem Achsensystem eines Kristalls, das die Kristallbildung in der Mutterlauge präformiert, ohne selber eine stoffliche Existenz zu besitzen.
Die archetypischen Vorstellungen und Symbole dagegen sind jene Urbilder, die in den Märchen, Mythen und Träumen der Menschheit dargestellt sind. Insbesondere enthalten die religiösen Überlieferungen der Völker und die großen Kunstwerke archetypische Motive. Diese Urbilder faszinieren, beeindrucken und beeinflussen das Erleben der Menschen.

Deutung, symbolische
Die symbolische Deutungsmethode versucht mit Hilfe des Symbolbegriffs Texte und Träume zu deuten. Bei dem jeweiligen Material geht es darum, eine Brücke des Verstehens in der zugrundeliegenden Erfahrung aufzuspüren. Da die Sprache und die Bilder in den psychischen Erfahrungen wurzeln und

die Symbole ebenfalls aus diesem Material entstehen, hat jeder Mensch in sich die Verstehensmöglichkeit für die Symbole in den Überlieferungen der Menschheit. Durch die → Amplifikation, die → Psychoimagination und insbesondere durch den Umgang mit Träumen und Symbolen auf der → Subjektstufe werden Schritte zur symbolischen Deutung aufgezeigt.

Familiendynamik

Mit F. werden die wirkenden Kräfte in einem Familiensystem bezeichnet. Zwischen den einzelnen Familienmitgliedern bestehen vielschichtige Wechselbeziehungen und Wechselwirkungen. Die vielschichtigen emotionalen und psychischen Kräfte in einer Familie werden mit dem Sammelbegriff Familiendynamik bezeichnet. Unter dem gleichen Titel erscheint die Fachzeitschrift der Familientherapie, herausgegeben von H. Stierlin-Heidelberg und J. Duss-von Werdt im Klett Verlag Stuttgart.

Hermeneutik

Unter H. ist die Lehre, Kunst und Methode der Auslegung eines Textes oder Traumes zu verstehen. Als methodische Hilfen verwendet man bei der «Übersetzung» eines theologischen oder philosophischen Textes die Regeln der Grammatik und ein grundlegendes Prinzip, wie z. B. bei M. Luther «was Christum treibet». In der Hermeneutik der Traumpsychologie wird die Methode der Auslegung insbesondere von den Bildern und Symbolen des Traumes bestimmt. Die Betroffenheit durch einen Traum und das existentielle Angesprochensein sollte stets besonders beachtet werden (→ existentiale Interpretation).

Identifikation

I. ist eine Objektbeziehung, in der z. B. Verhaltens- und Denkweisen anderer Personen übernommen werden. Nach der Definition von Sury handelt es sich «um einen unbewußten oder vorbewußten Akt des Einfühlens, Erfühlens, Mitfühlens und Nachfühlens beruhend auf einem energetisch-dynamischen Kern der triebhaft-affektiven Zuwendung» (Wörterbuch S. 109).

Identität, archaische

Völlige Übereinstimmung und Ununterschiedenheit zwischen dem Ich-Bewußtsein und dem Unbewußten oder dem Selbst. Schon Heraklit lehrte, daß sich ein und derselbe Logos («Wort», Verstand) sowohl in unserer Seele als auch in der Welt befinde. Die Identität ist die Lehre von der Leib-Seele-Einheit.

Individuation

Die I. ist ein lebenslang andauernder Reifungs- und Wandlungsprozeß. Es ist «ein subjektiver Integrations- und objektiver Beziehungsvorgang zwischen dem Bewußten und dem Unbewußten, der in der Regel von Wiedergeburtssymbolen in Träumen und Visionen begleitet ist (K. v. Sury: Wörterbuch S. 112). Selbst-Verwirklichung ist zutreffend, wenn das Selbst im Sinne der analytischen Psychologie verstanden wird, welches als umfassende Ganzheit in einer Wechselbeziehung zum Ich-Bewußtsein steht.

Integration
(von lateinisch = integer ganz, vollständig) ein Vorgang oder Prozeß zur psychischen Ganzwerdung der Person, indem Teilfunktionen oder abgespaltene Persönlichkeitsanteile, wie z. B. der «Schatten», der Gesamtpersönlichkeit eingegliedert werden.

Interpretation, existentiale
Die e. I. fragt bei der Auslegung von Texten und Träumen besonders nach der Bedeutsamkeit und der Wahrheit für das Leben des jeweiligen Menschen. Im Bereich der theologischen Auslegung von Bibeltexten wird das existentielle Betroffensein herausgearbeitet. Bei der Anwendung dieser Auslegungsmethode für das Verständnis und den Umgang mit Träumen ist besonders zu beachten, daß die Träume bereits in ihrer Bildersprache eine Betroffenheit zum Ausdruck bringen (→ Hermeneutik).

Korrelation
In Abgrenzung und Unterscheidung zu anderen Wissenschaften verstehen wir die K. nicht in statistischem Sinne, sondern als eine Modellvorstellung für die Wechselbeziehungen zwischen dem Ich-Bewußtsein des Menschen und seinem Selbst. Ferner beschreiben wir mit dieser Modellvorstellung die vielschichtigen Beziehungen und Wechselwirkungen zwischen Individuum und Welt. Es handelt sich nicht um ein statisches Gefüge, sondern um lebendige Vorgänge und Wechselwirkungen.

Libido
= Liebe und Begierde. Für Freud ist Libido als sexuelle Energie ein Grundantrieb des seelischen Lebens. C. G. Jung spricht von psychischer Energie als Spezifikation der Lebenskraft. Es ist ein qualitativer Begriff für die energetische Betrachtungsweise psychischer Prozesse und Phänomene.

Mandala
Der Begriff ist östlichen Ursprungs. Im tantrischen Yoga und im Lamaismus dienen die Symbole des Kreises oder Quadrates der Meditation und Kontemplation. In der westlichen Symbolpsychologie hat sich dieser Begriff eingebürgert zur Darstellung eines psychischen Zentrierungsvorganges durch vierheitliche Bilder und Symbole (→ Quaternität).

Objektstufe

Die Traumdeutung auf der O. im Sinne der analytischen Psychologie besagt, daß alle im Traum vorkommenden Menschen, Tiere und andere Gestalten als Objekte betrachtet werden, zu denen der Träumer seine Beziehung im Traum «gespiegelt» bekommt. Bei der Betrachtung auf der O. ist z.B. die Mutter im Traum die wirkliche Mutter und der Bruder der reale Bruder des Träumers.

Partizipation

Teilhabe und/oder Teilnahme am Leben oder Sein eines anderen. So lebt z.B. das Kind zunächst in einer unbewußten Identität mit der Mutter, bis sich mit der Entwicklung des Ich-Bewußtseins die P. allmählich auflöst. Das reife und beziehungsfähige Ich ermöglicht sowohl Nähe als auch Distanz und erlebt die vielfältigsten Wechselbeziehungen (→ Korrelation).

Projektion

Die P. ist ein grundlegender psychischer Lebensvorgang. Aus den vielen Bedeutungsaspekten dieses Begriffes heben wir lediglich den «Entwurf» hervor und sagen: der Mensch entwirft sich und seinen Lebensplan in seinen P.n. Neben den Anschauungen und Phantasien im bewußten Leben zeigen die Traumbilder die geschichtlichen Erfahrungen, die gegenwärtigen Probleme und entwerfen zukünftige Lebensmöglichkeiten.

Psychoimagination

Mit diesem Begriff beschreibt der Verfasser in «Religiöse Traumsymbolik», Frankfurt 1980, die grundlegende Funktion der Psyche, sich in einer Bildersprache zu äußern, und die Fähigkeit des Ich-Bewußtseins, in einer meditativen Gelassenheit die Bilder weiter zu gestalten und zu vervollständigen. Durch die P. wird bewußt an der → Individuation gearbeitet.

Quaternität, quaternar

Die Q. bezeichnet in der analytischen Psychologie C.G. Jungs eine psychische Ganzheit. U.a. kommt diese in den vier grundlegenden psychischen Funktionen: Denken, Fühlen, Empfinden und Intuition zum Ausdruck. In sogenannten Großen Träumen haben die archetypischen Symbole eine quaternare Struktur, die sich in vier Gestalten, vier Richtungen oder vier Farben zeigt. Die Vierteiligkeit findet sich ferner in den vier Jahreszeiten und Himmelsrichtungen, in den vier Elementen und den vier Temperamenten.

Religiöse Erfahrung

Mit dem Begriff der r.E. werden in dieser Arbeit alle jene Erfahrungen bezeichnet, die etwas mit der Religion und dem Glauben zu tun haben. Alles, was einem Menschen heilig ist und ihn «unbedingt angeht» (P. Tillich), kann zu einer religiösen Erfahrung werden. Im Unterschied zu dem Glauben eines

Menschen, der sich eng an die göttliche Offenbarung, die biblische Überlieferung und an bestimmte Glaubensbekenntnisse hält, wird das Heilige und Numinose in besonderen religiösen Erfahrungen erlebt. Die Psyche hat eine Be-
ziehungsmöglichkeit zum Göttlichen, das in bestimmten Gottesbildern in
Träumen aufleuchten kann.

Schatten

Mit dem Begriff Sch. werden in der analytischen Psychologie alle verdrängten
und unangenehmen Persönlichkeitsanteile bezeichnet, die dem Individuum als
unvereinbar mit der bewußten Lebensform und den Wertvorstellungen erscheinen. In der Regel verhalten sich die Schatten-Bilder kompensatorisch zu
der bewußten Lebenseinstellung. Ist jemand z. B. zu beherrscht oder bemüht er
sich um eine sehr korrekte Anpassung, so kann er im Traum recht unbe-
herrscht oder gemein sein. Ähnlich ergeht es gläubigen Menschen, die in Träumen nicht selten von Zweifeln gequält werden. Die Bewußtmachung des
Schattens und die Auseinandersetzung mit diesen Persönlichkeitsanteilen ist
für die Reifung und Selbstverwirklichung sehr wichtig.

Selbst

Das S. ist nach dem Verständnis der analytischen Psychologie jene psychische
Instanz, die das Ich-Bewußtsein maßgeblich beeinflußt und umfängt. Im Unterschied zu den verschiedenen Selbst-Konzepten der Psychoanalyse sieht C. G.
Jung im Selbst eine weitgehend unbewußte psychodynamische Größe, deren
Relation zum Ich in etwa mit dem Größenverhältnis zwischen einer Erbse
und einem Kürbis beschrieben werden könnte. Während das Ich als Zentrum
des Bewußtseins bezeichnet werden kann, ist das Selbst das unanschauliche
Zentrum der psychischen Totalität. Das Selbst ist ein Grenzbegriff. Es läßt sich
wissenschaftlich nicht beweisen, aber ermöglicht eine Deutung von tiefgreifen-
fenden seelischen Erfahrungen.

Subjektstufe

Die Traumdeutung auf der S., die in der Regel der objektstufigen Deutung
folgen sollte, besagt: «Das bin ich!» Die im Traum erscheinenden Personen,
Tiere und andere Symbole sind ein Wesensanteil des Träumers, es sind Abbil-
der und Gleichnisse der innerpsychischen Situation. Diese Methode erhält
insbesondere im Individuationsprozeß der zweiten Lebenshälfte ihre Bedeutung.

Symbolbildung

In der S. werden psychische Energien in Bilder, Ideen und/oder Handlungen
sowie Rituale transformiert. Das Symbol ist nach C. G. Jungs Definition «corpus et anima». Es zeigt sich in einer Leibgestalt und einer psychischen Bildgestalt. Die Werkstatt der Symbole ist der Traum.

Symbolkanon

Wie der biblische Kanon eine Sammlung der anerkannten biblischen Schriften enthält, so verstehen wir in Anlehnung an diesen Begriff unter einem S. die in der jeweiligen Kultur und/oder Religion gesammelten Sinnbilder, die durch die Schriften und Interpretationen in der je spezifischen Weise für bestimmte Inhalte gedeutet werden. Die individuelle Symbolbildung bringt Erinnerungsbilder hervor, die in einer Wechselbeziehung stehen zu den Überlieferungen früherer Zeiten. Durch die Eingliederung in ein symbolisches System ist Selbsterkenntnis und Sinnfindung möglich.

Synopse

Die «Zusammenschau» eines Problems oder eines Forschungsbereiches, wie z.B. der Anthropologie, um mit Hilfe der verschiedensten Wissenschaften zu einem vertieften Verständnis und sich ergänzenden Erkenntnissen zu gelangen. Von Ulrich Mann in: Theogonische Tage, 1970, und: Einführung in die Religionspsychologie, 1973, eingeführt, um u. a. die Zusammenarbeit zwischen Theologie, Tiefenpsychologie, Religionsphilosophie und Religionspsychologie anzuregen.

System

In verschiedenen Wissenschaften und deren Fachbereichen ist inzwischen der Begriff des Systems zu einer zentralen Modellvorstellung geworden. Dies beruht wohl auch auf der Erfahrung, daß wir in unserer Zeit die Abhängigkeiten und Verstrickungen unseres Lebens in den jeweiligen Systemzwängen bewußter erleben und erleiden. Das wichtigste System ist die Familie, in der man aufgewachsen ist und lebt. In einem Familiensystem sind die Familienglieder unbewußt oder offensichtlich so ähnlich verbunden wie die Glieder einer Kette. Durch die → Familiendynamik werden alle Angehörigen eines Familiensystems zusammengehalten. Die Erfahrungen im Bereich der Familie können die Dynamik von lebendigen Symbolen veranschaulichen. Symbole sind lebendige Systeme, die nicht nur einzelne Menschen beeindrucken oder das Familienleben beeinflussen. Symbole verbinden religiöse Institutionen (Kirchen und Denominationen) und können in einem Volk oder in einer Kultur strukturierend wirken. Jedes System braucht Symbole.

Transzendente Funktion

Dieser Begriff bezeichnet in der analytischen Psychologie nichts Metaphysisches, sondern ist diejenige psychische Funktion, die durch → Mandalas und → quaternäre Symbole eine → Korrelation zwischen dem Bewußtsein und dem Unbewußten bewirkt und auf diesem Wege die psychische Ganzheit schafft.

Transzendenz

Im Unterschied zu dem theologischen T.begriff ist dieser in der Tiefenpsychologie nicht eindeutig und präzise definiert. In dieser Arbeit wird mit T. jene Dimension der Wirklichkeit bezeichnet, die die allgemeinen psychischen und menschlichen Erfahrungen übersteigt. Symbole und Erfahrungen, die den Menschen unbedingt angehen, verweisen auf die T. Weitere Aspekte der T. werden mit den Begriffen → transzendente Funktion und → religiöse Erfahrung beschrieben.

ANMERKUNGEN

[1] M. Picard (ohne Quellenangabe), zitiert bei G. Heinz-Mohr: Lexikon der Symbole, Düsseldorf-Köln 1971, S. 16

[2] C. G. Jung: Der Geist Mercurius, in: Ges. Werke (GW) 13, Olten 1978, S. 254

[3] Gregorovius (ohne Quellenangabe), zitiert bei H. G. Beyer: Die Apostelgeschichte, Reihe: Das Neue Testament Deutsch, Teilb. 5, Göttingen [8]1957, S. 105

[4] Louis Kretz: Witz, Humor und Ironie bei Jesus, Olten 1981, S. 13

[5] C. G. Jung: Die Bedeutung der Psychologie für die Gegenwart, in: GW 10, Olten [2]1981, S. 168

[6] Ders.: Erinnerungen, Träume, Gedanken, Olten [11]1981

[7] Ders.: Zur Psychologie des Kind-Archetypus, in: GW 9/I, Olten [4]1980, S. 187

[8] Ders.: Über Mandalasymbolik, in: GW 9/I, S. 381f.

[9] Ders.: Briefe I, Olten [2]1973, S. 85f.

[10] Ders.: Die Psychologie der Übertragung (1946), in: GW 16, Olten [3]1979, S. 205f.

[11] J. A. Sanford: Gottes vergessene Sprache. Studien aus dem C. G. Jung Institut XVIII, Zürich 1966

[12] P. Tillich: Systematische Theologie Bd. I, Stuttgart 1955, S. 283

[13] Ders.: Symbol und Wirklichkeit, Göttingen 1966, S. 4f.

[14] K. D. Nörenberg: Analogia Imaginis, Gütersloh 1966, S. 83

[15] Ders.: a. a. O. S. 84

[16] E. Kautzsch: Die Heilige Schrift des Alten Testaments, vierte umgearb. Aufl., hrsg. v. A. Bertholet, Bd. 1, Tübingen 1922

[17] H. Hark: Religiöse Traumsymbolik. Die Bedeutung der religiösen Traumsymbolik für die religiöse Erfahrung, Lang, Frankfurt 1980. Der Verfasser stellt in Kap. 5.6 dieser Arbeit zu den genannten vier Wesensmerkmalen des Traumes ein hermeneutisches Schema vor, das sich mit seinen 16 Aspekten zur Bearbeitung von Träumen und biblischen Geschichten mit einer archetypischen Struktur eignet.

[18] G. v. Rad: Das erste Buch Mose. Genesis (ATD), Göttingen 1953, S. 278f.

[19] Ders.: a. a. O. S. 281

[20] C. G. Jung: Erinnerungen, Träume, Gedanken, Olten [11]1981, S. 414f.

[21] F. Seifert: Gut und Böse als Antinomie und als Polarität, in: Der Archetyp,

Verh. 2. int. Kongr. analyt. Psychol, Zürich 1962, hrsg. v. Adolf Guggenbühl-Craig, Basel–New York 1964, S. 75

[22] Zitiert bei D. Forstner: Die Welt der christlichen Symbole, Innsbruck–Wien–München ³1977, S. 386

[23] M. L. v. Franz: Die Passio Perpetuae. Versuch einer psychologischen Deutung, in: C. G. Jung: AION, Zürich 1951, S. 404f.

[24] Matthäus 16,18; Johannes 1,42; 1 Petrus 2,5

[25] A. Meister: Biblische Namen, Brockhaus, Wuppertal 1958

[26] H. Stierlin u. a.: Das erste Familiengespräch. Reihe: Konzepte der Humanwissenschaften, Klett Cotta, Stuttgart 1977. – Familiendynamik. Interdisziplinäre Zeitschrift für Praxis und Forschung, hrsg. v. H. Stierlin und J. Duss-von Werdt, 1. Jg. 1976ff.

[27] H. Donner: Die literarische Gestalt der alttestamentlichen Josephsgeschichte, in: Sitzungsberichte der Heidelberger Akademie der Wissenschaft, Philosoph.-histor. Klasse Jg. 1976,2

[28] H. W. Hertzberg: Nachgeschichte alttestamentlicher Texte innerhalb des Alten Testaments, BZAW 66 (1936) 110–121.

[29] Darunter verstehen wir speziell in unserer symbol-psychologischen Deutung die Funktion der Träume für die Anordnung des literarischen Stoffes.

[30] Den Begriff der Identifikation verwenden wir im Sinne der analytischen Psychologie C. G. Jungs: Psychologische Typen, GW 6, Olten ¹⁴1981, S. 474f.

[31] J. L. Henderson: Der moderne Mensch und die Mythen. In: C. G. Jung, Der Mensch und seine Symbole, Olten–Freiburg ¹²1980

[32] H. Bender u. J. Mischo: Präkognitionen in Traumserien, in: Zeitschrift für Parapsychologie u. Grenzgebiete der Psychologie V (1961/62) 15–26

[33] E. Neumann: Die Bedeutung des Erdarchetyps für die Neuzeit, in: Eranos Jb. XXII, Zürich 1953

[34] Einige Seiten später wird die Funktion dieser «Schreiber des Lebenshauses» mit einem Zitat von A. Oepke erläutert.

[35] M. Lurker: Symbole der alten Ägypter, Barth, Weilheim 1964, S. 46

[36] Ch. Fischer: Der Traum in der Psychotherapie, Minerva Publ., München 1978, S. 17

[37] A. Oepke: Artikel «onar» in: Theol. Wörterbuch zum Neuen Testament, hg. v. G. Friedrich, Bd. 5, Stuttgart 1954, S. 226

[38] H. Hark: Religiöse Traumsymbolik, Lang, Frankfurt 1980, Kap. 3.3.2: Der Archetypus des Gottmenschen, und Kap. 3.3.3: Die Kritik des Gottmensch-Komplexes

[39] E. Ben Gorion, Das Leben des Flavius Josephus, Berlin 1934, S. 9f.

[40] F. Josephus, Jüdische Altertümer, Bd. I, Köln 1959, S. 632

[41] A. a. O., S. 645f.

[42] F. Josephus, De bello Judaico. Der jüdische Krieg, hrsg. v. O. Michel u. O. Bauernfeind, München 1962, S. 369

[43] A. a. O., S. 377

[44] A. a. O., S. 213

[45] A. a. O., S. 23 (§ 78)

[46] A. a. O., S. 203

[47] C. G. Jung: Zivilisation im Übergang, in: GW 10, Olten [2]1981, S. 63

[48] E. Aeppli, Der Traum und seine Deutung, Zürich-Stuttgart, [4]1967, S. 213

[49] C. G. Jung: Die Archetypen und das kollektive Unbewußte, in: GW 9/I, Olten [4]1980, S. 172

[50] A. a. O., S. 175, Anm. 20

[51] A. a. O., S. 178f.

[52] E. Lohmeyer: Das Evangelium des Matthäus, Krit.-exeget. Kommentar über das Neue Testament, Göttingen [2]1958, S. 19

[53] A. a. O., S. 19f.

[54] P. Schnabel: Der jüngste Keilschrifttext, in: Zeitschrift für Assyrologie, NF 2 (36) 1925

[55] G. Kroll: Auf den Spuren Jesu, Stuttgart o. J., S. 86

[56] F. Josephus: Jüdische Altertümer, I. Bd., übersetzt von H. Clementz, Köln 1959, S. 108f.

[57] C. G. Jung: Psychologie und Religion, in: GW 11, Olten [3]1979, S. 114

[58] A. a. O., S. 117; S. 115

[59] Ders.: Psychologie und Alchemie, in: GW 12, Olten [3]1980, S. 226

[60] F. Boll: Sternglaube und Sterndeutung, Leipzig 1919, S. 13

[61] C. G. Jung: Die Psychologie der Übertragung, in: GW 16, Olten [3]1979, S. 201f.

[62] G. Schiller: Ikonographie der christlichen Kunst, Bd. 4,I: Die Kirche, Gütersloh 1976, S. 72

[63] Theol. Wörterbuch zum N. T., VII 361,9ff

[64] Vgl. Theol. Wörterbuch zum N. T., III 180

[65] M. Eliade: Ewige Bilder und Sinnbilder, Olten 1958, S. 12

[66] C. G. Jung: Die Archetypen und das kollektive Unbewußte, in: GW 9, I, Olten [4]1980, S. 26

[67] Ders.: Zur Psychologie westlicher und östlicher Religion, in: GW 11, Olten [3]1979, S. 37f.

[68] Ebd. S. 62

[69] Ebd. S. 502f.

[70] Ders.: Briefe III, Olten [2]1980, S. 274

[71] Ders.: Briefe I, [2]1973, S. 278f.

[72] Veröffentlicht in der Diplom-Thesis von R. Buschor: Religiöse Symbolik in Träumen Jugendlicher

[73] A. Rosenberg: Chagall träumt Gott, Furche Nr. 229, 1965

[74] F. Froboese-Thiele: Träume – eine Quelle religiöser Erfahrung?, Darmstadt 1972

[75] E. Aeppli: Der Traum und seine Deutung, Zürich-Stuttgart [4]1967, S. 213

[76] Vgl. dazu: A. N. Ammann, Aktive Imagination. Darstellung einer Methode,

Olten 1978, und: H. Maass, Der Therapeut in uns. Heilung durch aktive Imagination, Olten 1981

[77] C. G. Jung, Erinnerungen, Träume, Gedanken, Olten [11]1981, S. 176

[78] Septem sermones ad mortuos, in: Erinnerungen, Träume, Gedanken, S. 388ff.

[79] C. G. Jung, Erinnerungen, Träume, Gedanken, S. 195

[80] Ders.: Psychologie und Alchemie: GW 12, Olten [3]1980; Studien über alchemistische Vorstellungen: GW 13, Olten 1978

[81] C. G. Jung: AION, Rascher, Zürich 1951, S. 379f.

[82] In: J. Rudin (Hrsg.): Neurose und Religion, Olten 1964; vgl. ebenfalls: J. Jacobi, Vom Bilderreich der Seele, Olten, [2]1977 o. Sonderausgabe 1981

[83] F. Nötscher: «Das Angesicht Gottes schauen» nach biblischer und babylonischer Auffassung, Darmstadt 1969, S. 146

[84] Sehr eindrucksvoll demonstriert das der von H. Maass vorgelegte Therapiefall, in: Der Therapeut in uns, Olten 1981

[85] C. G. Jung: Der Mensch und seine Symbole, Olten, [12]1980; E. Aeppli: Der Traum und seine Deutung, Zürich-Stuttgart [4]1967

LITERATURVERZEICHNIS

Adler, G.: Das lebendige Symbol. Darstellung eines analytischen Individuationsprozesses, München-Berlin-Wien 1968

Aeppli, E.: Der Traum und seine Deutung, Erlenbach-Zürich und Stuttgart ⁴1967

Ammann, A. N.: Aktive Imagination. Darstellung einer Methode, Walter, Olten-Freiburg 1978

Analytische Psychologie: Zeitschrift für Analyt. Psychologie und ihre Grenzgebiete, S. Karger Vlg. Basel, Vol. 5 (1974) ff.

Barz, H.: Selbst-Erfahrung, Stuttgart 1973

Bender, H., Mischo, J.: Praekognitionen in Traumserien, in: Zeitschr. f. Parapsychologie u. Grenzgebiete d. Psychologie, Bd. V, 1961/62

Binswanger, L.: Wandlungen in der Auffassung und Deutung des Traumes von den Griechen bis zur Gegenwart, Berlin 1928

Bitter, W. (Hrsg.): Psychotherapie und religiöse Erfahrung, Stuttgart 1965

– Meditation in Religion und Psychotherapie, Kindler Tb 20, 25/26

Bjerre, P.: Das Träumen als Heilungsweg der Seele, Zürich 1936

Böschmeyer, U.: Die Sinnfrage in der Existenzanalyse und Logotherapie Viktor E. Frankls, Theol. Diss., Hamburg 1974

Boll, F., Bezold, C.: Sternglaube und Sterndeutung, Stuttgart 1966

Boss, M.: Es träumte mir vergangene Nacht. Beispiele für die praktische Anwendung eines neuen Traumverständnisses, Huber, Bern-Stuttgart-Wien 1975

– Der Traum und seine Auslegung, Bern-Stuttgart 1953

Bossard, R.: Traumpsychologie, Olten-Freiburg ³1979

Brunner, C.: Die Anima als Schicksalsproblem des Mannes. Studien aus dem C. G. Jung-Institut Zürich, Bd. 14, Zürich 1963

Buschor, R.: Religiöse Symbolik in Träumen Jugendlicher, Dipl.-Thesis am C. G. Jung-Institut Zürich 1977

Cassirer, E.: Philosophie der symbolischen Formen, Bd. 2: Das mythische Denken, Darmstadt 1964

Coxhead, D., Hiller, S.: TRÄUME. Eine Bilddokumentation, Frankfurt 1976

Cullmann, O.: Art. petra, in: Theologisches Wörterbuch zum N. T., Bd. VI, 94–99

Dieckmann, H.: Träume als Sprache der Seele, Stuttgart 1972

– Der Traum und das Selbst des Menschen, in: Zeitschr. f. Analyt. Psychologie u. ihre Grenzgebiete, Vol. 5, Nr. 1, 1974

– Zur Methodik der Trauminterpretation, in: a.a.O., Vol. 9, Nr. 2, 1978

– Umgang mit Träumen, Stuttgart-Berlin 1978

– Methodische Bemerkungen zur Traumdeutung, in: Methoden der analytischen Psychologie, Olten-Freiburg 1979

Eliade, M.: Ewige Bilder und Sinnbilder. Vom unvergänglichen menschlichen Seelenraum, Olten-Freiburg 1958

Fischer-Barnicol, H.: Die Präsenz in der symbolischen Erfahrung, in: SYMBOLON, Jahrb. f. Symbolforschung Bd. 6, Basel-Stuttgart 1968

Flusser, D.: Die rabbinischen Gleichnisse und der Gleichniserzähler Jesus, Lang, Bern-Frankfurt 1981

Forstner, D.: Die Welt der christlichen Symbole, Innsbruck-Wien-München ³1976

Franz, M. L. v.: Die Passio Perpetuae, in: C. G. Jung, AION, Zürich 1951

– Spiegelungen der Seele. Projektion und innere Sammlung in der Psychologie C. G. Jungs, Stuttgart-Berlin 1978

– C. G. Jung, Frauenfeld 1972

– Heidland, H.-W., Mann, U.: C. G. Jung und die Theologen, Radius Projekte 49, Stuttgart 1971

Fremgen, L.: Offenbarung und Symbol. Das Symbolische als religiöse Gestaltung im Christentum, Gütersloh 1954

Freud, S.: Die Traumdeutung, Fischer Bücherei 428/9, Frankfurt 1961

Frey-Rohn, L.: Von Freud zu Jung. Eine vergleichende Studie zur Psychologie des Unbewußten, Studien aus dem C. G. Jung-Institut Zürich XIX, 1969

Froboese-Thiele, F.: Träume, eine Quelle religiöser Erfahrung, Darmstadt 1972

Gebser, J.: Ursprung und Gegenwart, Bd. I, Stuttgart 1949, Bd. II, 1953

GORGO, Zeitschrift für archetypische Psychologie und bildhaftes Denken, Fellbach-Oeffingen Heft 1, 1979

Greenson, R. R.: Technik und Praxis der Psychoanalyse, Stuttgart 1975

Haendler, O.: Komplexe Psychologie und theologischer Realismus. Ein Literaturbericht über C. G. Jung und seinen Kreis, in: Theol. Literaturzeitung 1953, Nr. 4, Sp. 199–216

Haeussermann, F.: Wortempfang und Symbol in der Alttestamentlichen Prophetie, Beih. ZAW 58, 1932

Harding, E.: Selbsterfahrung. Eine psychologische Deutung von Bunyans Pilgerreise, Rhein Vlg., Zürich 1957

Hark, H.: Religiöse Traumsymbolik. Die Bedeutung der religiösen Traumsymbolik für die religiöse Erfahrung, P. D. Lang, Frankfurt 1980

Heinz-Mohr, G.: Lexikon der Symbole, Düsseldorf-Köln 1971

Hillmann, J.: Die Begegnung mit sich selbst, Psychologie und Religion, Stuttgart 1969

Howes, E. B.: Die Evangelien im Aspekt der Tiefenpsychologie, Zürich 1968

Hummel, G.: Theologische Anthropologie und die Wirklichkeit der Psyche, Impulse der Forschung Bd. 5, Darmstadt 1972

Jacobi, J.: Komplex, Archetypus, Symbol in der Psychologie C.G. Jungs, Zürich 1957

– Die Psychologie von C.G. Jung, Olten-Freiburg 1971

– Vom Bilderreich der Seele, Olten-Freiburg 1969, 1981

Jeremias, J.: Art. lithos, in: Theol. Wörterbuch zum N.T., Bd. IV 272–283

Josephus, F.: Jüdische Altertümer, Köln 1959

– De bello Judaico. Der Jüdische Krieg, hrsg. v. O. Michel u. O. Bauernfeind, München 1962

Jung, C.G.: Die Archetypen und das kollektive Unbewußte, Ges. Werke (GW) 9/I, Olten-Freiburg ⁴1980

– Psychologie und Alchemie, GW 12, Olten ³1980

– Die Dynamik des Unbewußten, GW 8, Olten ³1979

– Zivilisation im Übergang, GW 10, Olten ²1981

– Erinnerungen, Träume, Gedanken, Olten ¹¹1981

– Der Mensch und seine Symbole, Olten ¹²1980

Köberle, A.: Ursache und Heilung ekklesiogener Neurosen, in: Zeitschr. f. Analyt. Psychologie u. ihre Grenzgebiete, Vol. 5, Nr. 1, 1974

Kretz, L.: Witz, Humor und Ironie bei Jesus, Olten-Freiburg 1981

Kroll, G.: Auf den Spuren Jesu, Stuttgart 1973

Lapide, P.: Er predigte in ihren Synagogen. Jüdische Evangelienauslegung, Gütersloher Tb. Siebenstern 1400 (1980)

– Der Rabbi von Nazareth. Wandlungen des jüdischen Jesusbildes, Spee, Trier 1974

Leeuw, G. v. d.: Phänomenologie der Religion, Tübingen ³1970

Lohmeyer, E.: Das Evangelium des Matthäus, Krit.-exeget. Kommentar über das N.T., Göttingen ²1958

Looff, H.: Der Symbolbegriff in der neueren Religionsphilosophie und Theologie, Köln 1955

Lorenzer, A.: Die Wahrheit der psychoanalytischen Erkenntnis. Ein historischmaterialistischer Entwurf, Frankfurt a. M. 1974

Lurker, M. (Hrsg.): Bibliographie zur Symbolik, Ikonographie und Mythologie, Internat. Referateorgan, 1. Jg. 1968 ff.

Maass, H.: Der Therapeut in uns. Heilung durch aktive Imagination, Olten-Freiburg 1981

Mann, U.: Quaternität bei C.G. Jung, in: Theol. Literaturzeitung, 92. Jahrg. (1967)

– Symbole und tiefenpsychologische Gestaltungsfaktoren der Religion, in: Ch. Hörgl (Hrsg.) u.a., Grenzfragen des Glaubens, Einsiedeln 1967

– Einführung in die Religionspsychologie, Darmstadt 1973

– Theogonische Tage, Stuttgart 1970

– Das Christentum als absolute Religion, Darmstadt ⁴1978

– Einführung in die Religionsphilosophie, Darmstadt 1970

– Die Religion in den Religionen, Stuttgart 1975

228

Meier, C. A.: Die Bedeutung des Traumes, Lehrbuch der Komplexen Psychologie C. G. Jungs Bd. II, Olten ³1979

Müller-Pozzi, H.: Psychologie des Glaubens, Reihe: Praxis der Kirche Nr. 18, München 1975

Nase, E., Scharfenberg, J.: Psychoanalyse und Religion, Wege der Forschung Bd. CCLXXV, Darmstadt 1977

Neue Wege der Parapsychologie: hrsg. v. John Beloff, Olten-Freiburg 1980

Neumann, E.: Ursprungsgeschichte des Bewußtseins, Olten 1971

– Die Bedeutung des Erdarchetyps für die Neuzeit in: Eranos Jb. XXII, Zürich 1953

Nörenberg, K.-D.: Analogia Imaginis. Der Symbolbegriff in der Theologie Paul Tillichs, Gütersloh 1966

Nötscher, F.: «Das Angesicht Gottes schauen» nach biblischer und babylonischer Auffassung, Darmstadt 1969

Nork, F.: Etymologisch-symbolisch-mythologisches Real-Wörterbuch, Bd. 1–4, Stuttgart 1843

Oepke, A.: Art. onar, in: Theol. Wörterbuch zum N. T., Bd. 5, Stuttgart 1954, S. 220–238

Perls, F.: Grundlagen der Gestalt-Therapie, Reihe «Leben lernen» Nr. 20, München 1976

Pöll, W.: Religionspsychologie. Formen der religiösen Kenntnisnahme, München 1965

Polak, P.: Zum Problem der noogenen Neurose, in: Handbuch der Neurosenlehre Bd. II, hrsg. v. V. E. Frankl, V. E. Freih. v. Gebsattel, I. H. Schultz, München-Berlin 1959

Polster, E. und M.: Gestalttherapie. Theorie und Praxis der integrativen Gestalttherapie, München 1975

Putcher, M.: Der Traum Jakobs, in: Deutsches Ärzteblatt, Heft 52 u. 53, Dez. 1976

Rad, G. v.: Das erste Buch Mose. Genesis, in: ATD, Göttingen 1953

– Theologie des Alten Testaments, 4. Aufl., Bd. I u. II, München 1962 und 1960

Rech, Ph.: Inbild des Kosmos. Eine Symbolik der Schöpfung, 2 Bde., Salzburg-Freilassing 1966

Resch, A.: Der Traum im Heilsplan Gottes, Freiburg 1964

Rudin, J.: Psychotherapie und Religion, Olten ²1964

Sanford, J. A.: Gottes vergessene Sprache, Studien aus dem C. G. Jung-Institut Zürich XVIII, Zürich 1966

Sborowitz, A.: Individuation und Glaube, Darmstadt 1975

Scharfenberg, J., Kämpfer, H.: Mit Symbolen leben. Soziologische, psychologische und religiöse Konfliktbearbeitung, Olten-Freiburg 1980

Scheffczyk, L.: Der Mensch als Bild Gottes, Darmstadt 1969

Schliephacke, B. P.: Bildersprache der Seele, Kleines Lexikon zur Symbolpsychologie, Berlin 1970

Schubert, G. H. v.: Die Symbolik des Traumes, Leipzig ³1840

Schultz, H. J. (Hrsg.): Was weiß man von den Träumen?, Stuttgart 1972

Seifert, F., Seifert-Helwig, R.: Bilder und Urbilder. Erscheinungsformen des Archetypus, München–Basel 1965

Siebenthal, W. v.: Die Wissenschaft vom Traum, Berlin–Heidelberg 1953

Spiegel, Y.: (Hrsg.): Psychoanalytische Interpretation biblischer Texte, München 1972

Sury, K. v.: Wörterbuch der Psychologie und ihrer Grenzgebiete, Basel ³1967

Stierlin, H. u. Mitarb.: Das erste Familiengespräch, Reihe: Konzepte der Humanwissenschaften, Klett-Cotta, Stuttgart 1977

Tillich, P.: Systematische Theologie, Bd. I, Stuttgart 1955

– Symbol und Wirklichkeit, Kleine Vandenhoeck-Reihe 151, Göttingen 1966

Unterste, H.: Theologische Aspekte der Tiefenpsychologie von C. G. Jung, Düsseldorf 1977

Uslar, D. v.: Der Traum als Welt. Untersuchungen zur Ontologie und Phänomenologie des Traums, Pfullingen 1964

Wehr, G.: C. G. Jung und das Christentum, Olten–Freiburg 1975

– C. G. Jung in Selbstzeugnissen und Bilddokumenten, Rowohlt Monographie 152, Reinbek ⁴1973

– Wege zu religiöser Erfahrung. Analytische Psychologie im Dienst der Bibelauslegung (Impulse der Forschung 13), Darmstadt 1974 (und Walter-Verlag)

– Der Chassidismus. Mysterium und spirituelle Lebenspraxis, Aurum, Freiburg 1978

– Stichwort: Damaskus-Erlebnis (Psyche und Glaube 3), Stuttgart 1982

Weinreb, F.: Die Symbolik der Bibelsprache. Einführung in die Struktur des Hebräischen, Zürich 1969

– Leben im Diesseits und Jenseits. Ein uraltes vergessenes Menschenbild, Zürich 1974

White, V.: Gott und das Unbewußte, Zürich 1957

– Seele und Psyche, Theologie und Tiefenpsychologie, Salzburg 1964

Wikenhauser, A.: Die Traumgesichte des Neuen Testaments in religionsgeschichtlicher Sicht, in: Pisciculi-Antike und Christentum, Erg. Bd. 1, 1939, S. 320–333

Wyss, D.: Die tiefenpsychologischen Schulen von den Anfängen bis zur Gegenwart, Göttingen ⁴1972

Zacharias, G.: Psyche und Mysterium. Studien aus dem C. G. Jung-Institut Zürich Bd. V, 1954

Von Bildern und Zeichen

Herder Taschenbuch

Herder Taschenbuch

Meditation und Gebet

Carl Hilty
Für schlaflose Nächte
Von der Kraft, die aus der Stille kommt
Herderbücherei Band 1233

Wilhelm Schäffer
Christsein mit allen Sinnen
Einübung in die meditative Lebenskunst
Herderbücherei Band 1667

Henri J. M. Nouwen
Gebete aus der Stille
Den Weg der Hoffnung gehen
Herderbücherei Band 1668

Constantin Pohlmann
Gott spricht im Schweigen
Wege zum inneren Gebet
Herderbücherei Band 1691

Constantin Pohlmann
Klingende Schöpfung
Spuren Gottes in der Stille
Herderbücherei Band 1739

Carlo Carretto
Denn du bist mein Vater
Bekenntnis eines Lebens
Herderbücherei Band 1741

Herder Taschenbuch

Mutter Teresa
Gedanken für jeden Tag
Herderbücherei Band 1767

Henri J. M. Nouwen
Suche nach Einklang
Von der geistlichen Kraft der Erinnerung
Herderbücherei Band 1774

Adalbert Ludwig Balling
Gott wohnt in allen Dingen
Dem Klang des Leisen lauschen
Herderbücherei Band 1786

Phil Bosmans
Gott – nicht zu glauben
Vom Kern aller Lebensfreude
Herderbücherei Band 1792

Ladislaus Boros
Im Leben Gott erfahren
Berührungen
Herderbücherei Band 1796

Karl Rahner
Gebete des Lebens
Herausgegeben von Albert Raffelt
Herderbücherei Band 1797

Herder Taschenbuch

Karlfried Graf Dürckheim
Mein Weg zur Mitte
Gespräche mit Alphonse Goettmann
Herder/Spektrum Band 4014

Hugo M. Enomiya-Lassalle
Erleuchtung ist erst der Anfang
Texte zum Nachdenken
Herausgegeben von Gerhard Wehr
Herder/Spektrum Band 4048

Dalai Lama
Zeiten des Friedens
Herausgegeben und eingeleitet von Erhard Maier
Herder/Spektrum Band 4065

Hugo M. Enomiya-Lassalle
Der Versenkungsweg
Zen-Meditation und christliche Mystik
Herder/Spektrum Band 4142

Karlfried Graf Dürckheim
Meditieren – wozu und wie
Herder/Spektrum Band 4158

Mahatma Gandhi
Texte zum Nachdenken
Herder/Spektrum Band 4173

Herder Taschenbuch

Mit der Bibel leben

Norbert Lohfink
Unsere neuen Fragen und das Alte Testament
Wiederentdeckte Lebensweisung
Herderbücherei Band 1594

Georg Baudler
Jesus erzählt von sich
Die Gleichnisse als Ausdruck seiner Lebenserfahrung
Herderbücherei Band 1616

Alois Brem
Von deiner Güte ist die Erde erfüllt
Worte der Bibel – Worte fürs Leben
Herderbücherei Band 1695

Basilius Doppelfeld
Christsein heißt anfangen
Biblische Beispiele ermutigen
Herderbücherei Band 1726

Rudolf Schnackenburg
Alles kann, wer glaubt
Bergpredigt und Vaterunser in derr Absicht Jesu
Herderbücherei Band 1751

Carlo M. Martini
Was allein notwendig ist
Jesusnachfolge nach dem Lukasevangelium
Herderbücherei Band 1752

Herder Taschenbuch

Wilhelm Bruners
Wie Jesus glauben lernte
Herderbücherei Band 1757

Carlo M. Martini
Damit ihr Frieden habt
Leben und glauben nach dem Johannesevangelium
Herderbücherei Band 1766

Anton Vögtle
Das Ostergeheimnis
Schlüssel zur Botschaft des Matthäus
Herderbücherei Band 1773

Gerhard Lohfink
Wem gilt die Bergpredigt?
Zur Glaubwürdigkeit des Christlichen
Herderbücherei Band 1777

Johannes Bours
Der Gott, der mein Hirte war mein Leben lang
Herderbücherei Band 1793

Carlo M. Martini
Ich bin bei euch
Leben im Glauben nach dem Matthäusevangelium
Herderbücherei Band 1799

Herder Taschenbuch

Glaube im Gespräch

Herder Taschenbuch